Regina Hilsberg
Zusammen!

Über dieses Buch:
Unsere Gesellschaft hat das »Zusammen« als Werkzeug des Lebenlernens fast vergessen. Regina Hilsberg möchte dazu ermutigen, diesen Zauberstab der Erziehung wieder zu benutzen. Auch wenn nur die wenigsten Eltern ihre Kinder mit aufs Feld oder in die Werkstatt nehmen können, gibt es doch auch im modernen Alltag viele Wege, auf denen die Kleinen an der Hand der Großen die Welt entdecken und dabei schon sehr früh ihren Beitrag zur gemeinsamen Lebensbewältigung leisten können. Im Schutz »ihrer« Erwachsenen »borgen« sich die Kinder deren Erfahrung und Sicherheit, bis sie aus dem Schatten der Großen treten und selber Verantwortung für sich und andere übernehmen können.

Die Autorin:
Regina Hilsberg, geboren 1951, ist Lehrerin und Autorin zahlreicher erfolgreicher Elternratgeber, u. a. des Bestsellers »Schwangerschaft, Geburt und erstes Lebensjahr« und »Wenn das zweite Kind kommt«. Sie hat vier Kinder und eine Enkelin.

Regina Hilsberg

Zusammen!

Wie die Kleinen von den Großen leben lernen

BELTZ

Für Fragen, Anregungen und Kritik senden Sie eine Mail an die Autorin:
regina.hilsberg@googlemail.com

Besuchen Sie uns im Internet:
www.beltz.de

1. Auflage 2009

© 2009 Beltz Verlag, Weinheim und Basel
Umschlaggestaltung: Büro Hamburg
Umschlagabbildung: © Getty Images/Jakob Helbig Photography
Satz: Druckhaus »Thomas Müntzer«, Bad Langensalza
Druck und Bindung: DruckPartner Rübelmann, Hemsbach
Printed in Germany

ISBN 978 3 407 22916 8

Inhalt

Vorwort

»Zusammen« ist ein Zauberwort des menschlichen Lebens.

Zusammen schaffen wir viel, und sogar das, was wir allein schaffen, möchten wir dann mit anderen teilen, sonst ist es uns nichts wert. Die Kooperation als Wesensmerkmal des Menschen ist in den letzten Jahren zunehmend ins Blickfeld der Wissenschaft geraten. Psychologen, Gehirnforscher und Verhaltensforscher haben mit immer ausgefeilteren Methoden entdeckt, wie unser ganzes Selbst in freudige Erregung gerät, wenn wir mit anderen Menschen zusammen nachdenken, planen, handeln, lachen, weinen, tanzen, singen. Mit feinsten Signalen teilen Menschen einander mit, was sie vorhaben und wie sie sich fühlen, und sie laden sich gegenseitig zum Mitmachen ein.

Das gilt nicht nur für Erwachsene, sondern auch für Kinder. Sie sind zum Mitmachen in die Welt gekommen. Die Antennen, die sie für dieses Spiel der Mitteilungen und Aufforderungen brauchen, sind ihnen von klein auf mitgegeben. Allerdings müssen diese Antennen erst noch gerichtet und eingestimmt werden, bis sie dem jungen Menschen zuverlässig übermitteln, wo sein Platz im Kreise seiner Mitmenschen ist.

Dieses »Einrichten« der menschlichen Antennen ist das, was wir Erziehung nennen. Menschen haben ihre Kinder schon immer »erzogen«, also ihre Antennen so ausgerichtet, dass das Weitergeben von Signalen innerhalb einer Gruppe von Menschen funktionierte. Und das geschah über Jahrtausende hinweg dadurch, dass die Kleinen den Großen im engen Zusammenleben einfach abschauten, wie das Leben gelingt.

Dieses Zusammenleben beginnt in unserer Gesellschaft zu bröckeln. Kinder leben und erleben immer weniger mit Erwachsenen zusammen, sondern ein großer Teil ihres Alltags spielt sich unter anderen Kindern ab. In den »Sammelbecken« Kindergarten und Schule stehen sie Erzieherinnen und Lehrern gegenüber, die in ihren Augen keine andere Aufgabe haben, als viele Stunden am Tag für sie da zu sein. Gleichzeitig wird in den Familien immer weniger selbst gestaltet und dafür mehr konsumiert, sodass Kinder auch hier kaum noch arbeitende Erwachsene erleben, an deren Tätigkeit sie lernen könnten, sondern es wird vorwiegend eine fertige Welt benutzt.

Wir haben das »Zusammen« als Werkzeug des Lebenlernens fast vergessen. Ich möchte in diesem Buch dazu ermutigen, diesen Zauberstab der Erziehung wieder hervorzuholen. Auch wenn nur die wenigsten von uns ihre Kinder mit aufs Feld oder in die Werkstatt nehmen können, gibt es doch auch im modernen Alltag viele Wege, auf denen die Kleinen an der Hand der Großen die Welt entdecken und dabei schon sehr früh ihren angemessenen Beitrag zur gemeinsamen Lebensbewältigung leisten können. Im Schutz »ihrer« Erwachsenen »borgen« sich die Kinder deren Erfahrung und Sicherheit, bis sie aus dem Schatten der Großen treten und selber Verantwortung für sich und andere übernehmen können.

In diesem Buch nähere ich mich dem »Zusammen« auf verschiedenen Wegen. Sie werden Texte finden, in denen ich versuche, den Kerngedanken begrifflich auf den Punkt zu bringen, solche, die Forschungen und Gedanken anderer dazu darstellen, auch Texte, die versuchen, Gefühlsbilder zu malen. Dazu kommen Erfahrungsberichte aus dem Leben mit meinen Kindern und praktische Vorschläge, wie man das »Zusammen« durch alle Stufen der Kindheit und Jugend durchdeklinieren kann.

Ich hoffe, dass damit jeder Leser einen Zugang zu dem wunderbaren Zauberwort »Zusammen!« findet!

TEIL I

Frucht des Familienalltags: Der Begriff »Perspektive teilen«

»Zusammen!«

Wie aus Familienerfahrung das Thema dieses Buches wurde

Vor vielen Jahren hat mich ein Buch auf die Vermutung gebracht, in unserem gängigen Verständnis von richtiger Erziehung müsse ein ganzes Kapitel fehlen. Dieses Buch brachte den Stein ins Rollen, dessen Spur sich dann durch alle meine bisherigen Veröffentlichungen zum Thema »Leben mit Kindern« zog und dessen definitiven »Aufprall« Sie jetzt in den Händen haben.

Als mein zweites Kind, eine kleine Tochter, etwa zwei Monate alt war, schenkte mir die Kindergärtnerin unseres Sohnes Jean Liedloffs »Auf der Suche nach dem verlorenen Glück«. Dieses Buch war im Jahr 1982 ein Insidertipp unter denjenigen Müttern, die mit großer Entschiedenheit die traditionellen Vorstellungen der Säuglingspflege über Bord warfen und versuchten, durch viel Einfühlung den natürlichen Bedürfnissen des Kindes möglichst umfassend gerecht zu werden.

Jean Liedloff beschreibt in ihrem Buch überschwänglich die Lebensweise eines Indianerstammes in Venezuela, vielleicht etwas zu überschwänglich. Jedenfalls wähnte sie sich während ihres Aufenthaltes bei diesem kleinen Volk, den Yequana, beinahe wie im Paradies. Andere Forscher haben dieses Bild später etwas relativiert, aber seine Grundaussage bleibt davon unberührt. Denn hauptsächlich geht es Jean Liedloff darum, dass die Mütter bei den Yequana ihre Säuglinge ständig mit sich umhertragen, bei der Arbeit und beim Vergnügen. Das kennt man ja auch von anderen sogenannten Naturvölkern. Auch später, wenn sie krabbeln und laufen können, sind die Kinder bei allem dabei, ohne dass ihnen besondere Aufmerksamkeit geschenkt wird.

Jean Liedloff zieht aus ihren Schilderungen den für mich damals unmittelbar einleuchtenden Schluss, es gehöre sozusagen zur »biologischen Grundausstattung« eines Menschenbabys, zu erwarten, dass es im ersten Lebensjahr, also bevor es laufen kann, ständig und auch später noch sehr häufig am Körper eines Erwachsenen herumgetragen wird. Nur dadurch könnten, so Jean Liedloff, wichtige organische und psychische Entwicklungen ungestört und vollständig ablaufen. Sie nennt diesen Grundgedanken »Continuum Concept«, der bis heute von engagierten Eltern und Pädagogen verbreitet wird (www.continuum-concept.de).

Die Babys der westlichen Zivilisationen müssten gerade auf diese Erfahrung weitgehend verzichten, da sie ihre Wachzeiten überwiegend auf Krabbeldecken, in Babywippen, Ställchen und Bettchen verbringen. Ganz ohne Körperkontakt sind natürlich auch sie nicht, aber im Vergleich zu den Yequana-Babys in sehr viel geringerem Maße. Auf diesen Umstand führt Jean Liedloff eine ganze Anzahl psychischer Leiden und gesellschaftlicher Fehlentwicklungen zurück, von denen die Menschen in den »entwickelten« Ländern geplagt werden.

Diese pauschale Annahme ist sicher Liedloffs Überschwang zuzuschreiben, denn ganz so einfach ist die Erklärung der Probleme unserer Welt wohl doch nicht. Aber dass es einem Kind eher nutzt als schadet, sein Leben *an* statt *neben* seiner Mutter zu verbringen, das leuchtete mir sofort ein. Ich hatte mich schließlich schon immer gefragt, was Mütter vor der Erfindung des Kinderwagens und des Gitterbettchens mit ihren Babys gemacht hatten. Wie hatte sich die Menschheit durch Jahrmillionen ohne jede Rosshaarmatratze entwickeln können, deren Härte angeblich unabdingbare Voraussetzung für die Gesundheit eines Kinderrückens sein soll? War denn die ganze Menschheit vor dem Matratzenzeitalter wirbelsäulengeschädigt? So absolut gültig konnten unsere Regeln zur Säuglingspflege nicht sein. Aber

mir hatte bis zu diesem Zeitpunkt noch der entscheidende Anstoß gefehlt, diese Regeln tatsächlich dahin zu verweisen, wo sie
hingehören: in das Repertoire kulturbedingter Verhaltensweisen,
die durchaus keine Allgemeingültigkeit beanspruchen können.
Und diesen Anstoß hatte mir Jean Liedloff versetzt.

Nun war mir klar, dass man es auch anders machen kann. Bisher hatte ich, wie alle bemühten Mütter, das Baby hochgenom-
men, wenn es meckerte, und wieder hingelegt, wenn es sich be-
ruhigt hatte. Hundertmal am Tag zerhackte das meinen Alltag,
und abends hatte sich die Nervosität so hochgeschaukelt, dass
das Baby von fünf bis elf schrie.

Aber nun, gestärkt durch dieses glühende Plädoyer für das
Tragen, traute ich mich. Ich band mir das Baby auf den Rücken
und wandte mich meinen Arbeiten zu. Und was ich gehofft hatte, ergab sich tatsächlich: Aus den zerrissenen wurden allmählich wieder ganze Tage, die Hektik legte sich, die abendliche
Schreierei blieb aus.

Fortan brauchte ich nicht mehr mit beschwichtigenden Worten zum Töchterchen hin dem Sohn die Schuhe zuzubinden. Sie
hockte zufrieden auf meinem Rücken. Ich räumte die Wohnung
auf, hängte Wäsche auf die Leine, kochte und wusch ab, ohne
ständig dem Baby neben mir gut zureden zu müssen. Ich brauchte weder Liedchen zu singen noch immerfort Blickkontakt mit
ihm aufzunehmen. Natürlich habe ich immer noch gesungen,
das tat ich aber nun eher aus Vergnügen als mit beschwörendem
Unterton, um das Baby bei Laune zu halten. Es *hatte* einfach
gute Laune.

Mit dem Baby auf dem Rücken habe ich zum Erstaunen der
Dorfbevölkerung jede Art von Arbeit gemacht: Straße fegen,
Rasen mähen, Fenster streichen, Beton mischen und selbstver-
ständlich die normalen Haushaltsarbeiten. Es war auch über-

haupt kein Problem mehr, den großen Bruder zufriedenzustellen. Jacke zuknöpfen, Buch aus dem Regal holen, Keks aus dem Schrank, Abputzen auf einem gewissen Örtchen – wo ist das Problem? Und wenn er auf den Arm wollte, dann hatte ich eben vorn und hinten ein Kind, die sich fröhlich angrinsten.

Aber die eigentliche Erleichterung war, meinen Kopf wieder frei zu haben für meine eigenen Gedanken, statt ihn auf das Hervorkramen von Liedern und beruhigendes Schwatzen konzentrieren zu müssen. Die paar Kilo auf dem Rücken waren für mich das geringere Problem. Ich fühlte mich trotz des buchstäblichen Zusammengebundenseins mit meinem Kind befreit. Und ich habe es natürlich auch einfach genossen, mein Baby so viele Stunden am Tag an mir zu spüren.

In der ersten Zeit hat mich diese Erfahrung regelrecht elektrisiert. Ich war der Meinung, man müsste doch nur ein einziges Mal diesen Gedanken hören, und schon müsse er einleuchten und den Alltag verändern. Ich verschenkte das Buch auch an andere und konnte nicht begreifen, dass die so Beschenkten noch immer den Kinderwagen durch die Gegend schoben. Ein oft gehörtes Echo auf meine Schilderungen von den Yequana war der trockene Satz, wir lebten schließlich nicht im Urwald, bei uns sei eben alles anders.

Mir wollte nicht in den Kopf, warum Säuglinge bei den Yequana anders veranlagt sein sollten als Säuglinge bei uns, Homo sapiens ist schließlich Homo sapiens, auch im Urwald. So schnell arbeitet die Evolution nicht, dass sie unseren Säuglingen bereits ein Matratzen-Gen verabreicht hätte. Darum reifte der Gedanke, Jean Liedloffs Plädoyer für das Tragen ins »Zivilisatorische« zu übersetzen, denn dass das auch bei uns funktioniert, hatte ich ja schließlich erprobt. Aus der Idee wurde durch viel Glück und die Tatsache, dass ein solches Thema offensichtlich fällig war, mein erstes Buch »Körpergefühl«, das den Säugling als »Tragling« zum Thema hatte, auch wenn der Titel das nicht ohne Weiteres verriet.

Bei der Formulierung der Grundgedanken für dieses Buch kam die segensreiche Kindergärtnerin noch einmal ins Spiel. Denn eines Tages brachte ich unseren Sohn in den Kindergarten und hatte das strahlende Töchterchen im Tragetuch. Die Erzieherin sah sie an und meinte, es sei doch offensichtlich, wie sehr es ein Baby genießen würde, die »Welt aus der aufrechten Perspektive der Erwachsenen« zu sehen.

Der Satz saß.

Er wurde zu einem Kapitel in jenem ersten Buch, begleitete mich durch unser Familienleben und tauchte selbstverständlich auch in den anderen Büchern auf, die ich danach noch geschrieben habe.

Ich nannte das, was mit dem Baby im Tragetuch geschah, »Perspektive teilen«, dem Satz jener klugen Frau folgend, die das Lächeln meines Kindes so scharfsichtig gedeutet hatte. Das Baby nahm an meinem Alltag teil, sah mir bei meinen Tätigkeiten zu, erlebte mit, wie ich mit anderen Menschen umging, spürte meine Bewegungen, meine Stimme, meinen Rhythmus. Es teilte mit mir meine Lebensperspektive.

In all den Büchern zur Säuglingspflege hatte ich von dieser Art des Umgangs mit dem Kind nichts gelesen. Es war viel von Zuwendung die Rede, die ein Kind unbedingt brauche, von der prompten Erfüllung seiner Bedürfnisse, von der Notwendigkeit, dass es auch Zeiten brauche, zu denen es sich allein beschäftigen könne, aber dieses einfache Mitnehmen in die Welt der Erwachsenen kam nicht vor. Umso mehr dachte ich darüber nach, was sich bei dieser Form des Miteinanders eigentlich abspielt.

Zunächst war ganz offensichtlich, dass ich mich um das Baby viel weniger kümmern musste, als wenn ich es neben mich in die Babywippe oder auf eine Decke gelegt hätte. Zuwendung – vielleicht sogar zu viel Zuwendung – war das offensichtlich nicht, was wir da miteinander veranstalteten. Das entgegnete ich jenen, die von zu viel Verwöhnung sprachen, wenn das Kind dauernd herumgetragen würde. Ich trug das Kind ja nicht, weil es zu faul war zum Laufen, und ich ließ mich auch nicht von ihm herumdirigieren. Ich tat, was ich wollte, nicht, was das Kind wollte.

Andere Mitmenschen (auch Mütter!) hatten Bedenken, weil man das Kind nicht anschauen konnte, wenn es auf den Rücken gebunden war. Sie wähnten es dort einerseits abgeschoben und vernachlässigt und andererseits nicht genug unter Kontrolle. Ich konnte nun aber wahrhaftig nicht feststellen, dass meine Babys (es kamen nach diesem noch zwei Mädchen) den Eindruck machten, als fühlten sie sich vernachlässigt. Dass ich die Kleinen auf meinem Rücken nicht unter Kontrolle gehabt hätte, wollte mir schon gar nicht einleuchten, ich spürte doch, was sie dort anstellten. Und viel mehr, als mich an den Haaren zu ziehen, konnten sie ja ohnehin nicht tun. (Übrigens: Meine jüngste Tochter, die sehr klein war und darum lange getragen werden konnte, erinnert sich noch heute an das Gefühl, auf meinem Rücken zu hocken – sie fand es grandios!)

Meiner Erfahrung nach hatte diese passive Teilnahme am Geschehen einen ganz eigenen Wert für das Kind. Geborgen in der körperlich vermittelten Sicherheit konnte es von seinem »Ausguck« aus miterleben, wie die Erwachsenen in dieser Welt handeln. Da geht die Mutter spontan auf eine Bekannte zu und schüttelt ihr die Hand, da zieht der Vater – denn auch der kann natürlich das Baby umbinden! – im Herbstwind schützend die Jacke um sich und das Kind, da schrickt die Mutter beim Klingeln des Telefons zusammen und läuft schnell die Treppe hinunter. Da weint das Schwesterchen, und die Mutter bückt sich, um es zu trösten, da scheint die Sonne blendend zum Fenster herein, und der Vater reckt sich und zieht die Vorhänge zu. Für ein Baby sind das viele Puzzleteilchen, aus denen sich langsam seine Welt zusammensetzt. Ein Kind auf der Krabbeldecke, im Stühlchen oder im Kinderwagen würde all das auch irgendwie erleben, aber eben nur sehen, nicht spüren.

Bei diesem »Perspektive teilen« teilt das Kind mit dem Erwachsenen den Blickwinkel, unter dem dieser die Welt erlebt und in ihr handelt. Und dabei findet passives Lernen statt, ein Aufbau von Selbstbewusstsein ganz nebenbei. Da das Kind noch gar nicht recht zwischen sich und anderen unterscheiden kann, erlebt es alles, was der Erwachsene tut, wahrscheinlich so, als ob es das selber täte: selber die Schwester trösten, selber den Vorhang zuziehen, selber zum Telefon laufen. Und daraus, dass es ja offenbar all das bewältigt, leitet dieser winzige Mensch die Zuversicht ab, mit dem Leben gut zurechtzukommen. Außerdem baut er ein tiefes Vertrauen zu den Erwachsenen auf. Denn irgendwann wird er verstehen, dass er ein eigenständiges Wesen ist und nicht identisch mit den Großen, aber er hat bereits erlebt, dass diese Großen wissen, was sie tun, um in dieser Welt zu bestehen.

Tragen ist eben nicht nur ein Fortbewegungsmittel. Es ist, wie das Stillen, ein Anreiz zum Wachstum, sowohl körperlich als auch seelisch. Genau genommen sind Stillen und Tragen sehr einfache Tätigkeiten, in die von der Natur hochkomplexe Geflechte von Entwicklungsanreizen eingebaut sind.

Statt dass sich eine Mutter bemühen müsste, die richtige Nahrung zuzubereiten, die Zunge zum Sprechenlernen vorzutrainieren, den zum Wachstum nötigen Haut- und Körperkontakt »durchzuführen«, dem Kind durch Blick und Berührung den Weg zu ebnen, sich selbst als Individuum im Gegenüber zu anderen Individuen zu erkennen, dabei aber eine Innigkeit herzustellen, die das Kind in seinem symbiotischen Zustand »abholt« – anstelle all dieser komplizierten Dinge braucht sie bloß das Baby an die Brust zu legen!

Und anstatt durch Turnübungen das Gleichgewichtsorgan zu trainieren, durch Spreizübungen die Hüftgelenksentwicklung zu fördern, durch Zusammentragen von verschiedenem Spielzeug das Weltbild des Kindes zu erweitern, durch Bauchmassagen seine Verdauung zu erleichtern, durch rhythmische Bewegungen seine Muskulatur zu stärken – stattdessen tragen es die Eltern einfach so viel wie möglich herum!

Diesen Wachstumsanreiz bietet natürlich nicht nur das Tragen allein, es ist der gesamte körperliche Kontakt, den ein Säugling mit seinen Erwachsenen hat. Körperkontakt haben selbstverständlich auch Kinder, die nicht viel getragen werden. Sie werden gestillt oder gefüttert, gewickelt, gebadet und angezogen, sie werden auf den Schoß genommen und geschaukelt, gestreichelt und beschmust. Ein Kind bekommt auch auf diese Art ausreichend körperliche Wachstumsanreize – ein viel getragenes Kind aber noch mehr. Vor allem dieses »leben, als ob man selber handeln könnte« bleibt einem Baby vorenthalten, das nicht bei einfachen Tätigkeiten seiner Eltern getragen bzw. mitgenommen wird, sei es einfach so auf dem Arm oder im Tragetuch oder Tragesitz.

Es brauchte ein kluges Buch, den schlauen Satz der Kindergärtnerin und einen »Babyzyklus« an Erfahrung, da hatte ich diese Theorie formuliert. Zwei weitere Babys haben sie mir dann im Praxistest bestätigt.

Die Kinder wurden größer, und ich stellte irgendwann – nicht einmal mit Verwunderung – fest, dass die Theorie viel weiter trug, als ich anfangs angenommen hatte. Das »Perspektive teilen« setzte sich fort.

»Hebamme« für diese Erkenntnis waren die Lebensumstände, die wir uns selbst geschaffen hatten. Geprägt von der Alternativbewegung der 1970er- und 1980er-Jahre lebten wir (und leben

wir immer noch) in einem alten, renovierungsbedürftigen Fach-
werkhaus mit riesigem Garten, konnten uns keine Handwerker
leisten und lehnten Fertigessen und Fertigwindeln ab. Obendrein
hatten wir anfangs noch Schafe, später Esel. Die Folge dieses
mehr oder weniger freiwilligen Verzichts auf die Segnungen (?)
des modernen Lebens war ein Haufen Arbeit, der unsere Tage
füllte. (Handwerker wären schon ganz nett gewesen ...)

Diesen Lebensrahmen hatten wir natürlich für unsere Kinder gesteckt, wir hielten ein Aufwachsen mit viel Platz und vielen Möglichkeiten, sich zu bewegen und zu betätigen, für das
beste Umfeld. Es fehlte aber die Zeit, sich viel mit ihnen zu beschäftigen. Oder genauer gesagt: mit ihnen zu spielen. Denn wir
haben uns sehr viel mit ihnen beschäftigt – mit den Arbeiten des
Alltags, gemeinsam mit den Kindern. Oder zumindest in ihrer
Sichtweite, sodass sie immer mitbekamen, was wir taten.

Nach dem Tragetuch war die Küchenarbeitsplatte der bevor-
zugte Ort unserer Kinder, inzwischen sitzt unsere kleine Enkelin genauso gerne dort und »hilft« beim Kochen. Auf diesem
Brett verwirklichte sich in hundertfacher Variation die goldene
Dreierregel des »Perspektive teilens«:

1. Der Erwachsene tut, was gerade nötig ist (hier: Essen zubereiten).
2. Das Kind ist dabei.
3. Der Erwachsene nimmt Rücksicht auf das Kind, setzt aber
   seine Arbeit fort.

Diese Konstellation war in unserem Alltag allgegenwärtig und
hat unsere Kinder viel stärker geprägt, als uns das bewusst war.

Welche verschiedenen Arbeiten wir mit den Kindern gemacht
haben, davon werden Sie noch viele Beispiele im praktischen
Teil dieses Buches finden. Aber Sie können sich schon jetzt aus-
malen, wie sich das abgespielt hat: Das Kleinkind neben dem
Wäschekorb beim Wäscheaufhängen, das Kindergartenkind

neben der Nähmaschine, mit Stoffresten beschäftigt, das Schulkind beim Salatschnippeln, der Dreizehnjährige beim Sandschippen und die ganze Bande beim Laubrechen.

Das sind natürlich ganz normale Dinge, um die man eigentlich nicht viel Aufhebens machen muss. Es geht auch nicht darum, etwas als großartig darzustellen, was es gar nicht ist. Vielmehr möchte ich bei diesen einfachen Tätigkeiten des Familienalltags den Blick darauf richten, was sich dabei zwischen Eltern und Kindern abspielt. Auch wenn es nun selber steht und läuft, schaut das Kind aus dem Blickwinkel des Erwachsenen in die Welt, nimmt wahr, was getan werden muss, wie man es macht und wie sich der Erwachsene dabei verhält. Denn mit der Tätigkeit selber wird natürlich auch die Wertigkeit vermittelt, die der Erwachsene der Tätigkeit beimisst, und ob er es gern macht oder nicht.

Mir war diese Art des Umgangs mit Kindern immer selbstverständlich gewesen. Ich hatte gar keine Lust, mit ihnen zu spielen. Das klingt geradezu unglaubhaft für eine Mutter, die nichts mehr liebt als Kinder und sich eigentlich ihr ganzes Leben mit kaum etwas anderem beschäftigt hat. Aber es war tatsächlich so und ist es auch noch heute: Ich liebe Kinder um mich herum, und nichts genieße ich mehr, als wenn ich es geschafft habe, irgendeine Anregung so zu »hinterlassen«, dass sie sie »finden« und sich damit beschäftigen. Nur selber dabei zu hocken und mit Klötzchen zu spielen – bitte nicht! Ich finde es wunderbar, mir von einer Zweijährigen die Wäscheklammern reichen zu lassen oder die Handvoll Johannisbeerrispen zu bewundern, die eine Vierjährige gepflückt hat. Aber aus den Johannisbeeren Hexensuppe kochen? Das muss sie schon selber tun.

Mit den größeren Kindern erlebte ich nun im übertragenen Sinne, was mit dem Baby im Tragetuch ganz handgreiflich war:

»Perspektive teilen« beinhaltete die Regieanweisung, dass das Kind die Welt der Erwachsenen betrat. Mit dem Kind zu spielen hätte dagegen bedeutet, sich in seine Kinderwelt zu begeben. Und es war niemals eine Frage, was für das Kind attraktiver war: Hinauf zu den Großen! Sie werden sicher auch den eigenartigen Sog kennen, den die Gegenstände des wirklichen Lebens auf kleine Kinder ausüben. Keine Rassel kommt gegen Papas Schlüsselbund an, keine Kiste voll mit buntem Spielzeug gegen den Inhalt irgendeiner Schublade, und seien auch bloß langweilige Servietten darin.

Es gab natürlich auch die Zeiten, zu denen dieses schlichte Mitlaufen nicht mehr stattfand. Bis zum Schulalter ist das einfache Dabeisein attraktiv genug, später sind die Kinder auch gern für sich und finden die Alltagsverrichtungen der Erwachsenen nicht mehr so spannend. Dann wandelt sich die Erscheinungsform des »Perspektive teilens« noch einmal: Aus dem Getragenwerden wird das Mitlaufen, aus dem Mitlaufen wird erst das zeitweise Mitarbeiten und später dann auch das Mitdenken in bestimmten Bereichen. Entscheidend an dieser Inszenierung des familiären Zusammenlebens ist, dass die Eltern Ziel und Gangart vorgeben, ganz so wie mit dem umgebundenen Säugling.

Nun war es keineswegs so, dass ich immer in fröhlicher Entschlossenheit meinem Tagewerk nachgegangen und meinen Kindern stets ein Leuchtturm im Sturm des Alltags gewesen wäre. Oft genug habe ich mich von ihnen aus dem Konzept bringen lassen in der Annahme, ihnen damit Gutes zu tun. So schnell ich auch begriffen hatte, wie wohltuend es für die Babys war, an meinem Körper am Alltag teilzunehmen, fiel es mir mit den größeren Kindern viel schwerer, ganz selbstverständlich Maßstäbe zu setzen. Ich entsinne mich eines Auftritts, bei dem eine meiner Töchter – sie war damals vielleicht sechs oder sieben Jahre alt – in einem unmöglichen Aufzug auf die Straße gehen wollte; die Kombination von Kleidungsstücken, die sie sich ausgesucht hatte, spottete jeder Beschreibung. Ich spüre noch heute die innere Qual, einerseits zu verhindern, dass sie sich und natürlich auch mich als verantwortliche Mutter lächerlich machte, und andererseits ihr zartes Seelchen nicht zu verletzen, da sie sich doch ganz offenbar wunderschön fand. Zum Glück kam mein Mann dazu und sagte ganz deutlich, zu Hause dürfe sie sich so anziehen, woanders aber nicht, Punktum!

Dabei machten es mir die Kinder selber immer wieder klar. Wie oft wurde ich gefragt: »Mama, was hättest du gemacht?«, wenn es um die kleinen und großen Entscheidungen eines Kinderlebens ging: jetzt oder später die Hausaufgaben machen, mit Frauke oder mit Merle spielen, den roten Rock oder die grüne Hose anziehen, die Haare zum Pferdeschwanz binden oder offen tragen, die neue Puppe mitnehmen oder zu Hause lassen? Fast mit Verwunderung erkannte ich, wie sehr den Kindern an meinem Urteil lag, war ich doch Jahre vorher mit dem festen Vorsatz ins Familienleben gestartet, ihnen niemals meinen Willen aufzuzwingen und mit größter Rücksichtnahme herauszuspüren, was sie selber wollten.

Die fast nebensächliche Bemerkung einer Bekannten setzte dazu einen weiteren Gedanken in Gang. Die Nachbarn dieser Bekannten gehörten zu den Zeugen Jehovas, eine Familie mit vier Kindern. Man mag zu dieser Gemeinschaft stehen, wie man will, eines ist klar: Diese Menschen glauben felsenfest, zu wissen, was richtig und was falsch ist. Die Bekannte erzählte von den kleinen Begegnungen mit ihren Nachbarskindern und stellte selber erstaunt fest, dass es ihnen ganz offensichtlich gut gehe, sie seien fröhlich und unkompliziert. Die Sicherheit ihrer Eltern schien sich in einer inneren Ruhe der Kinder auszuwirken, von der so manche Familie heute nur träumen kann. Nun waren die Kinder noch im Grundschulalter. Wie die Geschichte weiterging, weiß ich nicht. Ich bezweifle, dass die Gewissheiten der Eltern auch von den jugendlichen Kindern noch so unhinterfragt akzeptiert worden sind, aber dass sie für die kleineren segensreich waren, das steht außer Frage. Eltern, die den Kindern sagen können, wie das Leben funktioniert, verhelfen ihnen zu innerer Ruhe, auch wenn sie später als Teenager erkennen müssen, dass die Eltern leider doch nicht immer recht haben.

Und damit sind wir beim letzten Kapitel des »Perspektive teilens«, den Jugendlichen und ihren Herausforderungen an die Erwachsenen. Es ist mit Sicherheit auch das schwierigste Kapitel. Denn nun kommt die wachsende Kritikfähigkeit der heranwachsenden Kinder ins Spiel. Man kann nicht mehr so tun, als gäbe es nur eine Lösung, bei allen strittigen Fragen werden von den Jugendlichen Hunderte von Beispielen angeführt, wo es auch anders geht, vor allem im Kreis ihrer Freunde, die angeblich alles dürfen, was ihnen selber verboten wird.

Es war recht anstrengend, in diesem Alter an den Kindern »dran« zu bleiben, und das nicht nur auf der mentalen Ebene. In unserem Umkreis glaubten nun viele Eltern, ihre großen und redegewandten Kinder brauchten sie nicht mehr und sollten zusehen, wie sie ihr Leben selber organisiert bekämen. Mein Mann hörte das oft von Eltern seiner Schüler, und auch ich stieß als Elternvertreterin bei vielen Elternabenden auf diese Devise. Unser eigenes Konzept, auch bei den Sechzehnjährigen das Heft noch in der Hand zu behalten, erforderte viel Standvermögen und vor allem viel praktischen Einsatz, denn auf dem Land sind Eltern ein Taxiunternehmen, und das oft bis spät in die Nacht. Mein Gedanke war immer: Wenn ich bereit bin, auch nachts noch für sie da zu sein, vermittele ich den Kindern das Gefühl, ihr Leben ernst zu nehmen und mich dafür zu interessieren, und daran knüpfte ich die Hoffnung, den Kontakt zu ihnen nicht zu verlieren.

Das war lange, bevor ich die Ausführungen von Gordon Neufeld gelesen hatte (vgl. S. 86), der es für unabdingbar hält, dass Eltern noch bis in die Adoleszenz hinein für ihre Kinder maßgebende Instanz bleiben. Es war eher auf meiner Eigenart gewachsen, schon im Allgemeinen den Verlust von Bindungen nicht ertragen zu können. Und den zu meinen Kindern hätte ich schon gar nicht ausgehalten. Es hat auch funktioniert. Weit entfernt davon, in alle Geheimnisse ihres jugendlichen Lebens eingeweiht zu sein, blieben wir doch Eltern, an die sie sich wandten, wenn es einmal richtig schwierig wurde. Und es war auch immer möglich, die Kontinuität stiftenden Familienrituale wie Geburtstage, Weihnachten oder den alljährlichen kleinen Herbsturlaub im Schwarzwald miteinander zu verbringen, ohne dass sich ein Teenie maulend ausgeklinkt hätte.

In den Kapiteln über die praktische Umsetzung des »Zusammenlebens« werde ich noch näher darauf eingehen, wie es gelingen kann, auch zu Jugendlichen den Draht nicht zu verlieren und ihnen zu ermöglichen, von der Lebenserfahrung der Eltern zu profitieren. Hier möchte ich nur noch einen Gedanken anführen, der sich mir im Alltag mit unseren Halbwüchsigen aufdrängte und den ich zu meinem Erstaunen als »Altersmahnung« des bekannten Pädagogen Hartmut von Hentig wiederfand (Hentig 2007).

Bei allen Kindern – und nicht nur den eigenen – war irgendwann zwischen der achten und der zehnten Klasse eine unübersehbare Schulmüdigkeit zu beobachten. Ich dachte mir, man müsste eigentlich in dieser Zeit die Jugendlichen für ein Jahr aus der Schule nehmen und sie etwas Richtiges tun lassen. Sie sind dann körperlich voll entwickelt und unterscheiden sich somit deutlich von den jüngeren Schülern, finden sich aber nach wie vor in derselben sozialen »Inszenierung«, bei der sie als zu belehrender unfertiger Mensch auf einem Stuhl an einem Tisch sitzen und sich von einem Erwachsenen die Welt erklären lassen – nicht anders als schon die kleinsten Grundschüler. Das ist entwürdigend. Und entsprechend macht sich die »Null-Bock-Mentalität« breit. Denn wenn ich etwas kann, was keiner von mir will, dann will ich auch nicht, was andere von mir wollen.

Meine Idee der Schulpause für Neuntklässler war aus zwei Erfahrungen geboren, die ein eigentlich unangenehmes Ereignis mit sich brachte. Bei uns im Haus hatte es gebrannt, zum Glück dank des raschen Eingreifens der Feuerwehr reparabel und ohne größere Verluste. Aber das Haus war im kältesten Winter zwei Monate nicht bewohnbar. Zu erleben, mit welch ernsthaftem Eifer vor allem unser Sohn (damals 15) sich daran beteiligte, die Brandschäden zu beheben, beeindruckte mich. Ich hatte das Gefühl, dass er die Gelegenheit, sich zu beweisen, geradezu genoss. Er hat dann kurz darauf beschlossen, Schule sei nichts für ihn, und hat sich inzwischen, viele Jahre später, nach einer handwerklichen Ausbildung selbstständig gemacht.

Unsere damals Zwölfjährige entdeckte in dieser Zeit die Pfadfinder für sich. Sie wohnte brandbedingt ein paar Wochen bei einer Freundin, die sie zu der Gruppe mitnahm, und daraus wurde der andere Strang, der die Jugendzeit unserer Kinder bestimmte, denn ihre Geschwister waren auch sehr bald dabei. Im »Pfadihaus« fand »Learning by Doing« im besten Sinne statt: Handwerkliche Arbeiten wie Dachdecken und Fußbodenlegen, Wändestreichen und Fliesen, Holzhacken und Feuermachen, Einkaufen und Kochen für große Gruppen, die Planung von Lagerlogistik und Gruppenfahrten ins In- und Ausland, Planung und Ausführung von Werk- und Bastelangeboten für große und kleine Pfadfinder – all das geschah in gemeinschaftlicher Verantwortung und ohne den »Als-ob-Charakter« der Schule. Es war hier zwar nicht das »Zusammen« von Erwachsenen und Kindern, aber dass die kleinen Pfadfinder von den großen die Regeln des Stammes lernen, ist das grundlegende Prinzip dieses Pfadfinderbundes. Und für einen Pfadfinder gibt es keinen Zweifel, dass die anderen ohne ihn »schlechter dran« sind! Denn ohne ihn müssten sie die Kohtenstange selber schleppen oder selber die Pfadihaustreppe putzen.

Zurück zur Idee der »Schulpause«: Man kann nicht alle Kinder zu den Pfadfindern schicken, schon allein aus zahlenmäßigen Gründen. Was in einer überschaubaren Gruppierung segensreich ist, wäre in einer Riesenorganisation nicht mehr zu leisten. Aber die Erfahrung, etwas zu tun, was für eine bestimmte Gruppe von Menschen ganz handgreiflich sinnvoll ist, warum sollten die nur wenige machen können? Warum sollte der Stolz auf eine Leistung, die vielleicht darin besteht, dass hundertfünfzig Lagerteilnehmer satt geworden sind und nicht aus einer Schulnote, nur wenigen vorbehalten sein?

Wir sind froh, dass unsere Kinder diesen Stolz entwickeln konnten und sich mit den Pfadfindern auf eine Weise verbunden haben, mit der es keine Schulfreundschaft aufnehmen kann. Wie viele Probleme von und mit Jugendlichen würden sich vermeiden lassen, wenn man möglichst vielen solche Erfahrungen verschaffen könnte, und sei es um den Preis, dass durch einen solchen Einsatz die Schulzeit für eine gewisse Zeit unterbrochen würde. Wenn sie danach noch für ein paar Jahre die Schulbank drücken müssten, wäre der Frust wahrscheinlich nur noch halb so groß, denn dann wissen sie: Die anderen warten schon auf sie und ihren Einsatz.

Das pädagogische Dreigestirn

»Zuwendung«, »Laufen lassen« und »Mitnehmen«

Im letzten Kapitel war die Rede davon, wie sich der Gedanke des »Perspektive teilens« aus meinem Familienalltag heraus entwickelt hat. Er hat sich wie ein Bach durch unser Leben geschlängelt und unsere »Pflänzchen bewässert«. Aber wie Bäche so sind, sie springen hierhin und dahin, schnellen über Steine und gluckern durch das Wurzelwerk am Ufer, kurz, sie sind nicht klar zu fassen. Um den Gedanken noch deutlicher werden zu lassen, möchte ich ihn noch einmal ein wenig kanalisieren. Wenn auch Sie ihn durch Ihren Alltag fließen lassen wollen, wird er aber sicher wieder seinen munteren, unberechenbaren Gang nehmen!

Zuvor noch eine Bemerkung zu den Namen, die ich diesem Bach gegeben habe. »Zusammen!« steht auf dem Titelblatt dieses Buches, »Perspektive teilen« habe ich es selber vor Jahren benannt, als »Mitnehmen« lässt es sich, ergänzend zu »Zuwendung« und »Laufen lassen«, zwar zutreffend, aber unspektakulär bezeichnen. Diese drei Begriffe stehen alle für das Gleiche. Der erste ist poetisch, der zweite analytisch, der dritte praktisch – ich konnte mich nicht entscheiden! Je nach Zusammenhang habe ich mal das eine, mal das andere Wort verwendet. Vielleicht wird sich in der Diskussion um dieses Buch der Begriff herauskristallisieren, der die Sache für Eltern am treffendsten auf den Punkt bringt. Aber auch im wahren Leben haben viele Dinge mehrere Bezeichnungen – warum nicht auch dieser Gedanke?

In den folgenden Abschnitten werde ich erläutern, was ich unter den drei »Regieanweisungen« Zuwendung, Laufen lassen und Mitnehmen verstehe, welche Rolle sie im Lebenlernen spielen und wie sie miteinander verschränkt sind.

Zuwendung

Zuwendung ist die am bewusstesten praktizierte pädagogische »Maßnahme« verantwortungsvoller Eltern. Sie wissen, dass ein Kind es braucht, von ihnen wahrgenommen zu werden, Ermutigung und Lob zu erfahren, gemeinsam Spaß mit ihnen zu haben, also unmittelbar zu erleben, dass es ihnen wichtig ist. Es heißt, auf dieser Zuwendung baue sich ein gesundes Selbstbewusstsein auf. Voraussetzung für diese aktive Zuwendung ist, dass der Erwachsene in dieser Zeit seine eigenen Belange außer Acht lässt und sich ganz dem widmet, was das Kind in diesem Augenblick interessiert.

Der Katalog der möglichen Aktivitäten ist groß: bei kleinen Kindern Knuddelspiele und Kniereiter, Klötzchenbauen und Bälle-Kullern, bei älteren Kindern Vorlesen, Gesellschaftsspiele, gemeinsames Basteln, Ausflüge zu interessanten Orten, Federball- und Fußballspiel mit Mama oder Papa. Eine weniger genussvolle, aber ebenfalls intensive Zuwendung ist die Hilfe bei den Hausaufgaben, die in vielen Familien einen nicht unbeträchtlichen Teil der gemeinsamen Zeit von Kindern und Eltern frisst.

Das Wort »Zuwendung« löst die Vorstellung aus, dass der Erwachsene das Kind anblickt, dass es sich also um eine Kommunikation von Angesicht zu Angesicht handelt. Nun ist das zwar durchaus auch Bestandteil dieser »Regieanweisung«, aber das eigentlich Entscheidende ist die Bühne, auf der gespielt wird. Es ist die Bühne des Kindes, nicht die des Erwachsenen. Sie sind zwar beide mit einer »Sache« beschäftigt – dem Ball, den Klötzchen, dem Buch, dem Spiel, den Tieren im Zoo –, aber diese Dinge haben für den Erwachsenen keine wirkliche Bedeutung. Sie können ihm durchaus Spaß machen (wer mag nicht gute Kinderbücher?), aber er würde sie ohne das Kind nicht tun. Die Freude für den Erwachsenen liegt in der Kommunikation mit dem Kind, in der Beobachtung, wie es staunen kann über die Bären im Zoo, stolz auf sich ist, wenn es ein Puzzleteil richtig gesetzt hat, wenn es juchzt vor Freude über ein heftiges Hoppe-Reiter-Spiel. Das alles ist wunderbar, wärmt von innen, vergoldet die abgenutzte Welt aufs Neue, ist Lohn und Dank für Windeln und Wäsche, aber es ist nicht Schauplatz der Lebensbewältigung.

Diese Zuwendung im klassischen Sinne, also der Wechsel von der Bühne der Erwachsenen auf die Bühne der Kinder, die Kommunikation von Angesicht zu Angesicht, das Zurückstellen der eigenen Vorhaben zugunsten der Beschäftigung mit dem Kind, hat für dieses eine ganz besondere Bedeutung. Es entwickelt dabei ein inneres Bild von sich selbst und seiner »Liebens-Würdigkeit« im ganz wörtlichen Sinne. Sein Gefühl, eine von den anderen getrennte Person zu sein, bekommt in diesem Dialog Konturen, das Kind empfindet sich als Partner, und wenn es sich als um seiner selbst willen geliebter Partner spürt, lernt es auch, sich selbst zu lieben, und kann eine ruhige Selbstsicherheit entwickeln.

Sich selbst zu lieben ist wichtig. Wer sich nicht liebt, sorgt nicht gut für sich und wird dadurch leicht anderen zur Last, die die mangelnde Selbstfürsorge ausgleichen müssen.

Aber wer sich zu sehr liebt, wird ebenfalls zur Last, weil er seine Ansprüche und die Ansprüche der anderen nicht ausbalancieren kann. Erhält also die Zuwendung zum Kind in dem beschriebenen Dreiklang zu viel Gewicht, kann es passieren, dass das, was sich die Eltern erhoffen, gar nicht eintritt und das Kind eben nicht in sich ruht, sondern immer mehr Ansprüche auf Zuwendung entwickelt.

In der ferneren Vergangenheit galt darum zu viel Zuwendung als der pädagogische Sündenfall schlechthin. Das »verwöhnte« Kind war das Schreckgespenst, das Eltern an die Wand gemalt wurde, wenn sie sich zu häufig den Regeln der Kinderwelt beugen würden. Daraus wurde nur allzu oft eine solche Härte den Kindern gegenüber, dass eine ganze Elterngeneration diesen Fehler nicht wiederholen wollte und in der Hinwendung zur Welt der Kinder nun ihrerseits den Königsweg der Erziehung sah. Die Folge war, dass die Regeln dieser Kinderwelt immer wieder über die Ufer traten und die Welt der Eltern in einem Maße überschwemmten, dass es diesen wiederum unerträglich wurde. Seitdem ist immer wieder die Rede von den Grenzen, die gesetzt werden müssten. In diese Debatte möchte ich hier nicht einsteigen, da ich ohnehin der Meinung bin, dass sie sich durch die richtige Choreografie des Beziehungstanzes von selber ergibt – dazu mehr auf S. 116ff.

Der Gedanke der Zuwendung hat in der Diskussion der letzten Jahre noch einen besonderen Akzent erhalten. Es ist vielfach die Rede von der »Qualitätszeit«, die Eltern für ihre Kinder reservieren sollten. Es heißt, dass Kinder mehr davon hätten, sich im Mittelpunkt der elterlichen Aufmerksamkeit zu wissen, und sei es auch nur eine kurze Zeit am Tag, als dass ihre Bedürfnisse »nebenbei« abgefertigt würden.

Über die Frage unterschiedlicher »Qualität« von Zeit, die man für die Kinder aufgewendet hat, machte man sich bis vor wenigen Jahrzehnten noch keinerlei Gedanken. Kinder mussten versorgt werden, man kümmerte sich um ihre Ausbildung und hatte auch seinen Spaß mit ihnen, zeigte ihnen die wichtigsten Verrichtungen des Alltags – aber dass es eine Staffelung in der Wertigkeit dieser Aktivitäten geben könnte, war kein Thema. Erst als Eltern immer mehr dieser Bereiche an andere Menschen abgaben, mussten sie darüber nachdenken, was letztlich für sie übrig bleiben konnte, um ihr Verhältnis zu ihren Kindern nicht nachhaltig zu stören. Es liegt nun auf der Hand, dass man eher die erfreulichen Teile der Kinderbetreuung für die Eltern reklamiert, denn schließlich ist es die Beziehung zu ihnen, die langfristig tragfähig bleiben muss. Für diese Tragfähigkeit wird nun die »Qualitätszeit« eingesetzt, Zeit, in der die Eltern sich bemühen, intensiv an dem Gebäude ihrer Beziehung zu ihren Kindern zu bauen. Dabei sollten sie sich nicht ablenken lassen und sich wirklich voll und ganz ihren Kindern widmen.

Richtig ist sicher eines an diesem Gedankengang: Eltern, die ihren Kindern stets in Hetze begegnen, sich nicht auf ihre Bedürfnisse einlassen und ihnen nicht das Gefühl vermitteln, sie seien es wert, sich für sie Zeit zu nehmen, sind kein Segen. Solchen Eltern zu sagen, sie sollten auf die Qualität ihrer Zuwendung achten, ist ganz gewiss richtig.

Aber zu sagen, es käme nicht darauf an, wie viel Zeit Eltern für ihre Kinder hätten, sondern in erster Linie, ob sie in der wenigen Zeit, die sie für sie aufbringen, innerlich engagiert seien, das halte ich für falsch. Der wahre Mörtel für die Tragfähigkeit der Eltern-Kind-Beziehung sind weniger die miteinander geteilten schönen Stunden als die kindliche Gewissheit, jederzeit auf verlässliche Hilfe zurückgreifen zu können, wenn der Weg durch den Alltag zu steinig ist. Und die kleinen und großen Probleme des Kinderlebens warten nicht darauf, bis Mama und Papa abends nach Hause kommen. Der Teddy passt *jetzt* nicht in die Kiste, in die ich ihn hineinstecken will, *eben jetzt* will mir der große Junge das Sandschäufelchen wegnehmen, *gerade eben* hat die Freundin angerufen und gesagt, dass sie heute nicht mit mir spielen will. Diese Probleme kann natürlich auch jemand anders als die Eltern lösen helfen, aber dann werden eben diese Personen zu dem verlässlichen Grund, auf dem sich sicher durchs

Leben laufen lässt. Kinder brauchen die Gegenwart vertrauter erwachsener Personen über lange Zeitstrecken hinweg. Dabei ist die im Hintergrund vorhandene »beiläufige Aufmerksamkeit« wichtig; sie registriert, wann das Kind in Not kommt, greift schnell und sicher ein und zieht sich dann wieder zurück. Auch früher bereiteten nicht immer die Eltern diesen Lebensgrund. Ammen, Kinderfrauen oder Dienstpersonal boten den Kindern oft beständigere Begleitung durch den Alltag als Mutter oder Vater. Es gibt jede Menge rührende Zeugnisse lang anhaltender Dankbarkeit gegenüber Ammen oder alten Dienern, zu denen die Kinder eine größere Vertrautheit entwickelt hatten als zu den eigenen Eltern.

Die Vorstellung von der Qualitätszeit lenkt den Blick auf einen weiteren bedenkenswerten Punkt: die »Dosis«, in der die Zuwendung gewährt wird. Heißt »Zuwendung«, einen längeren Zeitraum für die Kinder zu reservieren, oder kann die Zuwendung auch in kleinen »Häppchen« geschenkt werden? Wer sich den Alltag mit Kindern vor Augen hält, wird schnell bemerken, dass die realistischere Variante die in kleinen Gesten geschenkte Zuwendung ist. Ein Knuddeln zwischendurch, die Bewunderung eines gelungenen Bauwerks, ein Kindervers beim Füttern, ein Scherz beim Kämmen – so kann eine ganze Kette von kleinen Zuwendungen den Alltag durchziehen. Gerade unter den heutigen, durch Termindruck geprägten Lebensbedingungen kann durch solche kleinen gemeinsamen Freuden der Mangel an geruhsamer gemeinsamer Zeit zumindest teilweise ausgeglichen werden.

Oder sagen wir es so: Der Mangel an kleinen Gesten dürfte für die Kinder schmerzlicher spürbar sein als der Mangel an größeren Zeitabschnitten, in denen die Eltern sich mit ihnen beschäftigen. Natürlich sind Vorlesestunden und Spielabende, Ausflüge und Schwimmbadbesuche etwas Wunderbares. Aber

wenn sie fehlen, fehlt weniger, als wenn die Herzlichkeit im Alltag ausfällt.

Laufen lassen

Eine weitere unumstößliche Maxime moderner Erziehungsprin-
zipien ist der Satz, dass Kinder Freiräume brauchen, um mit
sich und der Welt zu experimentieren. Ständige Beaufsichtigung
oder gar Gängelung durch Erwachsene würde die Kinder daran
hindern, eigene Ideen zu entwickeln und die eigenen Kräfte zu
erproben.

Je nach Alter der Kinder sieht dieses Freigeben anders aus.
Bei einem jungen Säugling geht es darum, ihn ab und zu frei
strampeln zu lassen oder ihn nicht zu stören, wenn er seine
Händchen oder die Cremetube untersucht. Aber schon im Krab-
belalter bekommt dieses Freilassen ein anderes Gesicht. Denn
nun steht man als Erwachsener wirklich vor der Entscheidung:
Lasse ich das Kind krabbeln, wohin es will, oder greife ich ein?
Lasse ich es die Schublade aufziehen und ausräumen? Schaue
ich zu, wie es die Treppenstufen hinaufkriecht, oder hindere ich
es daran, weil es meiner Meinung nach damit noch überfordert
ist? Auf jeden Fall ist bei einem Krabbelkind noch Sichtkontakt
geboten. Bei einem Kindergartenkind stellt sich aber schon die
Frage, ob man es allein zum Kiosk um die Ecke laufen lässt, um
sich ein Eis zu kaufen, oder wann man nachsieht, warum es im
Keller wohl so lange so still ist.

Geht es bis zum Schulalter noch um solche recht einfachen
Entscheidungen, zeigen sich die vielfältigen Dimensionen des
»Laufen lassens«, wenn die Kinder älter werden. Es gibt die ganz
reale räumliche Dimension, die Frage, wie weit sich Kinder auf
eigene Faust von ihrer Wohnung entfernen können, es gibt die

Dimension des selbstständigen Experimentierens mit den Dingen des Alltags, und es gibt den Bereich von Einstellungen und Wertmaßstäben, bei deren Bildung man die Kinder mehr oder weniger steuern kann. Neuerdings kommt noch die Dimension der virtuellen Welten dazu, in die man die Kinder mit mehr oder weniger Kontrolle entlassen kann.

In allen Bereichen ist es für Eltern in den letzten Jahrzehnten schwieriger geworden, zu entscheiden, wie lang sie die Leine lassen sollen und dürfen. Nicht einmal die handfeste Frage, ob man den Kindern zum Spielen einfach die Haustür aufmachen kann, lässt sich klar beantworten. Leider ist schon Vergangenheit, wovon noch die Kindheitsberichte älterer Zeitgenossen erzählen. Ihr Lebenskreis weitete sich mit jedem Geburtstag aus und hielt auf ihren Streifzügen jede Menge Abenteuer und Bewährungsproben bereit. Ein besonders schönes Beispiel solcher Schilderungen ist Peter Kurzecks Hörbuch »Ein Sommer, der bleibt« (Audio-CD, Label »supposé«), in dem er von seiner Kindheit in einem hessischen Dorf erzählt. Kapitel für Kapitel ist nachzuvollziehen, wie zuerst das Fensterbrett, dann die Straße vor dem Haus, dann der Hof des Nachbarn, dann der Dorfrand, dann das Lahnufer und irgendwann die nur mit der Bahn zu erreichende Stadt Gießen seinen Bewegungsradius absteckten.

Solche Kindheiten waren die Regel. In den Städten gab es vielleicht weniger poetische Erinnerungen an Nebel und weite Schneeflächen, aber loslaufen und den Augen der Erwachsenen entkommen konnten auch Stadtkinder. Ich selber bin in einem Vorort einer großen Stadt aufgewachsen, und auch hier war es noch völlig üblich, dass meine Brüder nachmittags »Straße lang« gingen, bis es um sechs Uhr abends läutete, dann hieß es nach Hause kommen. Wir Mädchen waren weniger raumgreifend unterwegs, aber auch wir konnten mit Puppenwagen oder Rollschuhen losziehen – wir liefen auf der Straße! –, und keiner hatte Angst um uns. Die Gefahr, dass wir uns die Knie aufschürften, war viel größer, als dass wir von einem Auto angefahren wurden.

Diese Zeiten sind vorbei, in den Städten auf jeden Fall, weitgehend auch auf dem Land. Unserer Umwelt, die auf vielen Gebieten so viel sicherer geworden ist als die unserer Vorfahren, haben wir eine allgegenwärtige Gefahr hinzugefügt: den Straßenverkehr. Man kann Kinder kaum noch laufen lassen, und wenn doch, dann finden sie kaum noch Stellen für ungestörtes Spielen, außer auf den vorgefertigten Spielplätzen.

Dazu kommt die Angst vor Fremden, die den Kindern etwas antun könnten. Es ist schwer zu beurteilen, ob diese Gefahr wirklich größer geworden ist oder ob sie dadurch, dass jeder einzelne tragische Fall von den Medien umgehend verbreitet wird, lediglich mehr im allgemeinen Bewusstsein präsent ist. Wie dem auch sei, sie führt dazu, dass Eltern ihre Kinder ungern stundenlang ihre eigenen Wege gehen lassen.

Kindern entgeht dabei viel. Die Welt eröffnet ihren Zauber nur in einem Dialog, der frei von Zeitdruck und frei von Leistungsansprüchen ist. Wer als Kind stundenlang hinter einer Hecke einen Schneckengarten aus Steinchen gebaut oder im Sommer im Schatten eines Schuppens in einem verrosteten Topf ein Menü aus Tannenzapfen und Sauerampfer gekocht hat, wer auf Bäume geklettert ist oder den Waldbach mit Steinen und Schlamm zu einem See aufgestaut hat, dem ist unsere natürliche Umwelt in alle Poren gedrungen. Die Gerüche, das Gefühl auf der Haut, das Prickeln der Ideen in der Seele bleiben als Essenz von Lebenslust in den Tiefen der Persönlichkeit erhalten. Solche Erfahrungen werden für unsere Kinder immer seltener.

Nun bedeutet Laufenlassen nicht immer Entfernung von der Wohnung; das freie Experiment mit den Dingen des Alltags ohne die Anweisungen von Erwachsenen kann ebenfalls Räume eröffnen: die Eigenwelt der Sachen und das Reich der Fantasie. Aber auch diese Räume sind enger geworden. Da in den Familienhaushalten immer weniger produziert wird, gibt es auch seltener Rohstoffe, mit denen Kinder ihre Ideen ausprobieren können: Wird der Apfelkuchen fertig gekauft, bleiben keine ringeligen Apfelschalen zum Spielen; wird nicht mehr gestrickt, lässt sich nicht mit Wollresten fingerhäkeln; wird nicht mehr genäht, gibt es keine Stofffetzchen für Puppenkleidchen; der Sprühreiniger erlaubt kein Spiel mit Seifenschaum; wird der Adventskranz gekauft statt selbst gebunden, bleiben keine Zweige übrig, mit denen man Häuser für Zwerge bauen kann.

In diese Lücke stößt die Vielfalt an vorgefertigtem Bastelmaterial. Das kostet aber Geld und ist daher von einem gewissen Erfolgsdruck begleitet. Ob aus den Stoffresten von Mutters Sommerkleid letztendlich ein Puppenkleid wird oder nicht, ist unerheblich, ob aber der teuer erworbene Filz »sinnlos« zerschnippelt wird, darüber denken Eltern nach. Die Leine, an der die Experimentierlust gehalten wird, ist verständlicherweise kürzer. Es wird nach Vorlagen gearbeitet und das dann kreativ genannt. Die Menge der Produkte kann erheblich werden, aber individuelle Schöpfungen entstehen eher seltener.

Weniger fassbar, aber nicht weniger wichtig ist das, was ich oben als Bereich von Einstellungen und Wertmaßstäben bezeichnet habe. Im Grunde geht es darum, wie weit man Kindern und Jugendlichen Entscheidungen überlässt. Ist es wichtiger, erst Hausaufgaben zu machen oder erst mit der Freundin zu telefonieren? Ziehe ich die alte Jeans noch an oder brauche ich unbedingt eine neue? Will ich mit dem Nachbarsjungen noch spielen, obwohl er immer wieder die Katze quält? Wie laut drehe ich meine Anlage in meinem Zimmer auf? Soll ich dem Lehrer sagen, dass mein Banknachbar die Hausaufgaben von seinem großen Bruder machen lässt?

Das sind keine einfachen Fragen. Wann man dem Kind die Entscheidung überlassen kann, hängt sehr davon ab, wie viel Überblick es schon entwickelt und welche Tragweite die Entscheidung letztendlich hat. Kommt es in der Schule zurecht und macht in der Regel selbstständig die Hausaufgaben, kann man es ihm überlassen, ob es erst die Freundin anruft. Kennt man aber derlei als Vermeidungsstrategie, um die ungeliebten Matheaufgaben möglichst lange aufzuschieben, kann ein Eingreifen sinnvoll sein. Bei üppigem Familienbudget ist es leicht, Kinder selbst über ihre Garderobe entscheiden zu lassen; ist das Kind durchsetzungsfähig, kann man darauf vertrauen, dass es dem Freund das Katzequälen ausredet; lebt man im eigenen Haus und hat starke Nerven, kann man den Lautstärkepegel der Musik eher freigeben als in einer Mietwohnung.

Kinder in solchen Situationen an eigene Entscheidungen heranzuführen, erfordert Fingerspitzengefühl. Ähnlich wie man bei der Freigabe des Raumes die Gefahren bedenken muss, die lauern, wenn man das Kind zu weit laufen lässt, ist es hier die Tragweite der Entscheidung, die die Grenzen zieht. Aber auch diesen Raum brauchen Kinder und vor allem Jugendliche, um zu lernen, Entscheidungen zu treffen, mit denen sie leben können.

Dass die Räume der freien Bewegung und des freien Experimentierens schrumpfen, stellen pädagogisch interessierte Erwachsene fest, die Kinder selber kennen es nicht anders und werden kaum die entgangenen Möglichkeiten einklagen. Anders ist es mit der Erlaubnis, sich ungehindert in den virtuellen Welten des Fernsehprogramms und des Internets zu bewegen. Per Knopfdruck öffnen sich Räume, in denen man weder kalt noch nass wird, nicht Gefahr läuft, überfahren zu werden, und in denen es doch aufregend zugeht. Sollte es einmal langweilig oder mühsam werden, genügt ein Mausklick oder ein Knopfdruck auf der Fernbedienung, und man ist wieder an einem anderen spannenden Ort. Da auch Kindern wie allen anderen Menschen das Streben innewohnt, mit möglichst minimalem Energieaufwand eine möglichst große Wirkung zu erzielen (Steinzeiterbe!), ist die Verlockung dieses entmaterialisierten Abenteuerspielplatzes natürlich groß. Dazu kommt sein hoher Prestigewert, und darum entfaltet er geradezu einen Sog, mit Verlockung allein lässt sich das kaum beschreiben.

Über Medienkonsum von Kindern ist viel geschrieben worden, die Ansichten gehen weit auseinander. Die einen sagen, es sei wichtig, dass die Kinder den Umgang mit den Neuen Medien lernen, am besten so früh wie möglich, dann steht der Computer schon im Kindergarten. Andere wiederum sind der Meinung, man solle Kinder so lange wie möglich davon fernhalten. Dieses ganze Spektrum zu beleuchten würde hier allerdings zu weit führen.

Die Frage ist, ob der Komplex »Medien« eigentlich unter das Stichwort des pädagogisch wünschenswerten »Laufen lassens« gehört. Betrachtet man die Inhalte dessen, was sich in Computerspielen, Chatrooms und im Fernsehprogramm abspielt, wäre die Vorstellung, Kinder und Jugendliche in diesem Bereich doch lieber an die Hand zu nehmen, statt laufen zu lassen, vielleicht eher angebracht. Unter das Stichwort passt das Thema aber deshalb, weil es für die Erwachsenen denselben Zweck erfüllt: Sie haben Ruhe. Stundenlang. Endlich kann man ungestört aufräumen, Zeitung lesen, den Versicherungsantrag ausfüllen, das Abendessen auf den Tisch stellen, mit der Freundin telefonieren. Das ist verlockend, und weil der Sog auf die Kinder ohnehin besteht und es eher noch einer zusätzlichen Anstrengung bedürfte, sie davon abzuhalten, gehört das Umherschweifen in den virtuellen Räumen bei den meisten Jugendlichen heute zum täglichen Programm.

Die Frage ist, ob der virtuelle Freiraum das Gleiche wie der wirkliche vermittelt. Im wirklichen Freiraum entwickeln Kinder Selbstvertrauen. Sie können sich orientieren, sie können Pläne verwirklichen, sie »machen sich die Erde untertan« im weitesten Sinne. Die reale Welt, mit der sie sich auseinandersetzen, hat ihre Regeln, die respektiert werden müssen, aber sie hat keine versteckten Mechanismen, die ihre Aktivitäten steuern, ohne dass sie dessen gewahr werden. Einen Staudamm zu bauen erfordert, die Fließgesetze des Wassers und die Beschaffenheit von Holz und Steinen zu beachten, aber der Bach hat nirgendwo einen Link, der in eine Höhle führt, in der sich wieder ein Link findet, der auf die Bergspitze lockt, auf die man nur mit einer teuren Seilbahn hinaufkommt.

Die virtuellen Räume entbehren zudem der vielfältigen Sinnesreize. Der Bildschirm riecht nicht, wärmt nicht, bewegt sich nicht. Alles, was geschieht, wird über das Auge wahrgenommen, und selbst dieses wird in seiner natürlichen Aktivität eingeschränkt. Das ständige Fokussieren von nah auf fern und zurück entfällt, es bleiben rasche Hin-und-her-Bewegungen. Beim Fernsehen braucht es sogar diese nicht, auf eine gewisse Entfernung reicht es, wenn der ganze Sinnesapparat auf »Starren« schaltet, um dem Geschehen auf dem Bildschirm folgen zu können. Der Volksmund hat dafür das zutreffende Wort »Glotze« erfunden, dem ist nichts hinzuzufügen.

Baut sich im realen »Laufen lassen« Selbstvertrauen aus Erfolgserlebnissen auf, bleiben diese im virtuellen Raum fragwürdig. Natürlich ist nicht zu bestreiten, dass manche Jugendliche durch intensiven Umgang mit dem Computer dessen Innenleben sehr weit beherrschen und seine Möglichkeiten souverän nutzen können. Das sind dann die späteren Macher, die sich an der Zusammenstellung des Angebots für die reinen Nutzer beteiligen. Die meisten aber ziehen ihre Erfolgserlebnisse aus dem Anwenden vorgegebener Regeln, ähnlich dem Erfolgserlebnis, das sich einstellt, wenn man bei einem Puzzle das richtige Steinchen gefunden hat. Irgendjemand hat ein Bild gemalt – ein Programm entworfen – es dann zerschnippelt – in Schritte aufgeteilt – und wenn ich es zusammengesetzt habe, den Schritten folgen kann, fühle ich mich gut. Dagegen ist im Prinzip nichts einzuwenden, es kann Spaß machen und die Kombinationsfähigkeit schulen, aber wenn ich darauf mein Selbstvertrauen aufbaue, ist es ein geborgtes Selbstvertrauen.

Aus der Hirnforschung weiß man inzwischen, dass Informationen, die von lebendigen Menschen kommen, im Gehirn viel nachhaltiger bearbeitet werden als Informationen, die von unbelebten Medien stammen. Welche Folge es für die Entwicklung kindlicher Gehirne hat, wenn ein großer Teil der Informationen, die sie erhalten, von Bildschirmen kommt, ist eine noch nicht beantwortete Frage, aber Fachleute äußern dazu schwere Bedenken.

Das führt zu dem Punkt, was geschieht, wenn das »Laufen lassen« im Verhältnis zu Zuwendung und Mitnehmen ein zu starkes Gewicht erhält. War bei zu viel Zuwendung Verwöhnung die Folge, so ist die Folge von ungebremstem Laufen lassen die Verwahrlosung. Dieses Wort wird für einen Zustand verwendet, den man als äußerlich ungepflegt und innerlich gestaltlos beschreiben kann, und es verweist direkt auf die Ursachen: Wer verwahrlost ist, wurde nicht richtig »verwahrt«, ihm wurde kein sicherer Raum zuteil.

Die Verwahrlosung ist in unserer Gesellschaft ein Problem mit doppeltem Gesicht. Das eine ist die Verwahrlosung in den sogenannten bildungsfernen Schichten. Die Eltern haben weder

Kraft noch Kenntnisse noch die materiellen Möglichkeiten, Zeit mit Kindern zu gestalten, diese werden der Straße und den Medien überlassen. Bei der sogenannten Wohlstandsverwahrlosung dagegen werden Kinder und Jugendliche zwar materiell gut versorgt, diese materielle Versorgung muss aber als Ersatz dafür herhalten, dass die Eltern keine Zeit haben oder keine Zeit aufwenden, um ihren Kindern die Räume abzustecken, in denen sie laufen gelassen werden. Solche Kinder werden vor allem im Bereich der Einstellungen und Werte alleingelassen. Zu Entscheidungen, für die ihre Weltkenntnis bereits ausreicht, kommen dann auch solche, mit denen sie überfordert sind. Sie suchen Orientierung bei denen, die ihnen zur Verfügung stehen: Gleichaltrigen und Medien. Davon wird im Kapitel »Peergroup als Risiko« ab S. 86 die Rede sein.

Wie die Zuwendung findet auch das Laufen lassen im Alltag in verschiedener Form und Intensität statt. Es muss nicht immer das stundenlange Verschwinden im alten Steinbruch oder am stillgelegten Bahndamm sein. Dem Kind ein Experiment mit der Salatsoße zu erlauben oder zuzulassen, dass aus der Papiermüllkiste, die eigentlich weggebracht werden sollte, auf einmal in der Garage eine Hütte entsteht, in der der kleine Müllmann hockt und alte Comichefte liest, auch das gehört zum Laufen lassen im täglichen Leben. Eigentlich ist jede Entscheidung, die man dem Kind überlässt, Teil des sich ständig erweiternden Raumes, in dem sich das Kind selbstständig bewegen kann.

Mitnehmen

Der folgende Abschnitt behandelt das Hauptthema dieses Buches. Ich habe Ihnen davon berichtet, wie sich der Begriff in meinem Alltag entwickelt hat, nun kommt er noch einmal etwas theoretischer daher. Er ist die noch fehlende Komponente im Dreiklang von Zuwendung, Laufen lassen und Mitnehmen, und er beschreibt den Teil des Miteinanders von Kindern und Erwachsenen, der in unserer Gesellschaft viel zu kurz kommt.

Mitnehmen findet immer dann statt, wenn ein Erwachsener etwas tut, was ihm wichtig ist, und ein Kind ist dabei. Es ist dabei nicht entscheidend, ob er das Kind in seine Tätigkeit einbezieht oder nicht. Entscheidend ist, dass er sich seiner Sache widmet und gleichzeitig einen Teil seiner Aufmerksamkeit dem Kind schenkt. Denn es bleibt natürlich nicht aus, dass das Kind etwas fragt oder Werkzeug durcheinanderbringt. Bei älteren Kindern oder Jugendlichen, die dann selber mit anpacken, muss das eine oder andere erklärt werden, oder man muss aushalten, dass etwas ungeschickt oder langsam erledigt wird.

Auf diese Weise sind über Jahrtausende Wissen und Fertigkeiten von einer Generation an die andere weitergegeben worden. Bevor die inzwischen weit fortgeschrittene Arbeitsteilung die meisten Arbeitsgänge nicht nur im Ablauf, sondern auch räumlich auseinandergerissen hat, konnten Kinder ihre Erwachsenen bei ihren Tätigkeiten so lange beobachten, bis sie selber den Impuls verspürten, mit zuzugreifen, oder sie von den Großen dazu aufgefordert wurden.

In der »Geschichte der Kindheit« von Philippe Ariès findet sich eine Abbildung, die einen Drechsler in seiner Werkstatt mit seinem Kind zeigt (Ariès 1975, S. 304). Der Mann arbeitet an einer Drehbank und blickt dabei auf ein Kind in einer Art Ställchen, das wohl einerseits als Stehhilfe dient, aber auch den Bewegungsspielraum des Kindes einschränkt. Vaters Handwerk ist ja nicht ganz ungefährlich, ein herumkrabbelndes Kind könnte sich verletzen oder ihn bei seiner Arbeit behindern. Dabei hält das Kind ganz offensichtlich ein ähnliches Gerät in der Hand wie sein Vater, jedenfalls ist es recht spitz und definitiv kein Spielzeug. Der Vater seinerseits, obwohl mit einer Arbeit beschäftigt, die hohe Konzentration erfordert, schaut eher zum Kind als auf sein Werkstück.

Fazit: Schon immer haben Kinder bei der Arbeit gestört, schon immer wollten sie das in die Hand nehmen, womit die Erwachsenen hantieren, und schon immer hat das Kind Aufmerksamkeit gekostet.

Solange noch niemand auf die Idee gekommen war, die Effektivität der Unterweisung dadurch zu erhöhen, dass gleich ein ganzer Schwung Kinder auf einmal belehrt wurde – sprich: Schule –, war dies die übliche Art, den eigenen Nachwuchs in allen Bereichen des Lebens auszubilden. Die Einbuße an Arbeitstempo nahm man in Kauf, man beeilte sich ohnehin nicht so sehr. Die Qualität der Arbeit war ausschlaggebend, nicht das Tempo.

Heute findet dieses einfache Mitlaufen in manchen Bereichen noch statt, seine eigentlichen Qualitäten werden aber weitgehend verkannt. Denn außer der einfachen Einführung in die Techniken der Alltagsbewältigung spielen sich dabei noch viele andere Prozesse ab, die für das Kind wichtig sind, deren Fehlen aber nicht so leicht bemerkt wird.

Zunächst einmal wird in einem Kind, das seine Erwachsenen bei alltagsrelevanten Tätigkeiten erlebt, das Zutrauen gestärkt, dass dieser Mensch die Welt kennt, in ihr handeln und ihm somit Sicherheit verschaffen kann. Wenn der Papa den Schrank aufstellen und die Mama die Vorhänge aufhängen kann, der Papa mit dem Automechaniker verhandelt und die Mutter mit dem Sparkassenberater, dann enthält das alles auch die Botschaft: »Schau her, ich komme mit der Welt zurecht!« Das Kind wird umso leichter seine Fragen an diese Erwachsenen herantragen, wenn es erlebt, dass die Eltern ihre eigenen Aufgaben bewältigen. Wer glaubt, es könne sich das doch denken, weil es ja jeden Morgen sein Frühstück auf dem Tisch vorfindet, verkennt, dass es für ein Kind keinen Unterschied macht, ob ein Apfel am Baum wächst oder die Cornflakes auf dem Tisch stehen. Dass das eine von selber wächst und das andere von einem tätigen Menschen erst verdient, dann gekauft und dann serviert werden muss – woher soll es das wissen? Bei einer Alltagsorganisation, die alle wichtigen Tätigkeiten auf Zeiten verlegt, zu denen es »nicht im Weg« ist, muss dem Kind die Welt so vorkommen, als würde sie sozusagen selbsttätig funktionieren. Natürlich ist es möglich, den Schrank aufzustellen, wenn die Kinder bei der Oma sind, die Vorhänge aufzuhängen, wenn sie schon schlafen, und die Kinder zu Hause zu lassen, wenn man in die Autowerkstatt oder zur Sparkasse fährt. Unter solchen, von der Gegenwart der Kinder befreiten Umständen wird man dabei eher dem allgegenwärtigen Anspruch gerecht, jede Arbeit möglichst schnell zu erledigen – unsere Rolle im Leben werden die Kinder dabei aber nicht nachvollziehen können.

Das ist nicht so harmlos, wie es klingt. Zwar könnte man der Meinung sein, das würden sie schon irgendwann lernen, sie sollten erst einmal ihre Kindheit genießen. Beobachtet man aber das Verhalten vieler Jugendlicher, scheint ein großer Teil von ihnen nicht begriffen zu haben, dass zwischen dem »guten Leben« und dem Arbeiten ein Zusammenhang besteht. Kinder und Jugendliche bekommen in den Medien Lifestyle pur präsentiert – womit die Menschen ihr Geld verdienen, ist fast nie zu sehen, vor allem wenn es sich um solche handelt, die offensichtlich viel davon haben. Wenn dann auch noch die Eltern mit den Kindern nur die Konsumseiten des Lebens teilen, die Arbeit aber aus ihrem Blickfeld heraushalten, entsteht leicht ein verzerrtes Bild der Realität.

Natürlich ist es schwierig, in Begleitung von Kindern die Arbeiten zu verrichten, mit denen man sein Geld verdient. Aber es gibt den Zusammenhang von Arbeit und Geld auch im Privatbereich. Um bei den Beispielen zu bleiben: Man könnte auch Handwerker den Schrank aufstellen und die Vorhänge aufhängen lassen, beim Automechaniker geht es natürlich auch darum, die Rechnung möglichst gering zu halten, und dass Sparkasse mit Geld zu tun hat, versteht sich von selbst. Darüber kann man mit den Kindern sprechen, und so erfahren sie, dass es einen Zusammenhang zwischen dem Familienbudget und solchen Tätigkeiten gibt.

Sie lernen dabei auch, dass das Leben durchaus manchmal Mühe macht. Über der Aufbauanleitung für einen Schrank ist schon so mancher in Verzweiflung geraten, und dass jemand Vorhänge aufhängt, ohne zwischendurch Flüche auszustoßen, passiert ebenfalls äußerst selten. Aber auch das gehört zum Leben. Und wenn das Kind später den Schrank sieht, dann weiß es immer: »Mein Papa hat ihn überlistet!« Am besten noch: »Mit meiner Hilfe!«

Die Erinnerung an solche gemeinsamen Aktionen begründet ein Wir-Gefühl: »Mein Papa und ich«, »Meine Mama und ich«, auch mal »Unser Nachbar und ich«, »Meine Tante und ich«. Wir haben das geschafft! Die gemeinsame Blickrichtung auf dieses wichtige Projekt bewirkt nicht nur einen realistischen Blick auf die Welt, sondern erzeugt ein Gefühl der Verbundenheit mit dem Partner. Diese Erkenntnis ist nicht auf das Verhältnis von Eltern und Kindern beschränkt. Auch unter Erwachsenen sind solche Bindungen am stabilsten, die ein gemeinsames Ziel außerhalb ihrer selbst haben. Und im Wissen, welche lebenswichtige Bedeutung die Bindung an verlässliche Erwachsene gerade für ein Kind hat, sollte uns jede Gelegenheit willkommen sein, dieses Band zu festigen.

Dabei ist der Beitrag der Kinder zu diesen Projekten oft nur gering, unter Umständen sogar kontraproduktiv; diese Realität darf man im Überschwang der »Zusammen«-Idee nicht übersehen. Die Kinder selber nehmen das meist gar nicht wahr. Je kleiner sie sind, desto weniger können sie den Umfang des eigenen Beitrags einschätzen. Ihrem Stolz auf das gemeinsame Werk tut das aber keinen Abbruch. Ein Baby, das nur den Kochlöffel halten durfte, fühlt sich geradeso beteiligt wie der Jugendliche, der der Mutter den Schraubenzieher aus der Hand nimmt, weil er die Vorhangstange inzwischen besser erreicht als sie. Es ist sozusagen der eingebaute Segen dieser Konstellation, dass der menschliche Gewinn dank der unentwickelten Wahrnehmungsfähigkeit der Kinder unabhängig von egalitärer Arbeitsteilung besteht. Sich diesen menschlichen Gewinn entgehen zu lassen, der lediglich mit ein bisschen Geduld erkauft ist, können sich Eltern unter den heutigen Lebensbedingungen eigentlich nicht mehr leisten, denn die gemeinsame Zeit mit ihren Kindern ist durch notwendige Erwerbstätigkeit und Betreuung der Kinder außer Haus meist schon eingeschränkt genug.

Es ist ja nicht nur das gemeinsame Erfolgserlebnis, das sich in solchen Situationen einstellt, und es geht auch nicht nur um den Stolz auf sich selber, weil man dazu beigetragen hat. Kinder sind auch stolz auf ihre Eltern, wenn diese etwas zustande gebracht haben. Es ist beruhigend, zu wissen: »Diese Person zeigt mir, wie das Leben funktioniert, und diese Person kennt alle Tricks!« Und dass ich zu dieser großartigen Person dazugehöre, das ist noch besser. Um dem Kind dieses Gefühl zu geben, muss man gar nicht überdurchschnittlich großartig sein, sondern es einfach nur an der Bewältigung des Alltags teilnehmen lassen.

Leider wird über diesen einfachen Weg zu einem gesunden Selbstbewusstsein noch immer viel zu selten nachgedacht. Der gerechtfertigte Kampf gegen Kinderausbeutung hat seit Langem den Blick dafür getrübt, dass auch Kinder nützlich sein wollen (vgl. ausführlicher S. 141). In der guten und historisch auch notwendigen Absicht, sie von Lasten zu befreien, hat man übersehen, dass es die Verankerung im sozialen Umfeld gefährdet, wenn man den Beitrag, den auch Kinder zu leisten imstande sind, für überflüssig erklärt und dem Kinderleben als Inhalt nur noch Lernen und Spielen lässt.

Nun ist der Anteil an notwendiger Arbeit, den ein Kind tatsächlich einbringen kann, nur der eine Bestandteil seines durch »Mitnehmen« geförderten Selbstwertgefühls. Dank seiner feuernden Spiegelneuronen (mehr dazu im Kapitel »Das Gehirn als soziales Organ«, S. 66), die sein Inneres mit dem des Erwachsenen verknüpfen, verschwimmt vor allem für ein kleines Kind die Grenze zwischen sich und dem Großen. Was Papa tut, ist in seiner Wahrnehmung auch sein eigenes Werk, und wenn es jetzt imstande ist, so souverän einen tückischen Schrank aufzubauen, wird es doch ein Leichtes sein, solches in Zukunft zu wiederholen. Das in Kindern schlummernde Gefühl, die ganze Welt stünde ihnen offen, erhält Nahrung mit jeder Herausforderung, der es sich, hineinschlüpfend in die Gestalt des Erwachsenen, stellt.

Dennoch wird ein auf diesem Wege erworbenes Selbstwertgefühl kaum so irrationale Dimensionen erreichen wie die aus den Medien »geborgten« Identifikationen. Sind Kinder häufiger mit den Gestalten der Fernsehserien konfrontiert als mit real handelnden Personen, hat das nicht nur zur Folge, dass sie völlig unrealistische Vorstellungen davon entwickeln, was ein Mensch eigentlich können muss – er muss nämlich nicht mit eleganten Kinnhaken Dutzende von Widersachern zu Boden zwingen, sondern missmutige Verkäufer dazu bringen, defekte Ware zurückzunehmen, und ähnliche Misshelligkeiten –, sondern Kinder beginnen dann auch zu glauben, die Welt sei so wie die, in der sich ihre Helden bewegen. In der Interaktion von Grundschulklassen lässt sich gut beobachten, dass Kinder (vor allem Jungen), die offensichtlich viel vor dem Fernseher sitzen, ihren Klassenkameraden wesentlich häufiger aggressive Motive unterstellen als andere, die sich mehr in der realen Welt betätigen. Dass Schulen auf dem Land in der Regel weniger Probleme mit diesen Fehlinterpretationen von Wirklichkeit haben, hängt mit Sicherheit damit zusammen, dass diese Kinder in ihrer Umgebung weitaus häufiger handelnde Erwachsene erleben als Stadtkinder, und wenn nur der Opa einen Hasenstall baut. Mehr Zeit für »Zuwendung« haben Eltern auf dem Lande wahrscheinlich auch nicht. Indem sie ihren Kindern aber durch Hineinnehmen in ihren Alltag von ihrem eigenen Stolz abgeben, können sie ihnen dennoch Kostbares schenken.

Ebenso wie Zuwendung und Laufen lassen im Übermaß mehr schaden als nützen, kann auch das Mitnehmen aus dem Ruder laufen. Wird bei diesem Mitnehmen der Kinder in die Welt der Erwachsenen außer Acht gelassen, dass die Beziehung auch hier hierarchisch bleiben sollte (vgl. S. 90), kann eine Konstellation entstehen, in der das Kind wie ein gleichgestellter Partner des Erwachsenen behandelt wird. Das ist noch harmlos, wenn der Erwachsene sein eigenes Leben gut im Griff hat, aber unter solchen Vorzeichen kommt eine Verschiebung der Rollen eher selten vor. Der lebenstüchtige Erwachsene hat in der Regel erwachsene Partner, die ihm helfen, seinen Alltag zu bewältigen. Eher verschieben sich die Rollen bei Eltern, die keine befriedigenden Beziehungen zu anderen Erwachsenen aufbauen. Hier kann das Kind zum Partnerersatz werden, und dann entwickelt sich eben genau das nicht, was das Mitnehmen unter ungestörten Bedingungen so segensreich macht. Das zum Partner erklärte Kind erlebt einen Erwachsenen, der nicht mit seinem Leben zurecht kommt, einen Erwachsenen, bei dem es sich keinen Stolz »borgen« kann, einen, der offenbar noch schwächer ist als das Kind selbst. Wie kann man sich bei so einem Menschen geschützt fühlen?

Ein Kind in einer solchen Rolle ist überfordert. Die Hierarchie der Eltern-Kind-Beziehung löst sich auf und verweigert dem Kind die Möglichkeit, an seinem starken Erwachsenen »einen Abdruck zu nehmen«. Aus welchen Gründen auch immer Eltern ihre Kinder nicht nur als gleichwertig – denn das sind sie allemal! –, sondern als gleichartig behandeln – denn das sind sie nicht! –, das Kind wird auf diese Anforderungen nicht angemessen reagieren können und Verhaltensweisen entwickeln, die im besten Falle irritierend sind, aber oft genug unannehmbar werden.

In der Diskussion über unannehmbares Verhalten von Kindern und Jugendlichen war in den letzten Jahren viel vom »Grenzen setzen« die Rede, es wurden sogar die Begriffe »Gehorsam« und »Disziplin« wieder aus der Schublade geholt. Wenn es bei dem einfachen Einfordern dieser angeblichen Tugenden bleibt, wird dabei auf das falsche Pferd gesetzt. Solange die verantwortlichen Erwachsenen die Beziehungsebene nicht wieder zurechtgerückt haben, wird auch jedes verzweifelte Grenzensetzen keinen wirklichen Erfolg haben. Auf ein Kind, das sich auf einer gar nicht bewusst wahrgenommenen Ebene stärker fühlt als der Erwachsene, wirken die von diesem Erwachsenen gesetzten Grenzen eher lächerlich. Dagegen wird ein Kind, das sich von einem starken Erwachsenen geschützt fühlt, kaum so über die Stränge schlagen, dass es unnachgiebig gezogene Grenzen braucht. Darum halte ich die gegenwärtige Diskussion um mehr Grenzen, mehr Gehorsam und mehr Disziplin für so lange fruchtlos, wie der Erfahrungsraum der Kinder nicht wieder von Erwachsenen geschützt wird, die ihre Kinder lieben, aber nicht zur Bewältigung ihrer emotionalen Probleme brauchen.

Es gibt eine besonders dramatische Form der Überforderung

von Kindern auf der Bühne des Erwachsenenlebens: den sexuellen Missbrauch. Hier ist jedem einsichtig, dass es Bereiche in der Welt der Großen gibt, in denen die Kleinen buchstäblich nichts zu suchen haben. Denn solange die sexuellen Funktionen in einem Kind noch nicht aktiv sind, sind sexuelle Handlungen vielleicht interessant, aber noch nicht so mit der Person verknüpft, dass sie seelisch verarbeitet werden können, schon gar nicht, wenn sie gegen den eigenen Willen geschehen. Das ist schon für Erwachsene traumatisch, für ein Kind ist es eine Katastrophe. Dazu braucht hier weiter nichts gesagt zu werden.

Die von mir beschworene Attraktivität der Welt der Großen für die Kleinen ist also nicht ohne Fallstricke. Aber ein Erwachsener, der sein Kind in diese Welt mitnimmt und dabei seine Rolle als Beschützer wahrt, bewegt sich auf der sicheren Seite. Dann können wir glücklich sein über jeden kleinen Menschen, der an der Seite eines Großen erfahren darf, dass »die anderen ohne ihn schlechter dran sind«, wie Anna Wahlgren es formuliert (vgl. S. 96). Auch wenn sein Selbstwertgefühl im Laufe des Lebens ab und zu geschüttelt werden wird – das Grundgefühl, im Verbund mit anderen gebraucht zu werden, ist wie ein gut zentriertes Gewicht im Schwerpunkt eines Stehaufmännchens, das aus jeder Lebenslage wieder hochkommt!

Das Leben – ein Gemenge

Gedankengebäude wie das des pädagogischen Dreigestirns »Zuwendung«, »Laufen lassen« und »Mitnehmen« haben etwas Bestechendes an sich. Man glaubt die Wirklichkeit säuberlich verpackt und verzehrgerecht portioniert und muss die klugen Gedanken nur noch auspacken und anwenden.

Das Leben kommt aber nicht in Kategorien aufgeteilt daher. Das, was hier in drei Kapiteln als drei unterschiedliche Komponenten dargestellt wurde, findet im Alltag meist vermengt in ein und derselben Aktion statt. Ganze Handlungskomplexe sowohl gedanklich als auch real in verschiedene Bestandteile zu zerlegen ist ja ohnehin eine eher künstliche Herangehensweise an das menschliche Leben. Sie ist die Denk- und Arbeitsstruktur der modernen Industriegesellschaft und durchaus nicht der einzige Weg, wie man menschliches Leben auffassen kann.

Dennoch dringt sie inzwischen auch in unsere Familien vor, die noch sehr lange ein Ort waren, an dem diese Gesetze der Zergliederung keine Rolle spielten. Zumindest in Gestalt der Hausfrau gab es einen auch in der Öffentlichkeit geachteten Menschen, dessen Arbeit nicht den Gesetzen der Arbeitsteilung und Arbeitsbeschleunigung ausgesetzt war. Diese Zeiten sind vorbei. Es gibt zwar immer noch viele Mütter, die überwiegend Hausfrau sind, von öffentlicher Achtung ihrer Arbeit kann aber kaum noch die Rede sein.

Familienleben spielt sich weitgehend so ab, dass viele Produkte sowohl materieller als auch nicht materieller Art von dem Geld gekauft werden, das Vater und Mutter außer Haus verdient haben. Die Maßstäbe der Arbeitswelt dürften damit viel stärker in das Familienleben eindringen als zu Zeiten, da es einen eigenen Produktionskreislauf innerhalb der Hauswirtschaft gab. Wer viele Stunden täglich am Arbeitsplatz Leitsätzen ausgesetzt ist wie Arbeitseffizienz und Zeitersparnis, Konzentration und dem Recht, nicht unterbrochen zu werden, wird es kaum fertigbringen, diese zu Hause zusammen mit dem Mantel an den Garderobenhaken zu hängen. Also ist die Versuchung groß, mithilfe der drei schönen Päckchen »Zuwendung«, »Laufen lassen« und »Mitnehmen«, die ich Ihnen geschnürt habe, nun auch ein sauberes Projektkonzept für das Familienleben aufstellen zu wollen.

Aber leider lassen sich diese Kategorien im Alltag der Familie nicht so glatt umsetzen wie ein neuer Arbeitsablauf am Arbeitsplatz. Analysen von Arbeitsabläufen und Beziehungen in beruflichen Arbeitsprozessen können in der Regel davon ausgehen, dass die beteiligten Menschen imstande sind, ihre Impulse zu steuern, ihre Handlungsmotive nach Wichtigkeit zu ordnen und solche auszublenden, die am Arbeitsplatz nichts zu suchen haben.

Entsprechende Analysen der Alltagspraxis in Familien dagegen bringen zwar Klarheit in die Gedanken, aber zu hoffen, sie brächten auch sogleich Ordnung in das Leben mit Kindern, diese Hoffnung trügt. Denn Kinder haben den kulturellen Schritt der Zähmung ihrer Impulse noch nicht oder noch nicht vollständig vollzogen. Die Notwendigkeit, oftmals schnell auf unvorhergesehene Gemütslagen der Kinder reagieren zu müssen, wirft jede säuberliche Planung über den Haufen. Eltern werden sich kaum des Abends hinsetzen und beschließen können, wer in der nächsten Woche für die Zuwendung zuständig sei, wann sie stattfinden soll, wer das Mitnehmen übernimmt und wohin und wie lange man das Kind laufen lässt. Solche Gedanken sind lediglich Lupen, mit denen man die einzelnen Fäden eines Beziehungsgeflechts erkennen kann, im Alltag verwenden muss man aber das ganze Tuch.

So wird man in der schlichten Situation, dass Eltern mit ihren Kindern beim Essen am Tisch sitzen, alle drei Komponenten finden:

- *Mitnehmen*: Die Eltern haben entschieden, was auf den Tisch kommt, dass man am Tisch sitzt und nicht beim Essen herumläuft, mit der Gabel und nicht mit den Fingern gegessen wird, man nicht mit vollem Mund redet, jeder von seinem Teller isst, man sich nicht mehr auf den Teller häuft, als man essen kann.

- *Laufen lassen*: Die Eltern greifen nicht ein, wenn das Essen mit der Gabel noch nicht so gut klappt, sie erlauben, dass aus dem Kartoffelbrei eine Berglandschaft wird, in der die Buttersoße das Bächlein bildet, sie lachen mit darüber, wenn der Rosenkohl als Kopf auf der Gabel sitzt und dem Tischnachbarn einen Besuch abstattet.
- *Zuwendung*: Jedes freundliche Anlachen des Kindes, die Frage, ob es schmeckt, das Zuhören, wenn es Geschichten aus Kindergarten oder Schule erzählt, das Nachdenken darüber, wie es seinen Nachmittag verbringen kann – all das vermittelt ein Gefühl des Wahrgenommenwerdens, das der Zuwendung innewohnt.

Es ist nicht schwer, auch andere Alltagssituationen mit dieser Lupe zu untersuchen und die gleichen Fäden zu entdecken, aus denen sie gewirkt sind. Die Fähigkeit des Menschen, in vielen Schichten gleichzeitig aktiv zu sein, macht es möglich, im Zusammenleben mit Kindern je nach Situation den hier dargestellten Dreiklang nicht nur nacheinander, sondern als Harmonie zum Klingen zu bringen.

Thema dieses Buches ist natürlich vor allem der Bereich des »Mitnehmens«, und davon wird auch noch viel die Rede sein. Mir ist aber wichtig, festzuhalten, dass die beiden anderen Komponenten in jeder Situation des »Zusammen« mit eingeschlossen sind. Es ist gar nicht möglich, mit einem anderen Menschen zusammenzuarbeiten, ohne ihm zum einen zu zeigen, dass man ihn wahrnimmt und im besten Falle persönlich wertschätzt, und ohne ihm zum anderen den Freiraum zu lassen, selbstbestimmt zum Ergebnis beizutragen. Die »Mikroanalyse der Interaktion«, um mich einmal des Fachjargons zu bedienen, wird in jedem Falle zutage fördern, dass dieses Dreigestirn stets gemeinsam im menschlichen Miteinander funkelt.

Dabei leuchtet nicht jeder Stern immer gleich hell. Am komplexesten scheint mir das »Mitnehmen« zu sein, am reinsten kann das Laufen lassen auftreten. In einer Situation, in der Kinder wirklich sich selber überlassen sind, finden definitiv keine Zuwendung und kein Mitnehmen statt. Und obwohl in der Zuwendung auch Elemente des Mitnehmens auftreten können, gibt es doch viele Möglichkeiten, sich einem Kind zuzuwenden, bei denen man so vollständig in seine Welt eintaucht, dass von »Mitnehmen« keine Rede mehr sein kann. Es ist aber schwer vorstellbar, ein Kind an seiner Seite zu haben, während man mit einer anderen Sache beschäftigt ist, ohne mit ihm zu sprechen und die persönliche Beziehung zu ihm spielen zu lassen und ohne ihm ein gewisses Maß an Freiraum im Umfeld des Projekts zuzubilligen.

TEIL II

Bindung und Lernen –
Eine Entdeckungsreise
in Wissenschaft
und Geschichte

Meine Erfahrungen, die mich zum »Mitnehmen« geführt haben, fanden natürlich nicht im luftleeren Raum statt. Ich habe schon immer die Gedanken verfolgt, die sich Psychologen und Pädagogen über das Beziehungsgeflecht von Kindern und Eltern gemacht haben, die Bücher darüber füllen ganze Bibliotheken. Aus dieser Fülle habe ich hier fünf verschiedene Ansätze ausgewählt, die mich besonders beeindruckt haben.

Für meine Gedanken einflussreich waren folgende Ansätze:

- die Bindungsforschung um John Bowlby, die in der zweiten Hälfte des 20. Jahrhunderts entwickelt wurde;
- die Entdeckungen der Gehirnforschung über »Spiegelneuronen«, die physiologische Basis des menschlichen Einfühlungsvermögens;
- die Erkenntnisse über die Gehirnentwicklung von Kindern und Jugendlichen bis hin zu den neuesten Entdeckungen, was sich im Gehirn pubertierender Jugendlicher abspielt;
- die Theorie von der riskanten Orientierung von Kindern und Jugendlichen an ihren Gleichaltrigen;
- und nicht zuletzt die aus dem vollen Leben gegriffenen Schilderungen dessen, was einem Kind guttut, mit denen die schwedische Autorin Anna Wahlgren nicht nur dem Kopf, sondern auch dem Herzen verständlich macht, was ein Kind braucht.

Aus diesen Ansätzen werde ich solche Aussagen herausfiltern, die verdeutlichen, dass junge Menschen in persönlicher Bindung von ihren Erwachsenen leben lernen wollen und dass sie nicht zwanzig Jahre lang unter ihresgleichen auf das Leben nur vorbereitet werden, sondern vom ersten Tag an unmittelbar daran teilnehmen wollen.

Bindung als Weg zum Selbst
Die Bindungsforschung

Auch wenn der Begriff »Bindung« heutzutage in der wissenschaftlichen Diskussion immer häufiger benutzt wird – eine lange Tradition hat diese Sichtweise auf menschliches Verhalten nicht. In der Psychoanalyse, die selber historisch gesehen ein recht junger Wissenschaftszweig ist, wurden zwar von Anfang an frühkindliche Beziehungskonstellationen zum Thema gemacht, der Bindung an andere Menschen wurde dabei aber weniger Bedeutung zugemessen als den dem Menschen innewohnenden Trieben. Von diesen nahm man an, sie seien die prinzipiell aggressive Antriebskraft hinter allem Verlangen nach Nahrung und Sexualität. Die Entwicklungsleistung des heranwachsenden Menschen bestehe dann darin, mithilfe seiner Umgebung diese wilden »Triebe« so zu domestizieren, dass sie sozialverträglich ausgelebt werden konnten.

Die besondere Rolle der Mutter in diesem Prozess führte man darauf zurück, dass sie vor allem als Nahrungsquelle eine herausragende Bedeutung habe. Denn zu Beginn des Lebens ist ein Mensch vollständig darauf angewiesen, von anderen ernährt zu werden, der Gedanke hat also durchaus eine gewisse Plausibilität. Er wurde auch von der spater entwickelten Verhaltenspsychologie übernommen, die sich ansonsten in vielem von der Psychoanalyse unterscheidet. Ein Baby, das satt war, nicht fror, eine saubere Windel hatte und gesund war, hatte keinen Grund, zu schreien, wenn es dennoch schrie, galt das als unangemessenes Einfordern von Aufmerksamkeit und sollte folgerichtig ignoriert werden. Kleinkinder, die weinend ihrer Mutter hinterherliefen, galten als verwöhnt, Kinder, die sich stets in der Nähe ihrer Eltern aufhalten wollten, als unselbstständig.

Nun waren diese Theorien aus dem entstanden, was die Patienten der frühen Psychoanalytiker ihren Ärzten erzählt hatten. Diese Erinnerungen waren durch lange Menschenleben gefärbt und sicher auch verzerrt. Außerdem flossen Vorstellungen von Archetypen vorwiegend aus der griechischen Mythologie in diese Gedankengebäude ein sowie mehr oder weniger diffuse Annahmen, wie sich Kindheit anfühlt und abspielt – konkrete wissenschaftliche Beobachtungen spielten zunächst keine Rolle.

Ab Mitte des letzten Jahrhunderts wurden vielerorts Kinder beobachtet, die nicht in einer normalen Familie aufwachsen konnten. Als Folge der Weltkriege waren Waisenhäuser in so großem Umfang notwendig geworden, dass sie über die lokalen Findelheime hinaus ins Blickfeld der öffentlichen Verantwortung gerückt waren und damit auch das wissenschaftliche Interesse weckten. René Spitz prägte die Begriffe »Deprivation« und »Hospitalismus«. Sie bezeichnen die Erscheinung, dass Kinder zwar ausreichend ernährt und sauber gehalten werden, aber dennoch verkümmern und im schlimmsten Falle sogar sterben. Heute weiß man, dass diese Kinder an Beziehungsmangel litten, damals erschien dieses Phänomen aber selbst Fachleuten rätselhaft.

Der englische Psychoanalytiker John Bowlby stellte damals fest, dass die gängigen Theorien seines Faches nicht mit dem üblichen Standard wissenschaftlicher Überprüfbarkeit zu verifizieren und zudem für die offenliegende Problematik der verlassenen Kinder unbrauchbar waren. So nahm er mit Vertretern der gerade entstehenden Verhaltensforschung wie Konrad Lorenz, Niko Tinbergen und Robert Hinde Kontakt auf, da ihm deren Ansatz Erfolg versprechend schien. Ganz schlicht zu beobachten, wie sich Individuen einer Spezies zueinander verhalten, und zu untersuchen, welche Parameter dieses Verhalten beeinflussen, lieferte ihm das Handwerkszeug, soziale Beziehungen präzise zu beschreiben, die in der traditionellen Psychoanalyse mehr oder weniger schwammig als »Objektbeziehung« bezeichnet wurden. Schließlich lernte er in London Mary Ainsworth kennen, eine klinische Psychologin, die großes Geschick darin besaß, Situationen zu entwickeln, in denen sich das Verhalten von Müttern und Kleinkindern genau beobachten und vergleichen ließ.

Damit war die »Bindungsforschung« geboren, die in den letzten fünfzig Jahren zunehmend in das Bewusstsein der Öffentlichkeit dringt. Sie ist allerdings auch sperrig, so manche Erkenntnis schmeckt der sich mehr und mehr individualisierenden Gesellschaft nicht. Davon wird im Verlauf des Buches noch die Rede sein.

Die Aussagen, die die wissenschaftliche Bindungsforschung bislang machen kann, lassen sich so zusammenfassen:

1. Der Mensch ist wie seine nächsten Verwandten, die Primaten, ein Wesen, dessen Überleben von der Zugehörigkeit zu einer Gruppe abhängt. Darum entwickelt jeder Mensch neben dem Verlangen nach Nahrung und Sexualität auch ein Verlangen nach Kontakt zu Mitmenschen.

2. Die erste Bindung geschieht nicht wahllos, sondern beginnt im Regelfall unmittelbar nach der Geburt. Sie ist dadurch vorbereitet, dass der Säugling den Körper der Mutter bereits aus den Monaten der Schwangerschaft kennt, und durch deren hormonell bedingte Empfänglichkeit für die Signale des Babys. Dieser Prozess wird als »Bonding« bezeichnet und lässt sich auch im Tierreich beobachten.
Die energische Entschlossenheit eines Neugeborenen, sich auf eine Person auszurichten, ist aber so groß, dass auch an-

dere Personen als die Mutter diese Rolle als Orientierungsfigur übernehmen können. Das gilt auch im Tierreich. Konrad Lorenz' auf ihn geprägte Graugänschen sind als berühmte Beispiele mittlerweile in jedem Schulbuch zu finden.

3. Die Bindungsforschung macht einen Unterschied zwischen »Bindung« und »Bindungsverhalten«. »Bindung« bezeichnet das Verhältnis von zwei Personen zueinander, das auch besteht, wenn es zeitweilig nicht beobachtet werden kann. Ein Paar ist auch dann ein Paar, wenn einer gerade auf Reisen ist.

   Als »Bindungsverhalten« bezeichnet man, wenn er sich abends im Hotelzimmer allein fühlt und den Partner anruft – der Versuch, die Bindung zu aktivieren, weil das eigene Befinden durch diesen Kontakt wieder ins Gleichgewicht gebracht werden soll.

   Zum »Bindungsverhalten« gehört alles, was eingesetzt wird, um die Entfernung zu einem anderen Menschen zu verringern, vom Augenblinzeln bis zum verzweifelten Anklammern, und diese Manifestationen des Bindungsverhaltens fallen umso dramatischer aus, je größer die Angst vor Alleinsein ist.

4. Die Angst, die Bindungsverhalten auslöst, ist im Lichte der Bindungsforschung nicht die Angst vor konkreten Ereignissen, sondern die Angst vor dem Risikoanstieg, den es bedeutet, ohne den Schutz und die Begleitung der auserwählten Person zu sein. Wenn man also ein Kind bei einem Babysitter abgibt und es schreit und weint, dann wehrt es sich nicht aus Angst vor Misshandlung (»Schau, Angie ist doch so lieb, sie macht etwas Schönes mit dir!« – das Kind schreit weiter ...), sondern weil es sich in der neuen, unübersichtlichen Situ-

ation nicht wohlfühlt und sozusagen lieber mit der Hand am Geländer in die neue Welt einsteigen würde.

5. Die Bindung an andere Menschen ist in jedem Lebensalter von Bedeutung und in ihrer Struktur ähnlich, nur ihre konkrete Ausprägung ändert sich mit fortschreitender Erfahrung. Gerät aber ein Erwachsener in eine Situation, die mit der frühen Kindheit vergleichbar ist – körperliche Hilflosigkeit, unübersichtliche Ereignisse, Konfrontation mit übermächtigen Autoritäten –, verfällt auch er in ähnliches Bindungsverhalten wie das Kleinkind: Rufen, Betteln, Weinen, Klammern.

6. Die Bindung an andere Menschen bedeutet Schutz und ist die Voraussetzung für Neugierverhalten und Lernen. Ein Mensch, der seine gesamte Energie darauf verwenden muss, seine gefährdete Bindung durch ständiges Bindungsverhalten aufrechtzuerhalten, hat weder Zeit noch Kraft, die Umwelt zu erkunden.
    Gerade diesen Punkt hat Mary Ainsworth in vielen Situationen im Verhalten von Kleinkindern erforscht und dabei festgestellt, dass Kinder, die sicher sein konnten, im Zweifelsfall von ihrer Mutter Trost und Zuwendung zu erfahren, sich weiter von ihr entfernen und sich hingebungsvoller mit interessantem Spielzeug beschäftigen konnten als Kinder, deren Mütter unzuverlässiger zur Verfügung standen. Aus diesen Untersuchungen stammen die Klassifizierungen von »sicher gebundenen«, »ambivalent gebundenen« und »unsicher gebundenen« Kindern, die inzwischen zu den feststehenden Begriffen der pädagogischen Literatur zählen. Diese immaterielle Schutzfunktion der Bindung wurde von den Psychologen lange nicht erkannt, weil sie in der Praxis fast immer an

die viel leichter zu beobachtende materielle Versorgung des Kindes gekoppelt ist.

7. Die in der Kindheit erfahrenen Bindungsmuster verfestigen sich, je länger sie anhalten, und bestimmen in hohem Grade, wie der Erwachsene seine Beziehungen zu anderen Menschen gestalten kann. Ein Kind, dessen Bindungen an Erwachsene von Anfang an unsicher waren, wird auch später niemandem recht trauen. Aus dieser Unsicherheit heraus wird er auch selber für andere kaum ein stabiler Partner sein können. Allerdings: Kein Bindungsforscher leitet daraus ab, dass fehlgestrickte Bindungsmuster der frühen Kindheit nicht noch korrigiert werden könnten. Diese Korrekturen werden aber umso schwieriger, je älter das Kind ist.

Diese Ergebnisse der Bindungsforschung werden von der Öffentlichkeit nicht durchweg freudig aufgenommen, im Gegenteil. Wir leben in einer Gesellschaft, in der menschliche Bindungen zunehmend als Hindernis auf dem Weg zu einer möglichst dynamischen globalisierten Gesellschaft gesehen werden. Im Kleinen ist das die junge Mutter, die Schwierigkeiten hat, eine Arbeit zu finden, weil der Arbeitgeber die Infekte des Kindes fürchtet, in größerem Maßstab ist es der junge Akademiker, der es nicht wagt, eine Familie zu gründen, weil ihn sein Beruf in der Welt hin und her treibt.

In der aktuellen Diskussion um Kinderkrippen wird besonders deutlich, dass die Erkenntnisse der Bindungsforschung den aktuellen Bedürfnissen unseres Wirtschaftssystems zuwiderlaufen; es tobt ein erbitterter Streit darum, ab wann einem Kind wechselnde Bezugspersonen zugemutet werden können. Auf diesen Streit brauchen wir uns hier nicht einzulassen. Es werden sich in allen Erziehungsmethoden, die seit Beginn der

Menschheit in vielfältig abgewandelter Form praktiziert wurden, Elemente finden lassen, die »schaden«. Ein Kind zu Beginn des letzten Jahrhunderts, das regelmäßig geprügelt wurde, aber immer von denselben Personen umgeben war, hatte vielleicht keinen Trennungsschmerz zu verkraften, dafür aber Kränkung und Erniedrigung; und ein anderes Kind, das weder »fremdbetreut« noch geprügelt wurde, hatte unter Umständen unter religiös verursachten Schuldgefühlen zu leiden.

Entscheidend ist vielmehr die Erkenntnis, dass es offenbar zur verhaltensbiologischen Grundausstattung des Menschen gehört, sich eng an wenige andere Personen zu binden. Zu Beginn des Lebens ist diese Bindung umfassend in den Dimensionen von Raum und Zeit: eng und ununterbrochen. Je älter ein Kind wird, umso mehr bilden sich Repräsentanzen dieser Bindung im sich entwickelnden Gehirn, und das Kind kann auch mit der Vorstellung leben, dass seine wichtigste Bindungsperson existiert, wenn auch woanders, und am Abend wieder da ist, um es ins Bett zu bringen. Die bisherige Praxis, Kinder erst im Alter von drei Jahren in den Kindergarten zu schicken, berücksichtigt in etwa den Zeitpunkt, in dem diese Repräsentanzen ausreichend ausgebildet sind (wenn auch nicht immer!). Der Trend zu Kinderkrippen ignoriert dagegen eine offensichtlich biologische Schranke und muss dementsprechend Techniken entwickeln, diese Schranke zu umgehen.

Den Erfordernissen des modernen Lebens stehen die Aussagen der Bindungsforschung also in vielen Punkten entgegen, aber es hat wenig Sinn, sie darum zu leugnen, dazu sind sie zu gut dokumentiert. Wer die Tatsache ignoriert, dass der Mensch – ganz besonders als Kind! – ein »gebundenes« Wesen ist, handelt ein wenig nach dem Motto, dass »nicht sein kann, was nicht sein darf«. Leider hat dieser Satz noch nie gestimmt.

Das Gehirn als soziales Organ
Die Erforschung der Spiegelneuronen

John Bowlbys Versuche, die Erklärung menschlicher Verhaltensweisen durch präzise Beobachtungen aus der Ecke der Spekulationen herauszuholen, wurden in den letzten Jahrzehnten von Medizinern und Biologen in ihrem eigenen Metier fortgesetzt. Mit den ausgefeiltesten Methoden bemühen sie sich darum, nicht nur dem Gehirn, sondern dem ganzen Organismus sozusagen beim Fühlen zuzuschauen.

Im Wesentlichen geschieht dies auf zwei Wegen: Zum einen hat man die Biochemie des Körpers so weit analysiert, dass man viele Hormone und Botenstoffe kennt, die im Körper wie eine Art Kommunikationsnetz funktionieren. Von Stoffen wie »Dopamin«, »Opioiden«, »Oxytozin« und »Cortisol« kann man bereits in Apothekenzeitungen und Illustrierten lesen. Die Kenntnis dieser Stoffe macht es möglich, in experimentell hergestellten Situationen die Reaktionen der Versuchspersonen nicht nur zu beobachten (wie es die Bindungsforschung getan hat), sondern anhand von Blutproben aufzudecken, in welcher Weise der Körper physiologisch messbar auf Stress, Aggression, Zuwendung oder Mitgefühl reagiert.

Der andere Weg ist »die Röhre« – die Kernspintomografie und andere bildgebende Verfahren, mit deren Hilfe sichtbar gemacht werden kann, was im Körper vorgeht. Aus einer Kombination von Wissen um die Zuständigkeit verschiedener Gehirnbereiche und dem Nachweis, welche Bereiche bei welcher Wahrnehmung oder bei welchem Gefühl aktiv werden, schließen die Forscher, welche Erlebnisse bei ihren Versuchspersonen welche Gefühle auslösen. Das ist natürlich mit Schwierigkeiten verbunden. Um die Gefühle einer Mutter ihrem Kind gegenüber zu erforschen, kann man nicht wie die Bindungsforscher die Mutter mit dem leibhaftigen Kind in ein ganz reales Zimmer setzen und ganz reale Dinge tun lassen, sondern man kann sie allenfalls in die »Röhre« schieben und mit Bildern oder Geräuschen reale Situationen simulieren. Selbst diese reduzierten Möglichkeiten haben bereits aufschlussreiche Ergebnisse gebracht. Dabei wird immer deutlicher, dass das menschliche Gehirn nicht nur den einzelnen Menschen bei der Verfolgung seiner individuellen Bedürfnisse steuert, sondern es tauscht sich ständig über feinste Kanäle mit den Gehirnen seiner Mitmenschen aus. Das begründet die Fähigkeit des Menschen, gemeinsame Aktionen in einer Komplexität zu koordinieren, die ihm kein Herdentier der Erde nachmachen kann.

Diese Erkenntnisse führen derzeit dazu, dass das vorherrschende Menschenbild heftig diskutiert wird. Noch denken viele in den Bahnen, die von der Naturwissenschaft des 19. und 20. Jahrhunderts geprägt worden sind und die von der Voraussetzung ausgehen, dass ein Mensch letztendlich aus individuellem Eigennutz handelt. Ob es sich dabei um ein egoistisches Individuum oder nur um das »egoistische Gen« handelt, ist unerheblich, auf jeden Fall enthält dieses Konzept die Annahme, dass es immer auch darum geht, einen anderen mehr oder weniger aggressiv auszuschalten.

Die Neurobiologen sind nun der Frage nachgegangen, ob das Streben des Menschen tatsächlich darin besteht, sich unentwegt an die Spitze kämpfen zu wollen und andere auf diesem Wege auszuschalten. Das Ergebnis war: Nein!

Sonst müsste der menschliche Körper nämlich in Situationen, in denen er kämpft (also sich gegen andere wendet) und siegt (also andere ausschaltet), alle Anzeichen von Glück und Zufriedenheit aufweisen. Das ist aber nicht der Fall. Im Gegenteil, die Biochemiker haben herausgefunden, dass der menschliche Körper eher in durch Zuwendung und Kooperation gekennzeichneten Situationen solche Stoffe ausschüttet, die angenehme, freudige Gefühle erzeugen. Und man weiß, dass Menschen immer wieder versuchen, in den Genuss dieses selbst angerührten Cocktails zu kommen.

In diesen Cocktail gehören:

- Dopamin, ein Botenstoff, der Konzentration und Handlungsbereitschaft erzeugt, sozusagen für Körper und Seele den »Zündschlüssel dreht«;
- Endogene Opioide, die beruhigend wirken, die Schmerzempfindlichkeit dämpfen und das Immunsystem stärken;
- Oxytozin, der »Liebesbriefzusteller« im Organismus; es wird beim Liebesakt ausgeschüttet, in großen Mengen bei der Geburt, beim Stillen, beim gemeinsamen Essen und in vielen anderen Situationen, in denen man Vertrauen schenkt und empfindet.

Jede einzelne dieser Substanzen wird nachweislich in solchen Situationen vermehrt produziert, in denen Kooperation und Bindung eine wesentliche Rolle spielen. Und das nicht nur bei Menschen. Tatsächlich hat man zunächst in Tierexperimenten herausgefunden, welche Rolle diese Stoffe bei der Regulation des Zusammenlebens spielen und konnte das dann beim Menschen bestätigt finden.

Im Gegenzug ist mittlerweile ebenso bewiesen, dass eine dauerhafte Überflutung mit den Botenstoffen, die bei Kampf, also dem völligen Gegenteil von Bindung und Vertrauen, ausgeschüttet werden, das Immunsystem schwächt und somit langfristig krank macht.

Nun ist es aber unübersehbar, dass das menschliche Leben über weite Strecken dennoch von Aggression geprägt ist. Auch dafür liefert die Neurobiologie eine Erklärung. Demnach erzeugt ein Lebewesen Aggression nicht aus sich heraus, sondern als Reaktion auf Schmerz jeder Art und auch zur Vorbeugung gegen heraufkommendes Unheil. Dabei gilt als Schmerz nicht nur der körperlich erfahrbare Schmerz, sondern fast noch mehr die Verletzung des menschlichen Bedürfnisses, von anderen wahrgenommen und wertgeschätzt zu sein.

Dieses Erklärungsmuster scheint mir der Realität näher zu kommen als die Annahme eines grundsätzlich vorhandenen Aggressionstriebes, auch wenn sich nicht auf den ersten Blick erschließt, warum eine solch untergeordnete Motivation die Macht haben sollte, die Menschheit an den Rand der Selbstzerstörung zu treiben. Aber wenn man bedenkt, dass allein die Angst vor Hunger Menschen seit Urzeiten dazu treibt, ihre Jagd- und Sammelgründe zu verteidigen, ist es nicht verwunderlich, dass auch heute um Ressourcen jeder Art nicht nur mit Zähnen und Klauen, sondern mit Bomben und Raketen gekämpft wird.

Hinterfragt man konsequent die Beweggründe für Gewalt, entpuppt sich jede Aggression als von Angst genährt: der Angst vor Hunger und vor Kälte, der Angst vor Demütigung, der Angst vor der Angst der anderen, die ihrerseits ihre Angst durch Aggression beschwichtigen könnten. Das führt zu der augenscheinlichen Allgegenwart von Gewalt, die uns glauben macht, sie müsse ein inhärenter Bestandteil der menschlichen Natur sein.

Bezeichnenderweise spielt in vielen Fällen, in denen es zu Gewalt kommt, auch wieder das Gemeinschaftserleben eine große Rolle. Es ist eine bekannte Tatsache, dass nichts so sehr eint wie ein gemeinsamer Feind.

Es gibt allerdings eine Spielart der Aggression, die meines Er-
achtens einer besonderen Unterscheidung bedarf: die männli-
chen Rangkämpfe, die Mitbewerber um begehrte Weibchen aus-
schalten sollen. Ich denke, diese Erscheinung verleitet dazu,
Aggression als natürlich und obendrein als typisch männlich zu
bezeichnen. Bei solchen Kämpfen geht es allerdings niemals darum, den Gegner zu töten, sondern lediglich darum, ihn in der
Rangordnung herabzustufen. Kommt doch einmal jemand
dabei um, ist das eher als Unglücksfall zu bezeichnen. Ohne solche Rangordnungskämpfe, in welcher Weise sie auch immer
ausgefochten werden, scheinen keine Tierart und auch keine
menschliche Gesellschaft auszukommen; sie ordnen den sozialen Verband weit über das Paarungsverhalten hinaus. Dazu
gehören Wettbewerbe jeder Art, in unserer Kultur vor allem
Sportveranstaltungen. Sie sind unblutig und im besten Falle
spielerisch. Dass auch hier immer mal wieder bis aufs Messer
gekämpft wird (man denke an die Schlägereien von Fußball-
fans), dürfte auf eine Vermischung von Rangregulierung und
einem komplizierten Mix aus Identifikationen, Projektionen und
Angst vor Demütigung zurückgehen.

Zurück zum »Sozialtrieb« des Menschen: Haben schon die
Erkenntnisse über die Botenstoffe im menschlichen Körper, die
das freundliche menschliche Miteinander belohnen, die alte
These vom steten Kampf ins Wanken gebracht, führt eine weitere Entdeckung zu noch erstaunlicheren Belegen dafür, dass
der Mensch aufs Engste mit seinen Mitmenschen verbunden
ist und er mehr Befriedigung aus Verbindung als aus Kampf
zieht.

Zunächst war es eine Zufallsentdeckung. Der italienische
Forscher Giacomo Rizzolatti und seine Mitarbeiter beschäftig-
ten sich schon lange mit solchen Vorgängen im Gehirn, die Planung und Ausführung von Handlungen betreffen. Dabei stell-

ten sie fest, dass es zwei Gruppen von Neuronen gibt, die an Handlungen jeder Art beteiligt sind: Handlungsneuronen und Bewegungsneuronen.

Die Zufallsentdeckung war nun folgende: Man hatte einem Affen Sensoren im Gehirn implantiert, die aufzeichneten, welche Handlungsneuronen bei einfachen Aktionen – z. B. eine Nuss von einem Tablett nehmen – aktiv wurden. Der für die Handlungsplanung dieses Griffes zuständige Nervenbereich wurde tatsächlich immer nur dann aktiviert, wenn es um die Nuss auf dem Tablett ging. Irgendwann griff einmal ein anderer nach der Nuss, während ihn der Affe dabei beobachtete – und auf den Monitoren zeigte sich, dass seine Handlungsneuronen geradeso feuerten, als habe er selber seine Hand nach der Nuss ausgestreckt!

Man muss ein wenig innehalten, um sich klarzumachen, was das bedeutet. In dem kleinen Affenkopf steckte eben nicht nur der begehrliche Griff nach der Nuss, sondern auch ein Plan dieses Griffes, der ihm sagte, was da vor sich ging, während ein anderer diese Handlung ausführte. Von dieser Beobachtung angespornt, veränderten die Forscher ihr Arrangement. Zum Beispiel wickelten sie die Nuss in ein raschelndes Papier, und nach einer Weile feuerten die »Nussneuronen« schon beim Hören des Raschelns, ohne dass die Nuss in Sicht war. Oder sie verdeckten die Nuss und ließen den Affen nur den Griff hinter die Abdeckung sehen, und auch dann wussten seine Neuronen genau, was hier gespielt wurde.

Nach systematischen Untersuchungen an Menschen wurden diese Ergebnisse nicht nur bestätigt: Bei den Testpersonen reichte es sogar aus, ihnen zu sagen, sie sollten sich eine bestimmte Handlung vorstellen. Auch dann feuerten die Handlungsneuronen, ohne ihre Befehle zwangsläufig an die Bewegungsneuronen weiterzugeben. Man nennt diese Neuronen auch »Spiegelneuronen«, weil sie wie ein Spiegel ein Bild dessen erzeugen, was um uns herum vorgeht.

Das Wissen um diese im Gehirn vorhandene »Planspielebene«, die je nach Entscheidung des Individuums auch in die Tat umgesetzt werden kann, bietet die Erklärung für im Grunde längst bekannte Phänomene. Jede Art von Einfühlungsvermögen und Intuition geht darauf zurück, dass in jedem Menschen ein neuronales Abbild von unzähligen Handlungsmöglichkeiten gespeichert ist, von dem er nur einen Bruchteil wahrnehmen muss, um innerlich den möglichen Gesamtablauf abzuspulen. So wie das eine kleine Spiegelneuron des Affen aus der hinter der Abdeckplatte verschwundenen Hand messerscharf geschlossen hat, dahinter werde nun wohl die leckere Nuss ergriffen, so erschaffen auch wir aus der Vielzahl an Beobachtungen an unseren Mitmenschen eine Hypothese, was wohl in ihnen vorgeht und was sie als Nächstes zu tun gedenken. Unser Alltagsbewusstsein arbeitet in der Regel so gut, dass diese Hypothesen zum größten Teil zutreffen, und daraus ziehen wir unsere Sicherheit im Leben.

Das System arbeitet natürlich nicht immer einwandfrei. Es kommt dann zu Fehlinterpretationen, wenn Bruchteile von wahrgenommenen Handlungssequenzen anders fortgesetzt werden, als wir angenommen haben. Das kann bewusst oder unbewusst passieren. Unbewusste Fehlinterpretationen geschehen dann, wenn eine Handlung für zwei Menschen mit unterschiedlicher Bedeutung aufgeladen ist. Z. B. gibt es in der gesellschaftlichen Übereinkunft, welchen Abstand man von seinen Mitmenschen zu halten hat, kulturelle Unterschiede. So kann ein Mensch in Westeuropa sich von einem Osteuropäer aggressiv bedrängt fühlen, weil er ihm körperlich zu nahe rückt. Dabei will ihm der Osteuropäer nur seine Freundschaft und Verbundenheit zeigen, wenn er sich im Gespräch dicht vor ihn stellt.

Solche Missverständnisse sind unvermeidlich, weil kein Mensch dieselben Erfahrungen gemacht hat wie ein anderer, aber sie sind logischerweise seltener unter Menschen, die unter ähnlichen Umständen aufgewachsen sind.

Bei weiterem Nachdenken wird offenbar, dass jedes Lernen eng an die Aktivität der Spiegelneuronen gekoppelt ist. Lernen ist ja nichts anderes, als im Kopf eine große Bibliothek an Handlungsplänen anzulegen, die je nach Situation brauchbare Verhaltensmuster bereithält. Natürlich gibt es auch das, was wir »Bücherwissen« nennen – die Aufzählungen von Tatsachen, die uns in der Schule eingetrichtert worden sind. Genau besehen sind aber auch das Handlungsmuster, denn jede Tatsache ist aus einer Handlung entstanden, die wir im Lernen neuronal nachvollziehen. Stilisten wissen das schon lange: Das »anschauliche« Schreiben, das im Kopf nachvollziehbare Handlungsstränge wachruft, wird leichter verstanden und behalten als Aufzählungen abstrakter Begriffe.

Für Hirnforscher ist auch das nicht verwunderlich: Beim »Spiegeln« schwingen immer auch die Neuronen jener Gehirnregion mit, die für Sprache zuständig ist. Das legt den Gedanken nahe, dass das Gehirn zur Abspeicherung von Handlungsmustern schon sehr früh in seiner Entwicklung begann, sich eines Systems von Symbolen zu bedienen, das die Abrufbarkeit der Informationen erleichtert. Zwar ist als Erstes die innerliche Kopie von Bewegungen und Gefühlen da, durch die Codierung in Worte ergibt sich aber die Möglichkeit, diese auch ohne körperliches Beisammensein zu übermitteln – die Voraussetzung für jede Art von sprachlich tradierter, komplexer Kultur.

Und noch etwas Wichtiges konnte durch Untersuchungen nachgewiesen werden: Unter Angst und Stress fahren die Spiegelneuronen ihre Aktivität weit herunter. Wer unter Druck steht, dessen Spiegel sind sozusagen vernebelt, er sieht nicht mehr klar. Im Grunde weiß es jeder: Weder bekommt man richtig mit, was um einen herum vorgeht, wenn man Angst vor irgendetwas hat, noch sind bereits gespeicherte Muster unter Anspannung abrufbar, wie etwa bei Denkblockaden in einer Prüfungssituation. Das Gehirn ist in solchen Situationen so sehr auf Gefahrenabwehr fokussiert, dass es sein normales Alltagsbewältigungsprogramm herunterfährt, um Energie zu sparen. Bedenkt man nun die herausragende Rolle, die Spiegelneuronen für den Lernprozess spielen, dann liegt auf der Hand, dass ein Schulsystem, das die Schüler mit Angst erzeugenden Mitteln zum Lernen animieren will, nicht effektiv funktionieren kann.

Wie baut sich die »Bibliothek« aus Spiegelneuronen eigentlich auf? Vollständig angeboren kann sie nicht sein, denn sie muss sich ja an die Lebensbedingungen eines individuellen Menschen anpassen. Ein völlig unbeschriebenes Blatt wäre aber auch sinnlos. Zumindest muss ein Säugling eine Ahnung davon haben, was in der Welt für ihn eigentlich interessant ist, um sich davon durch Beobachten und Spiegeln ein internes Bild zu machen. In seinem Gehirn muss schon eine Skizze von sich selber angelegt sein, sonst würde er nicht auch den Mund öffnen, wenn ihm seine Mutter das vormacht, und er würde nicht selbst das Händchen bewegen, wenn sie ihm Fingerspiele zeigt. Er muss bereits wissen, dass auch er Mund und Hände hat.

Eine solche Grundausstattung von Spiegelneuronen scheint jedem Menschen mitgegeben zu sein. Aber viele Untersuchungen und auch Rückschlüsse aus gut belegten Statistiken zeigen, dass diese Grundausstattung nicht für das ganze Leben reicht. Sie muss trainiert und ausgebaut werden, und das geschieht durch Aktivierung dessen, was vorhanden ist. Ein trauriger Beweis für diese Tatsache ist die Erscheinung, dass taub geborene Kinder in den ersten Lebensmonaten durchaus anfangen, mit ihrer Stimme zu spielen, da sie aber weder sich noch die anderen hören, verstummen sie sehr bald wieder.

Dieses Training umfasst nicht nur die Körpermotorik. Schon sehr kleine Kinder beginnen, das Innenleben ihrer Mitmenschen über die Beobachtung von Augenbewegungen zu interpretieren, und dieses Mittel bleibt das ganze Leben lang ein entscheidendes Werkzeug gelingenden Zusammenlebens. Wir registrieren unablässig die Blickrichtung der anderen und schauen dann in die gleiche Richtung, nehmen die Welt also auch aus dem Blickwinkel der anderen wahr. Das, was der andere anschaut, ist ein Bausteinchen der Theorie, die wir blitzschnell über seine Handlungspläne aufstellen. Man hat dieses Phänomen »joint attention« genannt, und es findet bereits im frühesten Kindesalter statt. Etwa mit einem Jahr folgt ein Kind mit Blicken dem zeigenden Finger, und sehr bald schon braucht es den Finger nicht mehr, sondern orientiert sich an der Blickrichtung der Menschen um es herum. Dieses Instrument ist so fein, dass man es fast als drahtlosen »Scanner« der Befindlichkeit unserer Mitmenschen bezeichnen kann. Es gibt sogar die Theorie, dass die spezifische Augenform des Menschen, die eine mandelförmige Öffnung hat und so das Weiß des Augapfels sehen lässt, sich im Lauf der Evolution darum ausgebildet hat, weil so Augenbewegungen leichter zu erkennen sind. Menschengruppen, denen dieses Kommunikationsmittel in feinerer Justierung zur Verfügung stand, hatten damit einen Vorteil gegenüber anderen, die sich weniger effektiv verständigen konnten. (Dieser Gedanke stammt von Prof. Dr. Michael Tomasello, Max-Planck-Institut für Evolutionäre Anthropologie in Leipzig, aus einem Interview mit der »Zeit« vom 8.4.2009.)

Es kann einem schwindelig werden. Sind wir vielleicht alle Teil eines riesenhaften Organismus, der zwar nicht über Gewebe und Flüssigkeiten, wohl aber über ein höchst effektiv arbeitendes System von neuronalen Resonanzen zusammengefügt ist? Sind wir miteinander verbunden in einem grandiosen Tanz feuernder Nervenzellen, die sich gegenseitig in Aktion setzen, ohne dass wir bewussten Einfluss darauf nehmen können? Stehen wir alle in »drahtloser Verbindung« über ein feinst arbeitendes Resonanzsystem, das in jedem von uns durch kleinste optisch oder akustisch vermittelte Teilinformationen das Bild eines lebendigen Ganzen entstehen lässt? Schwingt unser Handeln so im Takt dieser großen Sinfonie, dass wir viel weniger über unser eigenes Handeln entscheiden können, als wir uns einbilden?

Damit nähern wir uns philosophischen Fragen, die wir hier nicht beantworten können und wollen. Dennoch es ist für unsere Fragestellung durchaus von Bedeutung, zu wissen, dass unsere Verbindung zu anderen Menschen weit über die simple Notwendigkeit hinausgeht, sich zur Großwildjagd zusammenzutun. Das können Löwen auch. Unsere gesamte Kultur basiert auf dem Zusammenklang unserer Gehirne, und diese besitzen ein Organ dafür: die Spiegelneuronen.

Das alles ist natürlich nicht wirklich neu. Spannend ist allerdings, dass diese Phänomene neuerdings physisch in unseren Gehirnen nachweisbar sind. Und damit stehen sie nun Seite an Seite mit anderen Fähigkeiten des Gehirns, von denen wir schon immer wussten, dass ein Mensch sie trainieren muss, bevor er sie beherrscht. Auch für das Einschwingen mit anderen gilt das Gesetz: Übung macht den Meister. Denn Qualität und Komplexität dieses »Spiegelkabinetts« im Kopf sind nicht angeboren. Angeboren ist eine Art »Grundausstattung« mit Spiegelneuronen, und es mag auch sein, dass diese Grundausstattung nicht bei jedem gleich üppig ausfällt. Aber funktionsfähig wird dieses System erst, wenn es genutzt wird. Die unglaubliche Geschwindigkeit und Komplexität der Vernetzung von Nervenzellen im Gehirn, die in den ersten Lebensjahren stattfindet, betreffen diese Gruppe von Neuronen genauso wie alle anderen. Zwar können auch ältere Gehirne noch neue Strukturen aufbauen, aber so schnell wie zu Beginn des Lebens geht es nie wieder.

Als ich von alledem las, erinnerte ich mich an einen Tag im Dezember 1978. Ich stand an der Wickelkommode und beschäftigte mich mit unserem ersten Kind, das im Oktober geboren war. Ich weiß noch heute, wie mich plötzlich der Gedanke erfasste, dass ich für dieses kleine Wesen ein Spiegel seiner selbst sein musste, damit es sich selber begreifen lernt. Neu war mir die Geschichte mit dem Spiegeln also nicht.

Aber etwas habe ich doch dazugelernt. Denn ich hatte mich schon immer gefragt, welche Mechanismen eigentlich hinter der im Tierexperiment nachgewiesenen und im menschlichen Zusammenleben beobachteten Tatsache stecken, dass solche Individuen, die selbst einfühlsam aufgezogen worden sind, selber wieder einfühlsame Eltern werden. Das wurde besonders an Müttern beobachtet, aber für Väter gilt es nicht minder. Denn, so sagte ich mir, da sich Kinder nicht an Einzelheiten ihrer ersten Lebensjahre erinnern können, können sie ja auch nicht einzelne Handlungen reproduzieren wie z. B. häufigen Körperkontakt, Kitzelspielchen beim Wickeln oder geduldiges Füttern. Was ist es dann? Das Wissen um die Spiegelneuronen bietet eine Erklärung: Ein Säugling, dessen rudimentär angelegtes Netz von Spiegelneuronen durch häufige menschliche Ansprache stetig aktiviert und dadurch ausgebaut wird, kann später, wenn er selber zum Spiegel für ein Baby wird, intuitiv nachfühlen, was in diesem kleinen Menschen vor sich geht, und entsprechend darauf reagieren. Es ist wie Fahrradfahren: Wer es beherrscht, wird auch unbekannte Wege befahren können, wer nicht, kippt schon auf den ersten Metern um.

Vielleicht ist dieses Mitschwingen mit anderen wirklich wie Fahrradfahren, eine neuronal gefestigte Fähigkeit, die unbewusst angewendet wird, wenn die Situation es verlangt. Ein Instrument spielen oder Schlittschuh laufen ist auch etwas, was man nicht wieder verlernt, auch wenn man etwas aus der Übung kommen mag. Und wie Menschen zum Schlittschuhlaufen unterschiedlich begabt sein mögen, gibt es sicherlich auch unterschiedliche Veranlagungen für Einfühlsamkeit und soziale Anpassungsfähigkeit. Aber so wie auch die größte Begabung zum Schlittschuhlaufen ohne Training brachliegen wird, wird auch das Mitschwingen mit anderen kaum gelingen, wenn ein Kind nicht ausgiebig Gelegenheit bekommt, dieses neuronale Organ zu trainieren.

Gehirn und Entwicklungsdynamik

Die Gehirnentwicklung
im Kindes- und Jugendalter

So wie sich Kinder äußerlich in den Proportionen von Erwachsenen unterscheiden, sind sie auch innerlich noch ein wenig anders gebaut – vor allem das Gehirn. Ein kleiner Kopf braucht viele Jahre, bis er sich so weit entwickelt hat, dass er eine gute Chefetage für verantwortliches Handeln abgibt.

Schon in der ersten Hälfte der Schwangerschaft bilden sich in einem menschlichen Embryo 500 000 neue Nervenzellen pro Minute. Hört man es nicht förmlich im Bauch einer Schwangeren knistern?

Bis zum fünften Monat hat der Fötus einhundert Milliarden Nervenzellen gebildet, die aber zunächst noch nichts miteinander anfangen können; sie müssen noch untereinander verbunden werden. In der zweiten Schwangerschaftshälfte beginnt

dann ein Teil dieser riesigen Menge Nervenzellen, sich mit sogenannten Synapsen untereinander zu verketten, mit deren Hilfe
sie untereinander Reize austauschen. Ein Reiz läuft also durch
eine Zelle, die an ihrem Ende der nächsten Zelle den Impuls
gibt, ihrerseits den Reiz an die nächste Nachbarin weiterzulei-
ten. Man kann sich das als eine Art »Stille Post« vorstellen, die
allerdings mit unvorstellbarer Geschwindigkeit abläuft.

Parallel zu diesem Ausbau des Kommunikationsnetzes im
Kopf wird ein Großteil der zuvor gebildeten Nervenzellen wieder
abgebaut, das sind während der zweiten Schwangerschaftshälfte
bis etwa vier Wochen nach der Geburt etwa die Hälfte der hundert Milliarden Nervenzellen. Wie in vielen anderen Bereichen
produziert die Natur auch hier einen unglaublichen Überschuss
und erreicht damit, dass im Zweifelsfall das Richtige an der richtigen Stelle sitzt. Der Rest wird abgebaut und als biologischer
Baustein an anderer Stelle weiterverwendet.

Mit den unzähligen Synapsen, die die Nervenzellen untereinander verschalten, wird das kleine Gehirn ganz ähnlich verfahren. In den ersten zwei Jahren nach der Geburt verbindet es seine Nervenzellen mit bis zu zwei Millionen Synapsen pro Sekun-
de, wobei jede einzelne Nervenzelle zehn- bis fünfzehntausend
Kontakte mit anderen Nervenzellen aufnehmen kann. Das geschieht in den unterschiedlichen Gehirnbereichen zu unterschiedlichen Zeiten. Dort, wo es um Fühlen und Sehen geht,
also um das sensorische Erfassen der Welt, erreicht das Gehirn
die größte Synapsendichte etwa vier Monate nach der Geburt, im
Stirnhirn, in dem das planende Denken angesiedelt ist, erst mit
etwa vier Jahren.

Kaum aufgebaut, beginnt aber auch hier wieder der Abbau
des Überflüssigen. Bereits im Alter von anderthalb bis zwei Jahren verschwinden wieder viele Synapsen. Im Bereich des Stirnhirns beginnt dieser Prozess später, etwa mit sieben Jahren, und

wird bis zum Erwachsenenalter die Zahl der Synapsen wieder halbieren.

Für uns ist nun interessant, in welchen Schritten das kindliche Gehirn zum ausgereiften Gehirn eines Erwachsenen wird. Denn Kinder nehmen die Welt anders wahr, interpretieren sie anders und nutzen sie anders als ihre Eltern. Auch dazu hat die Hirnforschung einige Erkenntnisse beigetragen.

Es gibt einen entscheidenden Unterschied zwischen Mensch und Tier, der bis vor wenigen Jahren hauptsächlich den Geschlechtshormonen zugeschrieben wurde: die lange Phase der Kindheit bis zur Pubertät. Kein Tier braucht in Relation zu seiner Körpergröße so lang wie der Mensch, bis es geschlechtsreif und damit fortpflanzungsfähig ist. Die Evolution hat eine Art Entwicklungsbremse in sein Gehirn eingebaut, das auf kompliziertem Wege die Hirnanhangdrüse daran hindert, die Geschlechtsorgane durch Hormonproduktion in Gang zu setzen. In dieser Zeit, in der der junge Mensch noch von den Pflichten der Nachwuchsversorgung verschont bleibt, kann er seine gesamte Energie auf eines verwenden: aufs Lernen. Er kann in aller Ruhe die Kulturtechniken wie Sprache, soziale Organisation und Werkzeugentwicklung seiner Vorfahren aufnehmen, um sie dann in dem Moment, in dem er mit der Geschlechtsreife die volle Verantwortung übernimmt, gestaltend einsetzen zu können. Diese lange »kulturpflegende« Lernphase begründete die ungeheure Anpassungsfähigkeit des frühen Menschen und erwies sich als evolutionärer Vorteil ersten Ranges.

Dabei spielt die Überschussproduktion an Nervenzellen eine wichtige Rolle. Ein kindlicher Menschenkopf ist ähnlich gut ausgestattet wie ein reicher Auswanderer, der ein ganzes Schiff mit Ausrüstungsgegenständen vollgeladen hat, die er in seiner neuen Heimat vielleicht braucht, vielleicht aber auch nicht. Dort angekommen, hat er schnellen Zugriff auf Brauchbares, sobald sich ihm ein Problem stellt, und er ist damit schneller als sein Konkurrent, der vielleicht nur mit einem kleinen Boot angekommen ist und sich mit einem Messer und einem Beil erst mühsam alles Nötige herstellen muss. Das, was der reiche Mann zu viel mitgebracht hat, kann er verheizen oder verschenken, für das Notwendige wird er bald eine sichere Aufbewahrung erfinden, damit es ihm lange erhalten bleibt. So wird er es rasch zu neuem Reichtum bringen.

Gehen wir davon aus, dass das Gehirn eines Kindes zwischen fünf und zehn Jahren mit ganz Ähnlichem beschäftigt ist: auszuprobieren, welche seiner Gehirnzellen wofür gebraucht werden, und die nicht gebrauchten zum großen Teil wieder zu entsorgen. Es wird sich in dieser Zeit vollständig an die Lebensbedingungen anpassen, in die es hineingeboren wurde. Wohlgemerkt: anpassen! Es ist eine Zeit, in der die Kinder die Welt einfach nehmen, wie sie ist. Sie interessieren sich wohl auch für kausale Gefüge, aber dass man diese vielleicht auch ändern könnte, auf die Idee kommen sie in der Regel nicht. Darum können Kinder auch so schlecht aufräumen! Aufräumen ist ein gestaltendes Kategorisieren von Dingen, sozusagen ein Stempel, den man der eigenen Umwelt aufdrückt. Dieses Bestreben ist für ein Gehirn, das in erster Linie damit beschäftigt ist, einen Abdruck der Wirklichkeit in sich aufzunehmen, geradezu widersinnig. Lieber merkt sich das Kind, dass die Socke neben der Brotbüchse liegt, als dass es sich die Mühe macht, sie in den Schrank zu der anderen Socke zu legen. Den Weg zur Schule muss es sich ja auch merken und kann ihn nicht einfach praktischer machen.

Für dieses Aufnehmen von »Welt« bedient sich das Kind gerne anleitender älterer Personen, ja es rechnet sogar mit dem Vorhandensein solcher Mentoren. Wie wichtig diese Leitfiguren sind, an die sich das Kind mit seiner ganzen kleinen Person bindet, haben wir schon auf S. 59 ff. gesehen. Diese frühen Bindungen sind aber im weiteren Verlauf der Entwicklung zu einem nützlichen Mitglied der menschlichen Gemeinschaft eher hinderlich. Aus einem Muttersöhnchen wird kein Welteroberer, das liegt auf der Hand. Und ein Muttersöhnchen wird auch keine neue Bindung zu einer Geschlechtspartnerin eingehen, um mit ihr neuen Nachwuchs in die Welt zu setzen.

Im Verlauf der Evolution hat sich darum ein Gehirnentwicklungsmodell durchsetzen können, das zum richtigen Zeitpunkt diese Bindungen an die alten Kindheitsmentoren sprengt und noch dazu die Wahrnehmung von Gefahren dämpft und damit einen wahren Sprengsatz an Entwicklungsmöglichkeiten auslöst.

Wie passiert das? Das Gehirn hat im Laufe der Kindheit fleißig daran gearbeitet, stabile Strukturen herzustellen, und nach zehn bis elf Jahren sein Inventar an Neuronen und Synapsen gut geordnet. Aber diese Ordnung funktioniert nicht mehr für die neuen Aufgaben, die sich dem Menschen jetzt stellen. Also wird ein Großteil dieser Ordnung kurzerhand wieder umgeworfen. Im Stirnhirn, dem Bereich, in dem planendes Handeln angesiedelt ist, fangen die Nervenzellen plötzlich wieder an, Myriaden neuer Synapsen zu bilden. Das ist beinahe so, als bekäme der reiche Auswanderer noch ein Schiff mit Werkzeug, Möbeln und Haushaltsgerät nachgeschickt, das ihn zwingt, wiederum zu prüfen, was er brauchen kann, und seine schöne Ordnung gänzlich umzubauen.

Das bringt erst einmal Unordnung mit sich. Das eigentliche Dilemma eines pubertierenden Jugendlichen ist nun nicht, dass sein bisher gesammeltes Faktenwissen auf einmal in Frage gestellt würde, sondern es ist eher sein soziales Wissen, das durcheinandergerät. Ein Baum bleibt ein Baum und ein Haus bleibt ein Haus, aber Vater und Mutter behalten nicht den Stellenwert, den sie einmal hatten. Das ist auch sinnvoll: Wenn der junge Mensch dazu befähigt werden soll, eigenständig seinen Zielen zu folgen, muss das alte soziale Gefüge, in dem er vorzugsweise an der Hand seiner Bindungsperson gegangen ist, abgebaut werden. Und das gelingt nur mit mehr oder weniger Blessuren, sowohl bei dem Jugendlichen selbst als auch in seiner Umgebung.

Es gehört zu den Erscheinungen der Pubertät, dass die Einschätzung von Gefühlen – sowohl der eigenen als auch der anderen, – viel schlechter gelingt als im Kindesalter oder dann wieder nach dieser Umbruchphase. Diese Unsicherheit dürfte auf eine neuronal bedingte zeitweise Funktionsstörung der Spiegelneuronen zurückzuführen sein, weil während des Umbaus des Stirnhirns bisher gut funktionierende Nervenbahnen durch neue Synapsenbildungen irritiert werden. Man hat zum Beispiel festgestellt, dass Zwölfjährige länger brauchen als Zehnjährige, um Gesichtsausdrücken Gefühlszustände zuzuordnen, einige werden sogar gänzlich fehlinterpretiert. Das könnte erklären, warum so mancher Jugendliche schon ausrastet, wenn er nur vermeintlich falsch angesehen wird. Es könnte zum Teil auch erklären, warum sich Jugendliche gern gemeinschaftlichen Unternehmungen mit der Familie entziehen. Dass es nicht »cool« ist, etwas mit Eltern oder kleineren Geschwistern zu unternehmen, ist die eine Begründung. Vielleicht müsste man aber auch darüber nachdenken, ob es Jugendlichen nicht schlicht zu anstrengend ist, sich in schneller Folge auf Menschen unterschiedlichen Alters einzustellen.

Diese zeitweilige Lockerung des Mitempfindens mit anderen könnte die Basis dafür sein, dass der junge Mensch es überhaupt schafft, sich von den Bindungspersonen seiner Kindheit zu lösen. Als Kind war er auf ein hohes Maß an Mitschwingen angewiesen, um dem Erwachsenen möglichst viele Strategien der Lebensbewältigung abzuspüren. Würde er dann während der

Pubertät in aller Klarheit empfinden, wie weh die Ablösung von seinen Mentoren ihm selbst und seinen Erwachsenen tut, käme er vielleicht nie von ihnen los. Das Chaos im Hirn breitet so eine Decke über die Trauer darüber, aus der vertrauten Hülle des schützenden Kindheitskokons ausgestoßen zu werden. Diese Schicht aus noch wild verknüpften Synapsen ist zwar kein Schutz vor der Einsamkeit, die die meisten Jugendlichen heimsucht, sie ist aber eine Art Sicherung vor der Versuchung, in die alte Wärme zurückkriechen zu wollen.

Nun weiß man von neuen Synapsenbildungen, dass sie nicht nur störungsanfällig sind, sondern auch nicht gleich von Anbeginn mit voller Leistung funktionieren. Darin könnte die Antwort darauf liegen, warum Jugendliche solch ein starkes Verlangen nach intensiven Erlebnissen haben und dafür Risiken eingehen, die Erwachsene schaudern machen. Vielleicht dringen die Reize nicht so schnell und nicht so stark ins Empfinden wie bei den gut eingespielten Nervenautobahnen in den Gehirnen ihrer Eltern. Wenn sich der Reiz erst einen Weg durch ein neu entstandenes Gestrüpp von Synapsen schlagen muss, muss er ungleich stärker sein, als wenn er bei dem Herrn Papa direkt über wohlgebahnte Wege in die Belohnungszentren des Gehirns jagt.

Hier stellt sich die Frage, was diese zeitweise Unempfindlichkeit in der Evolution des Menschen bewirkt hat. Die Antwort ist: Sie entfacht Handlungsenergie! In einer Umwelt, in der es gefährlich war, Neues zu wagen, konnten vor allem solche Menschen Entwicklungen voranbringen, die diese Gefahren eher unterschätzten. Das konnte zwar für das Individuum fatal ausgehen, aber die Gruppe hatte etwas davon, wenn einer sich an den vom Blitz in Brand gesetzten Baum heranwagte, wenn einer sich traute, dem Mammut auf Armeslänge nahe zu kommen, wenn einer den Mut aufbrachte, die bekannten Jagdgründe zu verlassen und ergiebigere zu suchen. Das Zusammenspiel von langer Lernzeit und plötzlich auftretendem Wagemut brachte einen Menschentypus hervor, der zum einen in der Lage war, erworbenes Wissen in den Köpfen der nachfolgenden Generationen zu bewahren, und zum anderen, in immer neue Lebensräume sowohl geologischer als auch technologischer Art vorzudringen.

Man könnte sich sogar fragen, ob dieser Stand der Gehirnentwicklung jahrtausendelang nicht sogar ganz normal gewesen ist. Denn man geht davon aus, dass der Umbau des Gehirns erst mit etwa 25 Jahren wirklich abgeschlossen ist. Dieses Alter hat in den Anfängen der Menschheit kaum ein Individuum erreicht, und vielleicht ist das, was wir als das normale Alltagsbewusstsein bezeichnen, bereits die Altersweisheit unserer Vorfahren.

Nun scheint sich derzeit dieses über Jahrmillionen erfolgreiche Modell eines Menschen, der in den ersten Jahren seiner Geschlechtsreife besonders mutig und aktiv ist, in unserer Kultur selbst zu Fall zu bringen. Die Menge des weiterzugebenden Wissens ist so enorm angestiegen, dass die Kindheit schon lange nicht mehr ausreicht, auch nur einen Bruchteil davon zu erfassen. Die körperliche Entwicklung hat sich dem aber nicht angepasst, dafür ging die Explosion des Wissens viel zu schnell. Nach wie vor versetzt Mutter Natur den Menschen nach einem guten Dutzend Jahren in die einstmals produktive Unruhe, ohne sich darum zu scheren, dass die Kultur es sehr begrüßen würde, ihn mindestens noch weitere sechs Jahre in aller Ruhe mit Wissen vollstopfen zu dürfen. So sitzen die Weltenstürmer von damals noch genauso auf der Schulbank wie die Kinder, deren Gehirne noch eher auf Aufnahme denn auf Wiedergabe eingestellt sind, und sie werden unleidlich. Denn nichts macht Menschen unzufriedener, als wenn sie nicht tun dürfen, was sie tun können – und gerade das ist die Lage der Jugendlichen in unserer Gesellschaft.

Für unser Nachdenken über das »Zusammen« von Alt und Jung sind diese Erkenntnisse der Hirnforschung von großer Bedeutung. Denn Jugendliche teilen in unserer Kultur zwar den Lebensraum mit den jüngeren Kindern – die Schule –, ihre »Chefetage«, ihr Gehirn, ist aber ganz anders strukturiert. Sie möchten jetzt wirklich gern selber Chef sein, brauchen aber aufgrund der komplizierten »Unternehmensstruktur« noch immer einen »Unternehmensberater«, was verständlicherweise an ihrer Ehre kratzt. Darüber werden wir uns im praktischen Teil dieses Buches Gedanken machen.

Peergroup als Risiko
Die Theorie der Gleichaltrigenorientierung

Sicher durch eigenen Scharfsinn, aber vermutlich auch, weil die Bindungsforschung die gedanklichen Wege geebnet hatte, kam Ende des 20. Jahrhunderts der kanadische Kinderpsychologe Gordon Neufeld zu einer alarmierenden Erkenntnis. Zunehmend mit Familien konfrontiert, in denen die Eltern keinen Zugang mehr zu ihren Kindern fanden, stellte er fest, dass diese Kinder in geradezu panischer Weise darauf erpicht waren, unter keinen Umständen den Kontakt zu ihren gleichaltrigen Freunden zu verlieren. Und nicht nur den Kontakt: Sie setzten alles daran, sich in ihren Einstellungen und in ihrer äußeren Erscheinung so eng wie möglich den Vorgaben ihrer »Peergroup« anzupassen, um dort anerkannt zu werden. Anregungen, Wünsche oder Kritik vonseiten ihrer Eltern waren ihnen vollständig egal.

Diese Beobachtung war natürlich nicht neu. Dass »Peergroups« gerade in der Jugendkultur für die Herausbildung von Moden, Musikgeschmack und einen jeweils charakteristischen Verhaltenskodex eine wichtige Rolle spielen, ist schon fast ein Allgemeinplatz. Aber Neufeld betrachtet dieses Phänomen unter einem neuen Gesichtspunkt. Seine Hypothese, überprüft anhand vieler Beobachtungen, erwies sich sowohl auf der Ebene der Erklärungskraft als auch auf der Ebene der Lösungsmöglichkeiten als stichhaltig und verheißungsvoll. Sie lautet: Jeder Mensch wird mit einem starken Trieb geboren, sich an erfahrene Personen zu binden. Dieser Trieb besteht aus einem aktiven Suchen nach einer Leitfigur, und in aller Regel trifft er direkt nach der Geburt auf Menschen, die bereit sind, sich finden zu lassen und die Rolle des verlässlichen Lotsen zu übernehmen: Mutter und Vater und ihnen nahestehende Erwachsene. Dieses Verlangen, sich an eine erfahrene Person zu binden, endet nicht schon nach wenigen Jahren, wenn das Kind in der Lage ist, selber zu laufen, zu essen oder zur Toilette zu gehen, sondern es besteht bis weit in die Adoleszenz hinein.

Stehen im Verlauf des Heranwachsens keine Erwachsenen verlässlich zur Verfügung, die dem Kind als Lotse dienlich erscheinen, wird es seine Bindungsenergie auf diejenigen richten, die es regelmäßig erreichen kann. Das sind in unserer Gesellschaft die Gleichaltrigen, mit denen es den eigens für sie eingerichteten Lebensraum teilt: Kindergarten und Schule, aber auch die verschiedenen Freizeiteinrichtungen speziell für Kinder und Jugendliche.

Das funktioniert, weil dem Bindungstrieb eine Komponente fehlt, die in der langen Entwicklungsgeschichte der Menschheit eher hinderlich gewesen wäre. Ein Kind in seinem Suchen nach einer Leitfigur besitzt keine Maßstäbe dafür, welche Person sich als Lotse eignet und welche nicht. Eine Festlegung auf ganz bestimmte Individuen wäre im Sinne seiner Überlebenschancen auch unsinnig, denn keinem Kind kann garantiert werden, dass Mutter und Vater tatsächlich so lange zur Verfügung stehen, wie es einen Lotsen braucht. Die freie Beweglichkeit dieser Bindungsenergie macht es also möglich, dass im Falle des Verlusts der Eltern auch andere Personen diese Rolle übernehmen können. Da Kinder über Jahrtausende den Lebensraum der Erwachsenen teilten, war es immer selbstverständlich, dass gereifte Personen präsent waren, an denen sich ein Kind orientieren konnte.

Es gibt noch einen weiteren Grund, warum es widersinnig wäre, wenn Kinder eine solche Bindung nur an die eigenen Eltern entwickeln würden. Kinder bewegen sich im Laufe ihres Heranwachsens immer wieder von diesen weg, geraten dabei aber durchaus in Situationen, in denen sie Anleitung und Schutz brauchen. Dann übertragen sie das Vertrauen, das sie ihren Eltern entgegenbringen, auch auf die anderen Erwachsenen ihres Lebensumfeldes und können auch von diesen lernen. Daher bezieht der afrikanische Spruch seinen Sinn: »Um ein Kind großzuziehen, braucht es ein ganzes Dorf.« Vor allem solche Erwachsene, von denen das Kind weiß, dass auch seine Eltern sie wertschätzen, können so eine beachtliche Leitfunktion erfüllen.

Dass Erwachsene und Kinder ihren Lebensraum teilen, gehört aber immer mehr der Vergangenheit an. In der modernen Gesellschaft entmischen sich die Altersklassen mehr und mehr. Da Kinder in der Arbeitswelt stören, werden sie immer früher in verschiedenen Arten von »Sammelbecken« betreut: Kinderkrippen, Kindergärten, Schulen, Jugendklubs, Ferienlagern. Gleichzeitig sind aus den Familienhaushalten immer mehr Funktionen ausgelagert worden. Hausarbeit ist weitgehend mechanisiert, sogar gekocht wird in vielen Familien nicht mehr regelmäßig. Das Gemeinschaftsleben beschränkt sich nur zu oft auf den abendlichen Fernsehkonsum, und selbst der verschwindet im Zeitalter des eigenen Fernsehers im Kinderzimmer. Die Folge: Eltern und Kinder verbringen immer weniger Zeit miteinander, und schon gar nicht mit Tätigkeiten, die für das Leben der Familie wirklich von Bedeutung sind. In solchen Lebenszusammenhängen hängt die Lotsenfunktion der Eltern an immer dünnerem Faden. Wenn dann persönliche Unsicherheit oder auch nur gut gemeinte Toleranz gegenüber den Lebenswelten der Söhne und Töchter diesen signalisiert, dass die Eltern sich als Tonangeber zurückziehen, beginnen die Kinder, ihre Bindungsenergie von den Großen abzuziehen und auf diejenigen zu richten, mit denen sie viel Zeit teilen und die mit den Maßstäben ihrer Lebenswelten vertraut erscheinen: den Gleichaltrigen.

Unser Alltagsverständnis wertet das sogar als positiv. Die offensichtliche Lust von Kindern, mit ihresgleichen zusammen zu sein, wird in der Regel so interpretiert, dass Kinder einander brauchen, sich guttun und dass es darum erstrebenswert ist, ihnen möglichst viel Gelegenheit zu geben, Zeit miteinander zu verbringen. Diese Einschätzung ist weitverbreitet. Anfang des Jahrhunderts erschien sogar ein Buch, in dem behauptet wurde, dass Eltern eigentlich so gut wie keinen Einfluss auf ihre Kinder haben (Judith Rich Harris, Ist Erziehung sinnlos?, Rowohlt 2000). Die Autorin meint, dass Kinder die Verhaltensweisen und Werte ihres gesellschaftlichen Umfeldes innerhalb von Kindergruppen tradieren und nicht von den Eltern übernehmen, nach dem Motto: Kinder wollen nicht erfolgreiche Erwachsene werden, sondern erfolgreiche Kinder sein. Damit stellte sie etwas fest, was auch Gordon Neufeld beobachtet hat, aber ohne seinen kritischen Blick auf dieses Phänomen.

Harris denkt nicht weiter darüber nach, was eigentlich geschieht, wenn sich jemand, der den Weg nicht weiß, einen Lotsen sucht, der sich genauso wenig auskennt. Genau dieser Frage ist Neufeld systematisch nachgegangen, und seine Ergebnisse müssen sehr nachdenklich stimmen:

1. Erziehung hat dreierlei zur Voraussetzung: ein hilfsbedürftiges Wesen, das Fürsorge braucht, einen Erwachsenen, der

bereit ist, dafür Verantwortung zu übernehmen, und eine »aktive, stabile, vom Kind ausgehende Bindung zu diesem Erwachsenen« (Neufeld/Maté 2006, S. 58). Diese Zuwendung des Kindes zum Erwachsenen ist vergleichbar mit der Energie, mit der Liebespaare aneinander gebunden sind. Unter der Voraussetzung von Zuneigung sind Zärtlichkeiten wunderbar. Werden wir dagegen von jemandem berührt, zu dem wir keine Zuneigung empfinden, wird dieselbe Handbewegung zum Übergriff. Ähnlich verhält es sich mit Erziehungsmaßnahmen: Von einem Erwachsenen, an den sich das Kind gebunden hat, lässt es sich leiten, von anderen empfindet es Anweisungen als Zumutung.

2. Diese Bindung bringt Eltern und Kinder in eine hierarchische Ordnung. Die Kinder sind der bedürftige, die Eltern der fürsorgliche Partner in dieser Beziehung. Da der Erwachsene um seine überlegene Rolle weiß, kann er sich dem Kind gegenüber annehmend und nachsichtig verhalten, auch wenn dem Kind nicht gleich alles gelingt, was er von ihm erwartet. Dieses Wissen darum, dass es von dem Erwachsenen bedingungslos akzeptiert wird – schöner ausgedrückt: geliebt wird! –, hält dem Kind den Rücken frei, zu experimentieren. Es fühlt sich auch bei Misslingen in seiner Rolle nicht gefährdet, sein Schutz ist stabil.

3. Diese Rückendeckung ist Voraussetzung für Neugierde und Lernen, weil das Kind keine Energie darauf verwenden muss, sie zu sichern. In einer nicht hierarchischen Beziehung sind beide Partner für die Aufrechterhaltung der Gemeinsamkeit verantwortlich, in einer Eltern-Kind-Beziehung sind es die Eltern. Der Anteil des Kindes an dieser Beziehung sind sein Lächeln und sein Vertrauen: Das zu spüren ist ein vermutlich gene-

tisch programmierter Hochgenuss, dessen Süße sich kaum ein Erwachsener entziehen kann.

4. Die moderne Gesellschaft macht es Eltern aus verschiedenen Gründen schwer, diese für beide Teile fruchtbare Beziehung mit Leben zu füllen.

Zum einen hat die jüngere Geschichte jede Art hierarchischer Beziehung moralisch in Frage gestellt. Die Skepsis gegenüber Machtausübung jeglicher Art hat vielen Eltern ein grundsätzlich schlechtes Gewissen beschert, wenn sie sich ihren Kindern gegenüber energisch führend verhalten. Damit wurde die Schutzbeziehung zwischen Erwachsenen und Kindern von innen heraus geschwächt.

Dazu kommen äußere Lebensumstände, die das Band zwischen Großen und Kleinen lockern: die zunehmende Notwendigkeit, dass beide Eltern außer Haus arbeiten wodurch sie wenig Zeit für die Kinder haben, die Tatsache, dass in der Familie nur noch wenig produktive Arbeit verrichtet werden muss, und vor allem der Umstand, dass Kinder einen entscheidenden Teil ihrer Zeit in Gruppen von Gleichaltrigen verbringen. Je schwächer der »Bindungsmagnet« zu Hause arbeitet, umso ruheloser wird die Kompassnadel des Kindes eine andere Orientierung suchen und sich schließlich auf diejenigen ausrichten, die das größte Gewicht im Kinderalltag haben: die anderen Kinder. Dieser Bindung fehlen aber entscheidende Eigenschaften, die in den folgenden Punkten dargestellt werden.

5. Kinder akzeptieren sich untereinander nicht bedingungslos. Darum können sie keine Großmut entwickeln, wenn die Beziehung schwierig wird. Benimmt sich ein Kind seltsam, werden andere Kinder kaum darüber lächeln und sich sagen,

das wächst sich aus, sondern sie werden mit Abgrenzung und Verurteilung reagieren.

Diese Erfahrung machen Kinder sehr bald, und darum ist ihre Bindung an Gleichaltrige von der permanenten Angst vor dem Verlassenwerden begleitet.

6. Der Beziehung von Kindern untereinander fehlen in die Zukunft weisende lebenspraktische Inhalte. Das eigentliche Ziel der hierarchischen Erwachsenen-Kind-Bindung, Wissen und sinnvolles Handeln zu tradieren, kann in einer Kind-Kind-Bindung nicht eingelöst werden. Mit der um sich greifenden Orientierung von Kindern an ihren Altersgenossen gehen darum wichtige kulturelle Errungenschaften verloren. Dagegen werden Verhaltensweisen, Moden und Statussymbole wichtig, die ausschließlich in dieser Lebensphase von Bedeutung sind, aber weder Perspektiven für die Zukunft noch Verbindungen in andere Lebensbereiche öffnen.

7. Neben dieser kulturellen Verarmung lässt sich eine emotionale Verhärtung beobachten. Kinder, die sich keine »Macht« von ihren Erwachsenen »borgen« können, sind den unvermeidlichen Verletzungen des Lebens schutzlos ausgeliefert. Um ihnen auszuweichen, lassen sie nichts mehr an sich heran, »Coolness« wird zum Ideal und Gefühle bleiben ausgesperrt. Dauert dieser Zustand an, lernen solche Kinder und Jugendliche sich selbst nicht kennen, und damit fehlt ihnen die Basis für das Einfühlungsvermögen in andere.

8. Kinder, die ihre eigenen Gefühle verstecken müssen, um nicht von ihnen überwältigt zu werden, reagieren gnadenlos, wenn sie bei anderen solche Gefühle wahrnehmen. Zeigt ein anderes Kind lebendige Empfindungen, wird es zum Ziel des

Spotts. Dabei geht es nicht einmal nur um die verschiedenen Ausdrucksformen von Schwäche, die der Verachtung preisgegeben werden (»Looser!«), sondern auch Neugier und Lernen werden lächerlich gemacht (»Streber!«). So wird das Tor, durch das Kultur in die nachwachsende Generation einfließen kann, immer enger und die Kompetenz, mit eigenen und den Gefühlen der Mitmenschen umzugehen, immer geringer.

9. Dadurch, dass Gefühle aus dem Bewusstsein verbannt werden, lernt das Kind auch nicht, widersprüchliche Gefühle wahrzunehmen und auszuhalten. Ein reifer Erwachsener kann mehrere Gefühle gleichzeitig in sich spüren, diese ihrer Intensität und ihrer Wichtigkeit nach ordnen und dann entscheiden, welchen Impuls er in Handlungen umsetzen will. Kinder müssen das erst lernen, und das gelingt nur, wenn die Schmerzhaftigkeit eines Gefühls durch das Schutzschild eines Erwachsenen gemildert wird und so eine Weile ertragen und erforscht werden kann. Gordon Neufeld bezeichnet es als »Kindergarten-Syndrom«, wenn noch Fünfzehnjährige, die diese Chance nicht hatten, von ihren ungesteuerten Impulsen durchs Leben getrieben werden.

10. An Gleichaltrigen orientierte Kinder können aufgrund der Tatsache, dass Erwachsene für sie nicht von Bedeutung sind, kaum noch unterrichtet werden. Nicht nur Lehrer, auch andere Erwachsene kennen die Situation, dass sie Kinder oder Jugendliche ernsthaft auf etwas hinweisen wollen, die Kinder sie aber anschauen, als kämen sie von einem anderen Stern, sich umdrehen und unbeirrt mit ihrer internen Kommunikation fortfahren. Diese Ununterrichtbarkeit speist sich einerseits aus der schon genannten Verdrängung von Neugier und Weltoffenheit, andererseits aber auch aus dem

ständigen Bemühen um den relevanten Bindungspartner, die anderen Kinder oder Jugendlichen. So findet sich in unseren Klassenzimmern immer häufiger ein Szenario, in dem ein Lehrer verzweifelt darum kämpft, vor einem Aktivitätsteppich von hin und her wogenden Interaktionen der Schüler seinen Lehrstoff zu Gehör bringen zu können. Dabei geht es den Schülern gar nicht in erster Linie darum, den Lehrer zu ärgern, sondern um das ununterbrochene Aushandeln der eigenen Stellung im Kreise derjenigen, auf die sich die Kompassnadel der Bindung ausgerichtet hat.

All das zeigt deutlich, wie wichtig es ist, den »Seelen-Such-Reflex« von Kindern ernst zu nehmen und ihnen als erwachsene »Lebenslotsen« verlässlich zur Verfügung zu stehen.

»Die Welt muss klein sein, bevor sie groß wird«

Was eine Mutter von ihren Kindern gelernt hat

In Schweden gilt seit etlichen Jahren eine Frau als Expertin für Erziehung, die ihre Erkenntnisse nicht an Universitäten, sondern im Zusammenleben mit ihren neun Kindern gewonnen hat: Anna Wahlgren beschreibt keine Ergebnisse methodisch aufgebauter wissenschaftlicher Experimente, ihre Bücher sind klug formulierte Lebenserfahrung. »Meine Kinder waren meine Universität«, sagte sie in einem Interview. Und das, was sie von ihren Kindern über Kinder gelernt hat, muss keinen Vergleich scheuen mit den Erkenntnissen der systematischen Forschung, die ich bisher zusammengefasst habe.

Anna Wahlgren ist eine Autorin, bei der sich größte Nüchternheit der Lebensanschauung mit übersprudelnder Lebensfreude paart. Ihre Nüchternheit besteht darin, dass sie die Ausgangslage, in der sich alle Eltern und Kinder befinden, jeglicher Romantisierung beraubt. Sie schreibt wunderbare Textpassagen über Liebe, aber an keiner Stelle gesteht sie der Liebe allein die Kompetenz zu, ein Kind glücklich zu machen. Das schaffen in ihren Augen praktische Routine und der gemeinsame »Überlebenskampf« der »Herde«, in die das Kind hineingeboren wurde. Die Liebe kommt dann ganz von selbst.

Ihr Ausgangspunkt ist folgender Gedanke: »So wie ich es sehe, werden wir Menschen mit drei primären Trieben geboren, die unser Streben von der ersten Stunde an bis zum Lebensende diktieren:

1. dem Überlebenstrieb,
2. dem Streben nach sozialer Beteiligung (Zugehörigkeit zur Herde im gemeinsamen Kampf ums Überleben),
3. dem Streben nach Weiterentwicklung« (Wahlgren 2004, S. 166).

Dem Überlebenstrieb und dem Streben nach Weiterentwicklung wird in ihren Augen in unserer Gesellschaft durchaus Genüge getan. Ernährungs- und Gesundheitszustand seien in aller Regel zufriedenstellend, und es sei ein breit diskutiertes Thema, Fähigkeiten und Fertigkeiten in der Kindheit zu fördern und im Erwachsenenalter ständig auszubauen. Aber »das Streben nach sozialer Beteiligung« wird aus ihrer Sicht durch die modernen Lebensumstände ständig unterminiert, findet keine Erfüllung und wird dadurch zur Unglücksquelle für Kinder und Eltern.

Sowohl die Organisation des Lebens als auch die gängigen

Vorstellungen davon, wie man ein Kind zu lieben habe, würden Eltern daran hindern, ihrem Kind das zu verschaffen, was es dringend braucht: das Gefühl, »die anderen seien ohne es schlechter dran«. Das ist einer der wichtigsten Sätze Anna Wahlgrens, der immer wieder vorkommt, ich verzichte darum hier auf die Seitenangabe.

Dass die Familie der meisten Aufgaben beraubt sei, die zum Überleben notwendig seien, erlaube es Kindern kaum noch, lebensnotwendige Tätigkeiten zu erleben und an ihnen passiv und aktiv teilzunehmen. In Schweden ist die Vorstellung schon viel umfassender Realität als bei uns, dass es normal sei, wenn Eltern und Kinder den größten Teil des Tages getrennt verbringen, um sich abends und am Wochenende ein paar Stunden zu treffen und ihre Freizeit miteinander zu genießen. In diesem Miteinander ist keiner wirklich für den anderen da. Für die Kinder bedeutet das die Botschaft, Randfiguren des Daseins zu sein. Diese Botschaft ist verheerend und nach Anna Wahlgrens Ansicht die Ursache eines Großteils der Probleme, die junge Menschen heutzutage mit sich und anderen haben – und die anderen mit ihnen.

Was die Liebe zum Kind angehe, würden viele Eltern der unhinterfragten Regel folgen, dass diese Liebe sich im Maß der ungeteilten Aufmerksamkeit zeige, die dem Kind geschenkt werde. Vor allem Kleinkinder, die es noch besonders nötig haben, in einer strukturierten Umgebung Halt zu finden, fänden sich in der unseligen Situation, selbst zum Maßstab zu werden, weil die Eltern ihnen alles recht machen wollten. Dabei werde ihnen aber die größte Quelle der Zufriedenheit versagt, nämlich das fundamentale Gefühl der Daseinsberechtigung. Das Kind möchte nicht Ziel der elterlichen Bemühungen sein, sondern Teil der gemeinschaftlichen Anstrengung, das Leben der »Herde« zu meistern.

Die »Herde« ist ein zentraler Begriff in Anna Wahlgrens Denken. Unter »Herde« versteht sie die Gruppe von Menschen, die gemeinsam ihr Leben organisieren und dadurch gefühlsmäßig aneinander gebunden sind. Diese Herde kann unterschiedlich groß sein, von einem dorfähnlichen Verbund bis zur Zweisamkeit einer alleinerziehenden Mutter mit ihrem Kind. Wer auch immer miteinander für Essen auf dem Tisch, warme Kleidung und saubere Betten sorgt, ist die »Herde«, und in diesem gemeinschaftlichen Sorgen entfalten sich Bindung, Selbstbewusstsein und letztlich Liebe. Jeder steht hier für den anderen ein, und erst durch diesen gegenseitigen Halt ist die persönliche Entwicklung jedes Einzelnen möglich. Der gemeinsame Ort der Herde, eine Art Revier, wird gepflegt und geschützt und ist unverzichtbarer Bestandteil dieses sozialen Stützwerkes.

Das gemeinsame Sorgen der Herde nennt Anna Wahlgren »Überlebenskampf«. Wir im Deutschen sollten uns darunter wohl eher ein gemeinsames »Abstrampeln« für das »Weiterleben« vorstellen. Immerhin versteht sie darunter auch, das Wohnzimmer zu saugen oder Getränkekisten heranzuschleppen. Gehen wir also davon aus, dass »Überlebenskampf« nicht ganz so dramatisch gemeint ist, wie sich das Wort anhört. Und dann wird der Gedanke sehr plausibel. Für ein Leben auf dieser Erde muss sich jeder Mensch anstrengen, aber niemand schafft es allein, sich die Bedingungen zu schaffen, unter denen er menschengerecht leben kann. Die Gemeinschaft ist also gerade so wichtig wie die Leistung, die jeder Einzelne dazu beiträgt. In der asymmetrischen Beziehung zwischen Kindern und Erwachsenen ist diese Balance nicht so leicht erkennbar, es scheint so, als sei es der Erwachsene, der überleben kann, und das Kind sei der tatenlose Nutznießer. In Wahrheit aber ist es die für alle lebensnotwendige Aufgabe des Kindes, in die Arbeitsbereiche der »Herde« so hineinzuwachsen, dass es bei abnehmenden Kräften der Großen und zunehmenden eigenen den Stab übernehmen kann.

Nun könnte man behaupten, das sei schließlich auch dann gegeben, wenn Kinder in professionell geleiteten Institutionen auf das Leben vorbereitet würden. Aber es geht eben nicht nur darum, was die Kinder lernen, sondern auch darum, welche Bedeutung sie sich selber in dem sozialen Ganzen zumessen können. Denn kein Kind kann begreifen, dass es auf einer zwanzig Jahre langen Wartebank zusammen mit vielen anderen Kindern sitzt und so lange eben noch nicht »mitleben« darf, höchstens schon kräftig mitkonsumieren. Es braucht wie der Erwachsene die unmittelbare Erfahrung des Nützlich-Seins, um seine Rolle im gemeinsamen Ganzen zu begreifen und wertzuschätzen.

In Wahlgrens praktischen Ratschlägen wird diese Einsicht zum Konzept der »sozialen Beteiligung«. Sie fordert Eltern eindringlich auf, mindestens zweimal am Tag Gelegenheiten einzuplanen, bei denen das Kind bei notwendigen Arbeiten zugegen ist und je nach Alter und Fähigkeiten mit kleineren oder größeren Handreichungen beteiligt wird (Wahlgren 2004, z. B. S. 278, 389). Entscheidend bei diesen Tätigkeiten sei, dass das Kind nicht im Mittelpunkt der Aufmerksamkeit des Erwachsenen stehe, sondern dass sich dieser mit etwas beschäftige, was für alle oder auch für ihn persönlich wichtig sei.

Bei mir heißt dieser Aspekt »Perspektive teilen«, und ich verstehe ihn noch etwas umfassender als lediglich einen Programmpunkt in der täglichen Routine, den man planen und erledigen könnte. Für mich ist »Perspektive teilen« eher eine Haltung, die das gesamte Selbstverständnis der Eltern durchzieht. Das tut meiner Zustimmung zu Anna Wahlgrens Gedanken der »sozialen Beteiligung« allerdings keinen Abbruch. Im Gegenteil, eingebettet in ihr schönes Bild der »Herde« macht dieser sichtbar, wie wichtig solche Gelegenheiten sind, an denen sich das Kind in die

Gepflogenheiten »seiner« Menschen einfädeln kann, zunächst beobachtend und dann immer stärker auch handelnd. Dieses Mitwirken an der gemeinsamen Lebensgrundlage erfüllt Kinder mit Stolz, sobald sie nur einen Kochlöffel halten können – alle Eltern wissen ein Lied davon zu singen, dass kein Spielzeug der Welt es an Attraktivität mit den echten Dingen des Alltags aufnehmen kann, die das Kind auch in der Hand seiner Eltern sieht.

Eine weitere wichtige Erkenntnis aus Anna Wahlgrens gesammelter Familienerfahrung ist der Satz, mit dem sie immer wieder zitiert wird: »Für Kinder muss die Welt klein sein, bevor sie groß wird.«

Genau genommen ist das eine pädagogische Binsenweisheit, die nur leider im Umgang mit kleinen Kindern immer weniger ernst genommen wird. So wie ein Grundschulkind viele Jahre Plus- und Malaufgaben üben muss, bevor es Gleichungen mit drei Unbekannten lösen kann, kann ein Kind die große Welt erst dann bewältigen, wenn es sich sicher zwischen Küche, Wohnzimmer und Garten, unter Großeltern und Nachbarn und im ritualisierten Tagesablauf orientieren kann. Aus diesem »Zentrum« heraus kann das Kind seine Lust auf die große, weite Welt entwickeln.

Anna Wahlgren glaubt an die Selbstentwicklungskräfte eines Kindes und daran, dass diese aktiv werden können, wenn das Basislager stabil und personell zuverlässig ausgestattet ist. Die Kinder brauchen »diese unveränderlichen, ungestörten Zentren«, denen sie eine große Kraft zuschreibt. »Kleine Kinder können äußere Veränderungen vertragen, Aufbrüche, materielle Sorgen, ja sogar das Toben eines Krieges, wenn nur die Herde mit ihrem festen menschlichen Zentrum für sie zugänglich bleibt« (Wahlgren 2004, S. 411).

Das führt zu einem weiteren Kerngedanken, der eine weitverbreitete Ansicht in Frage stellt: Anna Wahlgrens Meinung nach muss man als Eltern nicht glücklich sein, um Kindern eine gute Kindheit zu bereiten. Was Kinder brauchen, sei die Sicherheit ihrer »Herde«, nicht deren Glücksgefühle.

Dieser Gedanke ist eine Befreiung und ein harter Brocken zugleich. Ich denke, wenn er sich nicht in 800 Seiten Text versteckt hätte, wäre das Buch in der Öffentlichkeit vielleicht nicht so wohlwollend aufgenommen worden. Denn im Klartext stellt Anna Wahlgren den Satz in Frage, der hierzulande schon fast zum Glaubensbekenntnis geworden ist, dass nämlich ein Kind von einer Mutter, die viel außer Haus arbeitet, aber ausgeglichen und zufrieden ist, mehr habe als von einer, die unzufrieden zu Hause sitzt. Sie schreibt: »Aber den Eltern, die aus verständlichen Gründen – gesellschaftlichen wie auch finanziellen Erfordernissen – meinen, dass sie unmöglich bei ihren Kleinen zu Hause bleiben können, werden meine Worte nicht viel Trost bringen. Denn sie bekommen hiermit zu wissen, dass sie versagen, wenn es um das einzig Notwendige geht: da zu sein, ein Zentrum zu bilden, dem Kind die unveränderliche Erreichbarkeit der ›Herde‹ anzubieten« (Wahlgren 2004, S. 415).

Ein Kind brauche anwesende Eltern dringender als glückliche, das macht sie unmissverständlich klar. Sie fordert tatsächlich noch etwas ziemlich Unmodernes: Eltern sollen sich zusammenreißen, wenn es ihnen schlecht geht, um für die Kinder die lebensnotwendige Routine aufrechtzuerhalten. Aus ihren Ausführungen wird allerdings deutlich, dass sie keineswegs ein militärisches »Hab dich nicht so!« meint, sondern dass sie jedem die Kraft zutraut, allem Elend der Welt zum Trotz einem Kind regelmäßig saubere Wäsche, Essen zum Sattwerden und ein warmes Bett zu bereiten. Wenn Kinder das bekämen, reiche ihre eigene Lebenskraft aus, sich auch dann gut zu entwickeln, wenn ihre Eltern mit sich selbst zu kämpfen hätten.

Das ist Anna Wahlgrens gute Nachricht für all die verunsicherten Mütter und Väter, die von der Angst zernagt werden, sie würden ihre unverarbeiteten psychischen Probleme zwangsläufig an ihre Kinder weitergeben. Sie verknüpft sie mit der schlechten (schlechten?) Nachricht, dass es in der Verantwortung der Eltern liege, in den ersten Lebensjahren des Kindes greifbar zur Verfügung zu stehen. Und sie hält es für die derzeit nicht eingelöste Verantwortung der Gesellschaft, Eltern dieses möglich zu machen, ohne dass sie gravierende soziale und finanzielle Nachteile zu erwarten haben.

Denn selbstverständlich ist Anna Wahlgren eine moderne Frau und keineswegs der Meinung, dass Eltern bis zu dem Augenblick, in dem die Kinder ihre letzte Umzugskiste aus dem Haus geschafft haben, rund um die Uhr gebraucht werden. Aber dass kleine Kinder bis zu drei Jahren zu Hause von wenigen Personen betreut werden sollen, diesen Standpunkt vertritt sie sehr dezidiert.

Auch die Hirnforschung geht davon aus, dass das Gehirn etwa drei Jahre braucht, um stabile Repräsentanzen der Wirklichkeit auszubilden, die es dem Kind erlauben, sich seiner Herde sicher zu sein, auch wenn es an einem anderen Ort und mit anderen Menschen zusammen ist. In diesem Alter setzen die Gedächtnisfunktionen ein, die ein unabdingbares Werkzeug für die »Mitnahme« emotionaler Sicherheit in fremde Umgebungen sind.

In Anna Wahlgrens Ausführungen zum ersten Lebensjahr gibt es einen Abschnitt über »Charaktere aus dem Theater des wirklichen Lebens«, die sie als »Forscher«, »Arbeiter« und »Charmeur« benennt. Sie haben ganz ähnliche Gedanken in meinem Kapitel »Das pädagogische Dreigestirn« (ab S. 28) finden können.

Der kleine »Forscher« nehme sich seine Umwelt Stück für Stück vor und erforsche sie hingebungsvoll. Wie bei einem richtigen Forscher, der sich selbstverständlich jeden Eingriff in seine Forschungen verbitte, sei es ungehörig, den kleinen Kinderforscher bei seiner Tätigkeit zu unterbrechen oder zu steuern. Dabei könne kein anständiges Forschungsergebnis herauskommen. Es sei nur dann statthaft, in die Forschungen einzugreifen, wenn akute Lebensgefahr drohe.

Diesen Respekt vor den Aktivitäten des Kindes darf man keinesfalls mit dem verwechseln, was gemeinhin als »Laisser-faire« bezeichnet wird. Anna Wahlgren ist nicht der Auffassung, Kinder dürften ihre Alltagswelt ungehindert auseinandernehmen und angeblich kreativ umgestalten, sie fordert vielmehr für Kinder den Freiraum, die Welt zu erforschen, wie sie ist. Das bedeutet, dass der Erwachsene zum einen diese Umwelt in groben Zügen so gestalten sollte, dass ihr Bestand dem Zugriff des kleinen Forschers trotzen kann, ohne gleich in Stücke zu gehen, und dass er sie nach den Forschungstätigkeiten des Kindes wieder in den Zustand bringen muss, in dem das Kind sie vorgefunden hat, sonst wäre das Forschungsergebnis ja nicht mehr gültig. »Forschungsassistent« eines (kleinen) Kindes zu sein, bedeute, seine Umwelt anregend zu gestalten (ganz im Sinne von Maria Montessori), seine Vorhaben nicht zu unterbinden, zu beobachten, ob sie einen gefährlichen Verlauf nehmen könnten, und so spät wie möglich einzugreifen. Dabei dürfe nicht das Kind getadelt werden, sondern besser sei es, die Empörung gemeinsam mit dem Kind auf das leider ungeeignete Objekt zu richten.

Der kleine »Arbeiter« dagegen dürfe, ja müsse gelenkt und angeleitet werden. Denn er trete immer dann auf den Plan, wenn das Kind bemerke, dass der Erwachsenen etwas tut, was für das »Überleben der Herde« wichtig ist, und den Impuls verspüre, sich an dieser Arbeit zu beteiligen. Genau genommen erforscht das Kind hier nicht einen Gegenstand, sondern eine Tätigkeit, und wie kann die anders erforscht werden als durch Mitmachen, und zwar das »richtige« Mitmachen? Und wie es richtig geht, das wissen schließlich die Großen. Außerdem ist bei dem kleinen Arbeiter die soziale Komponente des Tuns entscheidend wichtig. Schließlich sorgt er mit dafür, dass der Lebensraum der »Herde« gestaltet und gepflegt wird, und das verschafft ihm Daseinberechtigung und Befriedigung. Nach getaner Arbeit – im Kochtopf rühren, das Staubsaugerrohr halten, ein Stückchen Wand anpinseln, drei Stecknadeln aufheben – wird er sich nach Anna Wahlgrens Beobachtung umso intensiver und lustvoller seinen individuellen Forscherplänen hingeben, oder was immer ihm gerade in den Sinn kommt – hat er sich nicht ein wenig Freizeit verdient?

Der Erwachsene müsse sehr auf die Zeichen achten, durch die das Kind zu verstehen gebe, dass es sich an der Arbeit beteiligen möchte. Das kann wie Verlangen nach Aufmerksamkeit aussehen, wird aber verkehrt beantwortet, wenn der Erwachsene seine Tätigkeit unterbricht und sich dem Kind emotional zuwendet. Wird dem Impuls des Kindes, gemeinsam mit den anderen Bedeutsames zu tun, das Ziel genommen und wird es selbst zum Ziel der Aktivität des Erwachsenen, verpufft ein Teil seiner Lebensenergie, und Enttäuschung macht sich breit.

Als Ziel der elterlichen Aufmerksamkeit versuche sich schließlich der kleine »Charmeur« ins Spiel zu bringen. Er setze alles ein, um Spaß mit seinen Großen zu haben: anlachen, zappeln, die Mama mit zermatschten Brotresten füttern, immer wieder das Bärchen auf den Boden schmeißen und jubelnd wieder im Empfang nehmen. Für jeden, der sich ihm freundlich nähere, ziehe der kleine Charmeur alle Register seiner kommunikativen Fähigkeiten und genieße sich selbst als Mittelpunkt seiner Daseinsfreude. Anna Wahlgren schreibt das über das sechs Monate alte Kind, das noch nicht von der Angst vor Unbekannten in seiner Zuwendungslust gebremst ist, aber ich finde das viel zu kurz gegriffen. Auch wenn im späteren Lebensalter nicht mehr so unterschiedslos jeder angestrahlt wird, bleibt doch die Freude an der direkten Kommunikation mit anderen Menschen, die das menschliche Gegenüber und nicht einen zu erforschenden Gegenstand oder eine zu erledigende Notwendigkeit zum Ziel hat.

Sie erinnern sich: Bei mir heißt die Regieanweisung für das »Theater des wirklichen Lebens« Laufen lassen, Mitnehmen und Zuwendung. »Laufen lassen« bedeutet, den kleinen Forscher bei seinen selbstständigen Erforschungen der Welt weitgehend in Ruhe zu lassen, »Mitnehmen« heißt, den kleinen Arbeiter in die eigenen Tätigkeiten einzubeziehen, und »Zuwendung« ist das klassische Repertoire hingebungsvoller Beschäftigung mit dem kleinen Charmeur, je nach Alter variierend zwischen Fingerspiel und Federball. Ich sehe das aber keineswegs nur als Regieanweisung für den ersten Akt des Stückes. Für-sich-Sein, Zusammenarbeit und menschliche Ansprache – braucht das nicht jeder Mensch für ein ausgeglichenes Lebensgefühl, egal, wie alt oder jung er ist?

Bindung und Lernen in der europäischen Kulturgeschichte

In den letzten Kapiteln habe ich Ihnen vorgestellt, wie man sich aus psychologischer, biologischer und therapeutischer Sicht und aus dem reflektierten Alltag heraus unserem Thema nähern kann. Dabei kam verschiedentlich zur Sprache, dass in den letzten Jahrzehnten Veränderungen stattgefunden haben, die es erschweren, gute Bedingungen für ein gedeihliches Aufwachsen von Kindern zu schaffen.

Wo Veränderungen stattfinden, war es vorher anders. Und darum liegt ein Blick in die Vergangenheit nahe.

Gleich vorab: Es liegt mir fern, nun einen Abgesang auf die gute alte Zeit anzustimmen. Früher war nicht alles besser, vieles ist heute besser, das sollten wir festhalten. Die individuellen Lebensumstände sind zumindest bei uns zurzeit viel ungefährdeter als jemals zuvor.

Dennoch, viele Probleme, die wir heute mit Kindern und Jugendlichen haben, waren zu früheren Zeiten wenn nicht ganz unbekannt, so doch wesentlich schwächer ausgeprägt. Es lohnt also, genau hinzuschauen, was sich in der Lebenswelt der Kinder eigentlich geändert hat und auf welche Weise diese Veränderungen in den Entwicklungsprozess junger Menschen eingreifen.

Dabei müssen wir uns eines vorab klarmachen, wenn es sich nicht ohnehin mittlerweile herumgesprochen hat: Das, was in unseren Köpfen zumindest bis vor Kurzem als das Standardmodell einer Familie herumgeisterte, nämlich der Vater, der außer Haus das Geld verdient, und die Mutter, die zu Hause die Kinder versorgt und mit viel Zuwendung erzieht, hat sich als Norm eigentlich erst nach dem Zweiten Weltkrieg in den industrialisierten Ländern etabliert. Sie gedieh auf der Basis einer beispiellos anwachsenden wirtschaftlichen Produktivität, die es einer Familie möglich machte, vom Verdienst nur eines erwerbstätigen Erwachsenen zu leben.

Diese Ausprägung der Hausfrau-und-Mutter-Rolle konnte sich deshalb als quasi natürlich darstellen, weil in den Jahrhunderten zuvor der Arbeitsbereich der Frauen durchaus auch das Haus gewesen war. Aber die Arbeit innerhalb des Hauses war vor der Mitte des 20. Jahrhunderts ähnlich produktiv wie die Erwerbstätigkeit des Mannes. Eine Hauswirtschaft zu führen erforderte weitreichende Kenntnisse in vielen Bereichen: Vorratswirtschaft und Konservierung von Lebensmitteln, Umgang mit Feuer sowohl zum Kochen als auch zum Heizen und als Lichtquelle, umständliche Wäschepflege, Herstellung von Textilien aller Art – Nähen, Stricken, Sticken, in bäuerlichen Haushalten auch Spinnen und Weben –, Krankenpflege und nicht zuletzt auch die Versorgung der Kinder und ihre Erziehung. Frauen haben unter diesen Bedingungen mindestens so viele Stunden am Tag gearbeitet wie heute eine berufstätige Mutter, mit dem Unterschied, dass sie dazu nicht aus dem Haus gehen mussten.

In höheren Kreisen bestand die »Arbeit« der Frauen allerdings im Wesentlichen darin, Dienstboten zu beaufsichtigen, und ganz oben auf der gesellschaftlichen Leiter leistete man sich auch noch Dienstpersonal für Planung und Kontrolle und widmete sich dann dem kulturellen und sozialen Leben. Entscheidend ist, dass der Aufmerksamkeitsfokus der Hausfrau und Mutter nicht das Kind war, sondern die Gestaltung und Pflege des Lebensraums, in den sie es hineingeboren hatte. Dass sie sich dabei immer wieder ihren Kindern auch zuwandte, dürfte selbstverständlich sein. Aber alles stehen und liegen zu lassen, wenn ein Kind nach Aufmerksamkeit verlangte, das ist unter solchen Lebensbedingungen keiner Frau in den Sinn gekommen.

Dieser Anspruch hat sich erst in der zweiten Hälfte des 20. Jahrhunderts entwickelt. Als Beispiel sei ein viel gelesener Autor zitiert, der 1976 seinen Lesern folgenden Ratschlag gibt: »Erledigen Sie die Hausarbeit, wenn das Kind schläft, und nehmen Sie sich viel Zeit für es, wenn es wach ist« (Ulrich Diekmeyer Das Elternbuch 1, Reinbek 1976, S. 138).

Diese Reihenfolge der Wertigkeit von Arbeit und Zuwendung

zum Kind war die logische Folge aus zwei Entwicklungen: Zum einen wurden Erkenntnisse der Psychologie immer populärer, nach denen es von entscheidender Bedeutung ist, dass ein Kind in seinen ersten Jahren einfühlsam versorgt wird und seine Bedürfnisse möglichst umgehend erfüllt werden. Und zum anderen erlaubten es die in rascher Folge eingeführten elektrischen Haushaltsgeräte und die Massenproduktion von Kleidung und Nahrungskonserven, dass die Hausfrauen immer weniger Zeit auf das materielle Funktionieren des Haushalts verwenden mussten; ihnen blieben damit Zeit und Energie für die intensive Beschäftigung mit den Kindern.

Halten wir also fest: Unser Bild der hingebungsvoll sorgenden Mutter, der die Bedürfnisse ihrer Kinder über alles gehen, ist eine Zeiterscheinung der letzten fünfzig Jahre, die viele von uns noch so erlebt haben, die aber alles andere als naturgesetzlich ist.

Kinderleben vor dieser Zeit ist von vielen Autoren erforscht und beschrieben worden. Ein Klassiker ist Philippe Ariès' »Geschichte der Kindheit«, in der er anhand vieler Quellen die These entwickelt, Kindheit als eigenständige Lebensphase werde erst seit dem Ende des Mittelalters als solche wahrgenommen. Seine Interpretation von Texten und Bildern aus dieser Zeit lässt ihn zu dem Schluss kommen, dass vor der Wende zur Neuzeit (also etwa bis 1500) Kinder, sobald sie mit ungefähr sieben Jahren der Kleinkindphase entwachsen waren, direkt in die Welt der Erwachsenen übergingen und durch Teilnahme an deren Leben das lernten, was sie brauchten, ohne dass eine spezielle Belehrungsphase eingeschoben war. Kennzeichnend für diese Lebenspraxis war, dass sehr viele Kinder in diesem Alter ihre Familie verlassen mussten. Sie wurden zu Verwandten oder Bekannten geschickt, bei denen sie als lernende Arbeitskraft den letzten Kükenflaum abstreifen mussten. Sehr früh galten sie als wirklich erwachsen. Mädchen wurden mit zwölf Jahren volljährig, Jungen mit vierzehn.

Ariès leitet aus seinen Quellen ein Bild der mittelalterlichen Gesellschaft ab, das sich durch eine in unseren Augen fast exotische Durchmischung aller Lebensbereiche auszeichnet. Die Menschen lebten dicht aufeinander und praktisch ohne persönlichen Raum, im konkreten wie im übertragenen Sinne. Kinder trafen selbstverständlich auf viele andere Kinder, aber genauso eng war der Kontakt zu den Erwachsenen, an denen sie Eigenheiten, Fähigkeiten und Gewohnheiten beobachten konnten.

Dass Kinder schon früh arbeiten mussten, mutet uns erbarmungslos an und hat sicher auch in vielen Fällen dazu geführt, dass sie abstumpften und sich körperlich und geistig nicht voll entwickeln konnten. Dieser frühe Einsatz in der gemeinsamen Arbeitswelt muss aber nicht zwangsläufig eine frühe, zehrende Ausbeutung bedeutet haben, wie wir sie uns unter »Kinderarbeit« vorstellen. Vermutlich haben sogar die Erwachsenen weniger gehetzt gearbeitet als wir heutzutage. Zwar war die Arbeit überwiegend körperlich schwer, aber in zahlreichen Zeugnissen ist überliefert, dass es in den Arbeitspausen und nach Feierabend ein reges soziales Leben gab und dass durch gemeinsames Feiern bei ernsten und heiteren Anlässen die anstrengende Arbeit häufig unterbrochen war. Allein die enorme Anzahl kirchlicher Feiertage, an denen nicht gearbeitet wurde, lässt vermuten, dass den jungen Menschen durchaus Zeit blieb, sich zu erholen und allein oder gemeinsam mit anderen ohne Druck ihre Welt zu erkunden. Auch wenn man bedenkt, dass Kinder überwiegend zum Hüten von Geflügel, Vieh oder kleineren Kindern herangezogen wurden, kann man davon ausgehen, dass ihnen gewiss auch Freiräume blieben, um sich kindgerechten Beschäftigungen zu widmen. Und ob diese Hütekinder im Vergleich zu unseren Mädchen und Jungen zu bedauern sind, die sich viele Stunden am Tag in der Schule mit Dingen beschäftigen müssen, deren Sinn sie gar nicht einsehen, das sei dahingestellt.

Ariès stellt nun die These auf, aus diesem Lebensverbund seien die Kinder im Verlauf der Verbürgerlichung der Gesellschaft etwa seit der Zeit der Renaissance zunehmend ausgegrenzt worden. Ein Grund dafür sei die zunehmende Institutionalisierung des Bildungswesens gewesen, sprich: die flächendeckende Ausbreitung von Schulen. Im frühen Mittelalter waren Schulen in erster Linie Klosterschulen, in denen der geistliche Nachwuchs herangebildet wurde und Latein die Unterrichtssprache war. Mit dem Aufblühen der Städte wurden auch dort Schulen eingerichtet, in denen die Kinder nicht nur die religiösen Fächer lernten, sondern auf die Bedürfnisse des Handelswesens vorbereitet wurden. Hier wurde dann auf Deutsch unterrichtet.

Als etwa um 1200 die ersten Universitäten entstanden, verloren die Schulen ihre besondere Bedeutung, sie galten jetzt eher als Vorbereitung auf die Universität denn als eigenständige Bildungseinrichtungen, der Schulbesuch war Voraussetzung für ein Studium.

Man kann diese Schulen kaum mit denen von heute vergleichen. Die Klassen umfassten bis zu hundert Schüler, der Unterrichtsstoff wurde überwiegend durch Nachsprechen auswendig gelernt. Das ging auch kaum anders, denn weder gab es in diesen ersten Anfangszeiten der Schule gedruckte Lehrwerke noch gab es Papier, was den Schülern das Anfertigen von Notizen ermöglicht hätte. Es war auch keineswegs die Regel, dass Kinder überhaupt zur Schule geschickt wurden. Wem dieses Privileg zuteil wurde, der wurde irgendwann im Alter von 7 bis 10 Jahren dorthin geschickt, wo er sich dann aber durchaus zwischen älteren Jugendlichen oder gar Erwachsenen wiederfand, wenn diese später begonnen hatten, am Unterricht teilzunehmen. Wahrscheinlich wurde die »Lehre« in der Schule ähnlich betrachtet wie eine Lehre bei einem Handwerksmeister, nicht als prägende Lebensphase, sondern als Ausbildung eines bereits fertigen Menschen.

Dieser Charakter der Schulen begann sich mit der Reformation zu ändern. Es ging nun nicht mehr nur darum, das Handwerkszeug für den geistlichen Stand zu erwerben, sondern die sich langsam vollziehende Umgestaltung des mittelalterlichen Lehnswesens in absolutistische Staatsgebilde erforderte lesekundige Verwaltungsbeamte und letztlich auch lesekundige Bürger. Diese mussten zugleich lernen, sich einer Autorität zu unterwerfen, die sie nicht mehr sehen und hören konnten wie ihre alten Lehnsherren, sondern die weitab in der Fürstenstadt über das Geschick ihrer Untertanen herrschte. Aus der »Lehre« für einen bestimmten Berufsstand wurde eine grundlegende staatsbürgerliche Erziehung.

Auch innerhalb der Familie wandelte sich die Rolle des Kindes. Aus einem kleinen Menschen, von dem man erwartete, möglichst bald das Seine zum Überleben der Familie beizutragen oder sich wenigstens selber zu ernähren, wurden unreife »Stecklinge«, die lange Zeit, bevor sie selber den Stürmen des Lebens gewachsen waren, beschützt und angebunden – also erzogen – werden mussten.

Hier war der Protestantismus die treibende Kraft, ganz direkt und allen voran Martin Luther. Die Entthronung der katholischen Kirche als lebensregelnde Instanz trat eine Flut von Unsicherheiten los, zu denen auch die Gestaltung von Ehe und Familie gehörte, nachdem sie aus dem Stand eines Sakraments in eine weltlich begründete Lebensform übergegangen war. Um den vielen Anfragen gerecht zu werden, formulierte Luther in seinem Katechismus einen Familienkodex, der die Autorität des Vaters festschrieb, den unbedingten Gehorsam als Pflicht des

Kindes formulierte und ganz ungeschminkt solche Untertanen als Erziehungsziel postulierte, »von denen Land und Leute Vorteil haben möchten« (Beuys 1980, S. 233). Die protestantischen Landesherren waren ihrerseits an einer solchen Ausrichtung der Kindererziehung sehr interessiert, denn mit der Einführung einer zentralistischen Staatsform waren viele Aufgaben an den fürstlichen Verwaltungsapparat gefallen, die nun von gebildeten und loyalen Personen übernommen werden mussten. Lesen und Schreiben wurde zwar in den Schulen gelehrt, aber der für diese Staatsform unabdingbare Gehorsam wurde am wirkungsvollsten durch die Familienstruktur in der Seele der Kinder verankert. Die Doktrin der »Familie als Keimzelle von Staat und Ordnung« war geboren.

Diese beiden neuen »Gärten«, in denen die Kinderseelen »gezüchtet« wurden, – Schule und Familie – riefen natürlich bald Fachleute auf den Plan, die sich über die Erziehung der Kinder Gedanken machten. Mütter, Großmütter und Ammen gehörten nicht dazu, ihnen wurde als schwachen, wankelmütigen Frauen eine solch verantwortungsvolle Aufgabe wie die Formung der jungen Seelen gar nicht zugetraut. Es waren an Kindern interessierte Geistliche und Gelehrte, die nun damit begannen, ihre Prinzipien der Persönlichkeitsformung zu entwickeln und in Druckwerken zu verbreiten.

In diesen Kreisen wurde die christliche Religion nicht mehr nur als Wegbereiter zur ewigen Seligkeit gesehen, sondern auch als moralische Instanz für das Leben im Diesseits. Diese Moral musste in den Seelen der Kinder verankert werden, die man als unreif und belehrungsbedürftig betrachtete. Sie wurden darum vor dem selbstständigen Leben, das sie moralisch gefestigt führen sollten, einer Art »Quarantäne« unterworfen, ehe sie in die Welt der Erwachsenen entlassen wurden (Ariès 1975, S. 561).

Das wenig geregelte Hineinwachsen der nachfolgenden Generation in ihre jeweilige Lebensumwelt wurde also durch eine bewusste Vorbereitung ersetzt, bei der im Laufe der Jahrhunderte die verschiedensten Methoden und Grundsätze erprobt wurden. Diese gingen meist nicht von lebendigen Kindern mit ihren Eigenarten und Bedürfnissen aus, sondern Ziel war, die religiös begründete »Unschuld der Kindlein« vor Sünden zu bewahren. Noch bevor die Versuchungen der bösen Welt in die Seelen der Kinder einziehen konnten, sollten diese bereits durch moralische Zucht so gefestigt sein, dass sie jeglicher Verführung widerstehen konnten. Da schon die Bibel von der Unschuld der Kinder sprach, konnte es ja nur so sein, dass sie wie unbeschriebene Blätter waren, die nur mit den richtigen Grundsätzen beschriftet werden mussten. Andere Theoretiker leiteten ihre Ideen aus dem entgegengesetzten Glaubenssatz ab, dass jeder Mensch mit der Erbsünde geboren sei, die ihm ausgetrieben werden müsse. Eigenartigerweise konnten diese beiden sich eigentlich widersprechenden Grundannahmen lange nebeneinander bestehen, vielleicht deshalb, weil sie in ähnliche Erziehungsmaßnahmen mündeten.

Diese Maßnahmen waren gut gemeint im Sinne der Moral, menschenfreundliche Liebe kam aber darin wenig vor. Liebe zu den Kindern hieß, sie vor den Abgründen der Sünde zu bewahren, notfalls mit Gewalt. Dass man diese Gewalt ihrerseits als Sünde bezeichnen könnte, auf den Gedanken kamen damals nur wenige. (Es gab immerhin auch Stimmen, die den Kindern gegenüber Milde walten lassen wollten!) Letztendlich entstammt dieser Tradition die von Historikern so genannte »schwarze Pädagogik«, die mit Recht für unendliches psychisches Leid in unserer Kultur verantwortlich gemacht wird. Insbesondere die Sexualität der Kinder wurde in einem Maße unterdrückt, die in der Enge der mittelalterlichen Gesellschaft unmöglich gewesen wäre, ganz zu schweigen von der allgegenwärtigen Prügelstrafe, die lange als unentbehrliches Erziehungsmittel galt.

Zu dieser Entwicklung gab es natürlich immer auch Gegenbewegungen. Schon zu Beginn des 19. Jahrhunderts finden sich die ersten Anfänge der Reformpädagogik, die dann im 20. Jahrhundert auf eine Umgestaltung des Schul- und Erziehungswesens hinarbeitete, weg von autoritärer Prügelpädagogik zu einem unterstützenden Erziehungsstil. Diese Überlegungen haben inzwischen auch Eingang in die Grundsätze der staatlichen Schulen gefunden, selbst wenn sie dort aus den verschiedensten Gründen meist nur unzureichend umgesetzt werden. Dennoch hat sich der entwickelnde und unterstützende Erziehungsstil zumindest als Idealvorstellung weitgehend durchgesetzt.

Dass Kinder nicht mehr mit Zuckerbrot und Peitsche die vermeintlich vorhandene Bosheit ausgetrieben bekommen, kann man getrost als Fortschritt im menschlichen Miteinander betrachten. Damit ist aber noch nicht die eigentümliche Inszenierung des Kinderlebens aufgehoben, die das Kind als zu belehrenden unfertigen Menschen und die Schule als Mittel zu diesem Zweck auf die Bühne des »Lebenstheaters« gebracht hat.

TEIL III

Vom Mitnehmen und Mitmachen

Töchterchen, komm tanz mit mir!

Die Choreografie im Tanz
der Generationen

In der historischen Skizze habe ich versucht, eine sozialge-schichtliche Entwicklung zu umreißen, an der deutlich wird, dass die Stellung von Kindern und Eltern zueinander sehr unter-schiedlich definiert werden kann. Dem möchte ich mich nun noch auf einem anderen Wege nähern, um nachvollziehbar zu machen, was die Wandlung der Rollen für uns heute bedeutet.

Anna Wahlgren hatte bildhaft vom »Theater des wirklichen Lebens« gesprochen – lassen Sie mich das Bild noch etwas poe-tischer machen und vom »Tanz der Generationen« sprechen. Dieser Lebenstanz gibt den Beteiligten die wichtigsten Schritte vor, damit sich alle gemeinsam in rhythmischer Eintracht bewe-gen können und sich nicht gegenseitig auf die Füße treten. Die gemeinsame Choreografie lässt durchaus zu, dass jeder seinen ganz eigenen Tanz aufführt, bevor er von der Bühne abtritt, aber ohne ein Mindestmaß an Übereinstimmung mit den anderen kann auch der nicht gelingen.

Kinder, die in dieses Ensemble hineingeboren werden, kön-nen zunächst nicht selbstständig mittanzen, sie werden auf den Arm genommen und getragen – ganz buchstäblich. Irgendwann werden sie für ein Weilchen sachte abgesetzt und dürfen ein paar Schritte selber tun, werden wieder aufgenommen, und beim nächsten Mal klappt es schon ein bisschen länger.

Mich beschäftigt nun bereits seit Längerem die Frage, welche Blickrichtung Kinder und Erwachsene dabei einnehmen. Das halte ich für alles andere als nebensächlich. Die Dynamik eines wirklichen Tanzes erwächst immerhin auch zu einem großen

Teil aus der Spannung, die sich aus dem ständigen Wechsel von Nähe und Distanz, Anschauen und Wegschauen, Berühren und Loslassen ergibt. Dabei hat jede Tanzform ihre Schwerpunkte. Bei uns ist der Paartanz üblich, der zwar eine Vielzahl von Rhythmen und Schritten kennt, aber kaum mit der Spannung zwischen Nähe und Distanz spielt. In Gruppentänzen dagegen lässt sich erleben, wie aus einem ständigen Aufeinanderzugehen, Zurückweichen, Anschauen und Wegschauen, gemeinsamer Vorwärts- oder Rückwärtsbewegung eine ganz eigene Kraft entsteht, die jedem Tanz ein spezifisches Gepräge verleiht und die Energien der Tänzer auf jeweils besondere Weise synchronisiert.

In solchen Gruppenchoreografien kommt dem Nebeneinander eine wichtige Rolle zu. Sich an der Hand zu nehmen und in die gleiche Richtung zu schauen, zu gehen, zu laufen oder zu hüpfen ist ein wesentliches Element. Dadurch entsteht ein Verbundenheitsgefühl mit dem Partner, fasst sich der ganze Kreis an der Hand, umgreift diese Verbundenheit die ganze Gruppe.

Vielleicht nicht zufällig werden in unserer Zeit, die sich als ein Wesensmerkmal zunehmende Individualisierung zuschreibt, sind solche Tänze allenfalls noch in der kleinen Szene der Folkloretänzer bekannt. Üblich ist der Tanz einzeln oder als Paar – in der Gruppe nur, wenn alle nebeneinanderstehen, in die gleiche Richtung schauen und ohne Körperkontakt die gleichen Bewegungen machen. Eine direkte Kommunikation mit den Mittänzern findet dabei nicht statt. Bis ins 19. Jahrhundert waren kommunikative Gruppentänze dagegen in allen Bevölkerungsschichten verbreitet, hoch komplizierte an den Höfen, wo Tanzmeister die Schritte lehrten, und einfachere unter dem Volk, das sich allerdings die eine oder andere Schrittfolge bei den feineren Leuten abschaute.

Mir gefällt es, das tägliche Leben auch als eine Art Tanz zu betrachten, in dem Rhythmus, Raum, Bewegung und Blickrichtung eine Rolle spielen. Und unter diesem Blickwinkel fällt bei der kurzen historischen Rückschau auf die Entwicklung der Kindheit auf, dass sich Bewegungsform und Blickrichtung der Beteiligten geändert haben. Vor dem Beginn der schulischen Erziehung wurden die Kinder sozusagen bei der Hand genommen und es wurden ihnen nach dem Prinzip des »Learning by Doing« die Lebenstanzschritte beigebracht. (Das Verfahren ist immerhin noch nicht ganz verschwunden, sonst gäbe es diesen kleinen Anglizismus nicht!) In dieser Konstellation wurde dem Kind das Gefühl vermittelt, so zu sein wie der Erwachsene, weil es ja das Gleiche tat. Diese Identifikation mit dem Erwachsenen ist ein Lernansporn, der aus dem Kind kommt und keiner weiteren Motivation bedarf.

Das heißt natürlich nicht, dass die Kinder damals immer zu allem, was sie tun sollten, auch Lust hatten. Auch unter den Lernbedingungen des Mittelalters – die es in wenig entwickelten Ländern auch heute noch gibt – wird nicht jedes Kind voll fröhlicher Begeisterung jedem Erwachsenen alles nachgemacht haben. Es geht hier auch weniger um konkrete Fälle als um das Selbstverständnis, das Kleine und Große in diesem Lebenstanz entwickeln konnten. Wie auch immer ein Kind handelte oder auch unter äußerem Druck handeln musste, es hatte immer das Gefühl, dazuzugehören. Es stand in einer Reihe mit den Großen, es wurde erst gefordert und im guten Falle dann auch gefördert.

Mit der Einführung der Schule dreht sich dieses Verhältnis um. Nun wird ein Kind erst gefördert, dann gefordert.

Anfangs beanspruchte das Prinzip »Schule« Lebenszeit von nur wenigen Kindern, heute steht der Lebensraum Schule dem Lebensraum Familie in seiner Bedeutung kaum noch nach. Seit Jahrhunderten lernen Kinder die Schritte für den Tanz des Lebens nicht mehr inmitten derer, die es schon können, sondern mit denen, die es auch noch nicht können. Angeleitet werden sie von einem Erwachsenen, der das, was er tut, nicht tut, weil es nötig ist, sondern weil er es den Schülern vormachen muss.

Eigentlich müsste man hier eine Pause machen und ganz lange über diese Ungeheuerlichkeit nachdenken.

Dabei ist dieser Zustand in unserer Gesellschaft so selbstverständlich, dass Sie mich möglicherweise für absonderlich halten, dem eine solche Bedeutung beizumessen. Aber die Implikationen für das Selbstgefühl von Kindern sind so schwerwiegend, dass ich bei dem Wort »ungeheuerlich« doch bleiben möchte.

Erinnern wir uns an Anna Wahlgrens Satz, jeder Mensch, auch ein Kind, brauche das Gefühl, »die anderen seien ohne ihn schlechter dran«. Ein Kind, das mit einem Erwachsenen die Blickrichtung teilt und sich mit ihm identifiziert, gleitet leicht in dieses Gefühl des Gebrauchtwerdens hinein. Mit jeder Handreichung, zu der es fähig wird, wird sich dieses Bewusstsein verstärken.

Die Choreografie des Schulunterrichts lässt eine solche Identifikation nicht zu. Kind und Erwachsener stehen nicht mehr nebeneinander und schauen in die gleiche Richtung mit dem gleichen Ziel, sondern sie sind sich gegenseitig Ziel: Das Kind dem Erwachsenen als Gegenstand seiner Bemühung, der Erwachsene dem Kind als Instanz, der es zu genügen gilt. Auch das Verbundenheitsgefühl, das sich aus einem gemeinsamen Ziel speist, kann sich so kaum herstellen.

Natürlich kann man einwenden, Blickkontakt sei doch auch eine intensive Form menschlichen Kontakts, auch so würde persönliche Verbundenheit gestärkt. Aber wenn ich einen Menschen anschaue, kann ich mich niemals als Teil dieses Menschen fühlen. Identifikation, dieses »Ich mache dasselbe wie du, darum bin ich wie du«, findet nur unter gemeinsamer Blickrichtung und gemeinsamer Bewegung statt. Über den direkten Blickkontakt wird etwas anderes mitgeteilt: »Du bist mir wichtig, und darum schaue ich dich an.«

Was ich Ihnen hier zumute, ist keine logische Argumentationskette, sondern ein Spiel mit Ihren Spiegelneuronen: die Aufforderung, sich einen körperlichen Zustand vorzustellen und die dazugehörigen Gefühle zu erspüren. Wenn es Ihnen geht wie mir, dann stellt sich bei der Vorstellung, mit einem Menschen Hand in Hand in eine Richtung zu laufen, ein Gefühl von Freiheit und Schwung ein, ohne jenen Beiklang von Einsamkeit, den der Begriff »Freiheit« auch haben kann. Dagegen ist die Vorstellung, jemandem gegenüberzustehen und ihn anzuschauen, enger, überwältigender und anspannender, nicht weniger intensiv und schon gar nicht unwichtiger, aber auf jeden Fall anstrengender.

Das gemeinsame Laufen in eine Richtung – im Alltag: das gemeinsame Arbeiten an einer Sache – schafft eine Verbundenheit, die viel tiefer geht als der Kontakt von Angesicht zu Angesicht. Wenn Sie in Ihre eigene Geschichte zurückblicken, werden Sie mit ziemlicher Sicherheit feststellen, dass die Begegnungen in Ihrem Leben, die mit gemeinsamer Arbeit verbunden waren, intensiver und stabiler waren oder sind als solche, die als reine Gesprächskontakte zustande gekommen sind. Sie können noch so nette Menschen kennenlernen – wenn Sie es schaffen, mit diesen in Kontakt zu bleiben, ohne etwas anderes zu unternehmen, als zusammenzusitzen und sich voneinander zu erzählen, dann sind Sie ein kommunikatives Wunder.

Die Bindung zwischen Erwachsenen und Kindern ist da keine Ausnahme. Einem Menschen, der ihm kein gemeinsames Aktionsangebot macht, kann ein Kind sich nicht verbunden fühlen. Und wenn es merkt, dass ein Aktionsangebot nicht davon getragen ist, dass der Erwachsene es wirklich für nötig hält, dies oder jenes jetzt zu tun, sondern dass er die Tätigkeit nur zum Zwecke der Belehrung durchführt – der Lehrer! –, wird es sich nicht ernst genommen fühlen. Es wird nicht sofort protestieren, vor allem wenn es nichts anderes kennt, aber die intensive Verbundenheit über die Identifikation mit dem Erwachsenen wird sich nicht einstellen.

Nun hat es sicher zu allen Zeiten Lehrer gegeben, mit denen die Schüler sich dennoch identifizieren konnten, weil ihre menschlichen Qualitäten das strukturelle Problem dieser Choreografie überwinden konnten. Aber die Regieanweisung, die den Erwachsenen als Belehrer vor statt neben das Kind stellt, bietet aus sich heraus keine »eingebaute« Verstärkung des Gefühls von Verbundenheit.

Das könnte einer der Gründe sein, warum Lehrer einen so merkwürdigen Ruf haben. Zum einen machen sie nichts »Richtiges«, denn all ihr Tun ist ja ein »Pseudo-Tun« lediglich zum Zweck der Demonstration, und zum anderen stehen sie für die vielen Jahre, in denen ein Heranwachsender in unserer Gesellschaft am echten Leben gehindert wird. Dass viele Menschen die Arbeit von Lehrern durchaus zu schätzen wissen und sicher sind, diesem anstrengenden Beruf selber niemals gewachsen zu sein, ändert nichts an seinem eigenartigen Image im Vergleich zu anderen Tätigkeiten.

So viel zur Schule. In der Familie ist der Rollenwechsel des Kindes vielschichtiger verlaufen und durch die tausend Spielarten des menschlichen Miteinanders im komplexen Alltag um einiges unübersichtlicher.

Die neue Sichtweise auf das Kind als unreifen Menschen im »Schonraum Erziehung« hatte es vor allem bei der Landbevölkerung schwer, sich durchzusetzen. Kinder waren im Rahmen ihrer Möglichkeiten Arbeitskräfte, das ging nicht anders. Und dieses neumodische Ansinnen, sie statt zum Gänsehüten zur Schule zu schicken und dann zu Hause auch noch mit ansehen zu müssen, wie sie aus Büchern lernten, anstatt etwas Ordentliches zu tun, das ging so manchem Bauern zu weit. Wir können uns kaum vorstellen, dass es tatsächlich Zeiten gab, zu denen Eltern gegenüber Büchern einen ähnlichen Grimm empfanden wie wir, wenn unsere Kinder nicht vom Computer wegzubekommen sind. Unsinnig und überflüssig erschien ihnen die Leserei, und wie viele Sack Korn übrig blieben, wenn die Hälfte verkauft war, das lehrte das Leben und nicht der Lehrer. So konnte in Bayern die allgemeine Schulpflicht nur unter weitgehenden Zugeständnissen an die Bauernschaft eingeführt werden; sie bestand aus sehr langen Sommerferien und sehr kurzen Unterrichtszeiten im Frühsommer, und dennoch musste ab und zu die Polizei nachhelfen, um die Eltern von der Notwendigkeit des Schulbesuchs ihrer Kinder zu überzeugen. In Städten war das etwas einfacher, zumal hier bereits im Alltag Lesen, Schreiben und Rechnen eine ganz andere Rolle spielten, aber auch hier hat es noch lange gedauert, bis die Kinder so weitgehend von allen Pflichten befreit waren wie in unseren modernen Gesellschaften und das Lernen als ihre eigentliche Aufgabe angesehen wurde.

Auf dem Schauplatz Familie kommt aber noch eine andere Eigenart der neuartigen »Inszenierung« zum Tragen: die Blickrichtung der Eltern auf das Kind. Die ganze Menschheitsgeschichte über waren Eltern und Kinder Weggefährten auf der Straße des Lebens gewesen. Der einzige Unterschied bestand darin, dass die Großen etwas früher losgelaufen waren als die Kleinen. Man ging Hand in Hand auf diesem Weg und es gab keinen Grund, auf die Kinder besondere Rücksicht zu nehmen, außer darauf, dass sie noch nicht so lange Beine hatten und man folglich mit ihnen zusammen ein wenig langsamer laufen musste. In dem Augenblick aber, in dem das Kind als das zu formende Produkt des Erwachsenen wahrgenommen wurde, war die alte Sicherheit dahin. Erst in dieser Konstellation stellte sich die Frage, ob man als Eltern auch alles richtig macht. Und mit dieser Unsicherheit wurden die vielen pädagogischen Konzepte geboren, die seit etwa dreihundert Jahren an Eltern und Erzieher herangetragen und mehr oder weniger konsequent umgesetzt werden.

Den Gipfelpunkt dieser Entwicklung stellte schließlich die Hausfrau und Mutter der 1960er- und 1970er-Jahre dar, die durch Wohlstand und Haushaltstechnik so weit von produktiver Arbeit entlastet wurde, dass die Sorge um die Kinder als (fast) einzige der einstmals vielgestaltigen Pflichten übrig blieb.

Fühlen wir uns auch in diese Konstellation ein: Ich hatte weiter oben davon gesprochen, dass der Kontakt von Angesicht zu Angesicht intensiv und spannend, aber auch anstrengend ist. Betrachtet man die vielen Berichte von überforderten Müttern und quengeligen Kindern aus den letzten Jahrzehnten, liegt der Gedanke nahe, dass diese Anstrengung der ständigen Konzentration auf andere Personen zermürbender sein kann als die vielfältigen Aufgaben, die Frauen unter materiell weniger komfortablen Bedingungen erfüllen mussten. Frauen haben schon immer die Beziehungen in den Familien gepflegt (Männer übrigens auch, wenn auch oft anders), aber die Intensität, mit der in den letzten Jahrzehnten solche »Beziehungsarbeit« geleistet wurde, hat noch keine Generation zuvor aufbringen müssen. Sich den ganzen Tag fragen zu müssen, ob das, was man tut, für das seelische Wohlergehen eines anderen sorgt, gerade wenn dieses Wesen noch so klein und hilflos ist, dass es nicht sagen kann, was es will – das verursacht eine Anspannung, die das Selbstbewusstsein anders als körperliche Anstrengungen ohne Pause belastet.

Die Choreografie des ständigen Paartanzes von Angesicht zu Angesicht wurde nun noch durch zwei weitere Vorgaben erschwert.

Zum einen wurde in den psychologischen und pädagogischen Wissenschaften mehr als deutlich herausgearbeitet, welchen enormen Einfluss die frühe Kindheit auf das gesamte Leben eines Menschen hat. Eine Zeit lang hieß es sogar, nichts könne die leibliche Mutter ersetzen. Diese Auffassung wurde dann durch die etwas weniger erdrückende abgelöst, ein Kind könne auch mit anderen Personen glücklich werden. Es blieb aber der Anspruch, in seinen ersten Lebensjahren möglichst alles richtig machen zu müssen, um es nicht für sein Lebtag zu schädigen. Als Folge häuften unzählige Mütter Schuldgefühl auf Schuldgefühl und konnten letztlich ihren Kindern gegenüber nicht mehr die sichere Person sein, die diese gebraucht hätten.

Zum anderen hatten die Wissenschaftler ein Instrument entwickelt, das den Charakter der Beziehung zwischen Eltern und Kind als lediglich mehr oder weniger erfahrenen Weggefährten gänzlich zum Kippen brachte: die moderne Empfängnisverhütung.

Damit bekamen Eltern die Verantwortung für das Dasein ihrer Kinder aufgebürdet. Ich will hier keinesfalls die Segnungen der bewussten Familienplanung schmälern, aber in die Choreografie des Familientanzes wurde ein Element eingefügt, das es in der Geschichte der Menschheit noch nie gab: Eltern fühlen sich dafür verantwortlich, dass das Kind dieses Leben leben muss. Und wer einen anderen willentlich in eine nicht immer leicht zu bewältigende Situation bringt, fühlt sich verpflichtet, ihm dabei möglichst viele Steine aus dem Weg zu räumen.

Da ich diesem Kapitel das Bild einer Choreografie oder auch der Inszenierung eines Theaterstückes zugrunde gelegt habe, liegt es nahe, diesen Gedanken auch einmal zu einer kleinen Szene werden zu lassen:

Stellen Sie sich vor, es klingelt. Erfreut eilen Sie zur Tür und öffnen. Ja wirklich, der geladene Besuch ist gekommen.

Eine kleine Dame und ein kleiner Herr rufen »Hallo!«, drängen sich zur Tür hinein und werfen ihre Jacken in den Flur. Sie stöhnen innerlich auf. So hatten Sie sich das nicht vorgestellt – aber die Gäste werden schon ihre Gründe haben, warum sie so ungestüm sind.

»Bitte, die Jacken gehören aber an den Haken!«, wagen Sie zu äußern. Aber was tut man nicht alles, Gästen macht man schließlich keine Vorschriften. Die beiden sind schon im Esszimmer verschwunden, und Sie hängen achselzuckend die Jacken dahin, wo sie hingehören.

»Was gibt's?«, fragt der kleine Herr und guckt in den Topf. »Gibt es bei Ihnen immer Linsensuppe? Hoffentlich sind keine Mohrrüben drin!« Er rührt mit dem Löffel in der Suppe.

»Iiih, da sind ja welche! Die esse ich nicht! Kann ich nicht ein Brot haben?« Ihr Gastgebergewissen schlägt, haben Sie doch die Mohrrüben nur deshalb hineingetan, weil Sie sie selber so gerne essen, das hätte ja wirklich nicht sein müssen ...

Inzwischen hat sich die kleine Dame bereits hingesetzt. »Ich will was trinken!«, verkündet sie, schnappt sich den Krug mit Apfelsaft, der in Umfang und Gewicht die Kapazitäten ihrer zarten Hände durchaus übersteigt, und schwappt einen Teil Saft ins Glas, einen größeren auf den Tisch. »Muss das sein!« Ihre Vorfreude auf den Besuch verwandelt sich langsam in Groll, aber der Lappen muss her, der Saft wird vom Tisch entfernt und die Hände der kleinen Dame werden auch gleich gesäubert. Man kann ihr ja nicht böse sein, Sie wissen ja, dass heute auf ihrem Programm eine Stunde Toben in einer großen Halle stand, das macht durstig, das muss man ja verstehen.

Szenenwechsel:

Es klopft an die Tür. Erstaunt gehen Sie hin – wer mag das sein?

Sie öffnen, da stehen ein kleiner Mann und ein kleine Frau vor Ihnen, anscheinend auf der Wanderschaft. Die kräftigen Schuhe sind staubig, die Rucksäcke offensichtlich schwer. »Uns tun die Füße ziemlich weh, und kalt ist uns auch, dürfen wir uns etwas aufwärmen?«, fragt der kleine Herr. »Und vielleicht etwas zu essen bekommen?«, fügt die kleine Dame hinzu.

»Aber ja!«, antworten Sie, denn die beiden sehen wirklich lieb aus, »Kommen Sie doch herein! Aber seien Sie doch so nett und ziehen Ihre staubigen Schuhe aus, ich habe gerade gewischt!« Die beiden treten in den Hausflur, ziehen ihre Schuhe aus und setzen ihre Rucksäcke ab. Ihre Mäntel hängen sie nach einem fragenden Blick an einen freien Haken und folgen Ihnen ins Esszimmer.

»Es gibt Linsensuppe, ich hoffe, Sie mögen das!«, sagen Sie und stellen noch zwei Stühle an den Tisch.

»Na ja«, sagt der kleine Mann, »meine Leibspeise ist es nicht gerade, vor allem wenn Mohrrüben darin sind!«

»Ich mag die aber besonders gern!«, sagen Sie. »Sie können mir ja dann Ihre Mohrrüben geben!«

Der kleine Mann strahlt Sie zufrieden an.

»Haben Sie vielleicht etwas zu trinken?«, fragt die kleine Frau.

»Sicher, dort steht Apfelsaft! Bedienen Sie sich ruhig!« Die kleine Frau versucht es. »Der Krug ist mir aber zu schwer!«, sagt sie, da gehen Sie schmunzelnd hin und gießen ihr etwas ein. Sie beginnen, an den beiden Ihren Spaß zu haben, die da so einfach hereingeschneit sind, obwohl Sie nicht einmal wissen, woher sie eigentlich kommen und wohin sie wollen.

Zwei Szenen, sehr vereinfacht natürlich.

Aber stecken in ihnen nicht Strukturen, die sich im modernen Familienleben tausendfach wiederfinden – oder eben oft vermisst werden?

Was unterscheidet die beiden Szenen eigentlich?

Alter und Geschlecht der teilnehmenden Personen gleichen sich, Tageszeit und Requisiten sind dieselben, sogar Bedürfnisse und Vorlieben. Der einzige Unterschied: die Erwartung, die die Beteiligten aneinander richten. Die Frau in Szene eins wartet auf die Gäste. Sie rechnet damit, ihre Zeit dem Besuch zu widmen, sie ist bereit, ihre häuslichen Regeln zurückzustellen, wenn der Besuch es für überflüssig hält, sie zu respektieren.

Der kleine Herr und die kleine Dame scheinen zu wissen: Sie sind eingeladen, sie sind wichtig; ohne sie wäre die Zeit der Gastgeberin verschwendet. Sie sollen all der Mühe, die sie sich macht, eine Bedeutung verleihen. Und für die Erfüllung dieser großen Aufgabe darf man ja wohl erwarten, dass über so nebensächliche Kleinigkeiten wie herumgeworfene Jacken und umgekippte Saftgläser hinweggesehen wird.

Und Szene zwei? Hier geht die Frau offenbar ihren eigenen Geschäften nach, der Besuch überrascht sie. Aber da sie Freude am Umgang mit Menschen hat, lässt sie sich in ihrem eigenen Tun unterbrechen. Sie sieht nur darauf, dass ihr Haushalt nicht allzu sehr durcheinandergebracht wird.

Den Wünschen der kleinen Wandersleute kommt sie gerne nach, auch wenn sie selbst es sich vielleicht etwas anders vorgestellt hatte. Aber ein schlechtes Gewissen hat sie noch lange nicht, nur weil der kleine Mann die Suppe nicht so vorfindet, wie er sie gern hätte. Wie sollte sie auch, er will ja etwas von ihr, nicht sie von ihm!

Und weil die beiden Wandersleute das wissen, darum verhalten sie sich rücksichtsvoll. Die Mäntel wandern an den Haken, die unfallträchtige Situation mit dem schweren Saftkrug wird vermieden, auch um den Preis einer kleinen Wartezeit auf den begehrten Saft.

Man muss das Bild nicht in alle Einzelheiten fortspinnen. Dabei würde man natürlich auch auf Unstimmigkeiten stoßen, eins zu eins geht ein solcher Vergleich nicht auf. Aber eines wird sichtbar: Im Zeitalter der Wunschkinder hat sich ein Verhältnis zwischen Erwachsenen und Kindern entwickelt, das es zu den Zeiten, als Kinder ein unvermeidbares Naturereignis waren, höchstens in Ausnahmefällen gegeben hat.

Für einen Menschen, der auf meine Veranlassung etwas tut, fühle ich mich auf eine ganz besondere Weise verantwortlich. Wenn ich Sie zu einem Spaziergang einlade, werde ich vorher einen besonders schönen Weg aussuchen, werde einen Regenschirm mitnehmen, für alle Fälle, und werde Sie im Gasthaus zu Kaffee und Kuchen einladen. Und wenn ich merke, dass Ihnen der Spaziergang nicht gefällt und der Kuchen trocken ist, werde ich ein schlechtes Gewissen haben.

Treffen wir uns aber unterwegs, werden wir uns vielleicht genauso angeregt unterhalten. Und ist der Weg steinig und der Kuchen nicht frisch, dann ist das unser beider Pech. Sie sind den Weg schließlich genauso freiwillig gegangen wie ich. Dass wir uns getroffen haben, war letztlich sogar unser beider Glück, so konnten wir Steine leichter überwinden und gemeinsam über den schlechten Kuchen schimpfen.

Prämissen werden zu Hindernissen
Was uns am »Mitnehmen« hindert

Das »Zusammen« von Kindern und Erwachsenen findet in unserer Gesellschaft immer seltener statt, davon war hinlänglich die Rede. Nun gibt es dafür nicht nur Gründe, die in der fernen Vergangenheit zu suchen sind und an anderer Stelle als »Pädagogisierung der Kindheit« ausführlich beschrieben wurden (vgl. S. 105ff.). Dem »Zusammen« stehen auch sehr gegenwärtige Hindernisse im Weg. Bei uns gelten viele unausgesprochene Prämissen, denen wir uns im Alltag unterordnen und die uns so wenig bewusst sind, dass wir sie kaum in Frage stellen. Einige dieser Prämissen behindern das, was wir hier unter »Perspektive teilen«, »Mitnehmen« oder eben kurz »Zusammen!« verstehen.

Drei der vier Punkte, die ich im Folgenden betrachten möchte, hängen mit der fortschreitenden Individualisierung der Gesellschaft zusammen. Persönliche Abhängigkeiten gelten hierzulande als verdächtig; dass unter diesen Bedingungen eine Lebensform, die ausdrücklich Bindung und Abhängigkeit akzeptiert und gestaltet, einen schweren Stand hat, liegt auf der Hand.

Der vierte Punkt, das Problem der Kinderarbeit, müsste eigentlich hier gar nicht auftauchen. Was im Allgemeinen als Kinderarbeit bezeichnet wird und zu den schändlichsten Erscheinungen der europäischen Vergangenheit und leider immer noch der außereuropäischen Gegenwart gehört, ist auch Erwachsenen gegenüber unmenschlich: Ausbeutung übelster Art. Dass sich zu Beginn der Industrialisierung in Europa unzählige Kinder in Fabriken regelrecht zu Tode schuften mussten, ist ein dunkles

Kapitel unserer Kultur und zu Recht seit Langem gesetzlich verboten. Da aber bei einem »Zusammen«-Leben von Erwachsenen mit ihren Kindern unweigerlich auch von den Kindern notwendige Arbeit erwartet wird und darum der Verdacht geäußert werden könnte, das sei »Kinderarbeit«, werde ich auch dazu einige Anmerkungen machen.

Zeit ist Geld?

Ein entscheidendes Hindernis für das »Mitnehmen« ist die Devise, dass alles, was wir tun, schnell gehen muss. Der im 18. Jahrhundert von Benjamin Franklin geprägte Spruch »Zeit ist Geld« hat unser Bewusstsein so weit durchdrungen, dass wir kaum noch auf die Idee kommen, man könnte sich ja auch Zeit lassen. Der Satz »Das kostet mich zu viel Zeit« steht gleichbedeutend neben dem Satz »Das kostet mich zu viel Geld«; beides sind Kosten, die man vermeiden möchte. Langsamkeit macht uns ebenso nervös wie ein dahinschmelzendes Bankkonto.

Das war nicht immer so. Franklin als Vordenker eines neuen Prinzips hat Zeit und Geld in einem gesellschaftlichen Umfeld als miteinander verrechenbar bezeichnet, das diese Maxime noch nicht lange kannte. Im Wirtschaftsleben stand das Produkt im Mittelpunkt, und war es gut, wurde es auch gut bezahlt. Seinen Preis danach zu berechnen, wie lange daran gearbeitet wurde, dieses Denken steckte noch in den Kinderschuhen.

Nun müssen wir also mit dem Leitsatz »Zeit ist Geld« leben. Und er sitzt uns tiefer in den Knochen, als wir es wahrhaben wollen, auch denen, die der Beschleunigung unserer Gesellschaft durchaus kritisch gegenüberstehen. Wir sind so darauf eingestimmt, alle unsere nützlichen Tätigkeiten in möglichst kurzer Zeit zu erledigen, dass wir uns schämen, wenn wir für irgendetwas länger gebraucht haben; und wir brüsten uns damit, wenn wir etwas schnell erledigt haben. Wer würde schon der Freundin erzählen, in aller Gemütsruhe den ganzen Tag von morgens bis abends Fenster geputzt zu haben, acht an der Zahl, in einer Vier-Zimmer-Wohnung? Dabei lange aus dem Fenster geschaut und die Vögel beobachtet? Dann noch einen Kaffee zwischendurch getrunken, weil die Sonne so schön ins Gesicht schien? Mit dem Lappen in der Hand eine halbe Stunde mit der Nachbarin gequatscht, die gerade des Wegs kam? Das werden Sie von niemandem hören, selbst dann nicht, wenn es so gewesen ist. Eher klingt es so: »Ich habe schnell noch die Fenster geputzt und mich dann mit einem Kaffee auf den Balkon gesetzt!« Das ist erlaubt. Arbeit und Freizeit fein säuberlich getrennt, aber um Himmels willen nicht herumgetrödelt! »Trödeln«, diese spielerische, durch Ablenkungen hin- und herschwingende Art, sich mit seiner Welt zu beschäftigen, dieser assoziative Tanz durch Dinge und Gedanken, gilt unter tüchtigen Menschen als Zeitverschwendung.

Nun wird bei uns durchaus auch Zeit vertan: vor dem Fernseher und dem Computer, beim ziellosen Shopping, bei durchgetanzten Disco-Nächten einschließlich der verschlafenen Katerstunden am nächsten Tag – all das ist schließlich auch keine Zeit, die gezielt produktiv »angewandt« wird. Aber sie passt in das Denkschema der »funktionalisierten« Zeit. Diese Freiräume hat man sich sozusagen »verdient« durch strammes Arbeiten während der dafür vorgesehenen Stunden. Es schämt sich niemand, von einer Freizeitgesellschaft zu reden, eine ganze Industrie beschäftigt sich damit, Dinge zu erfinden und zu organisieren, womit man seine Zeit »verschwenden« kann. Das ist natürlich insofern keine Vergeudung, als man all diese spannenden Erfindungen schließlich bezahlen muss, dann hat man immerhin dazu beigetragen, der Arbeit des Erfinders einen Sinn – sprich: Gewinn – zu geben.

Aber lassen wir den Sarkasmus beiseite und kehren zum »Trödeln« zurück, dieser höchst anrüchigen Art, seine Zeit zu verbringen. Notwendiges soll zügig erledigt werden, dann kann man sich den schönen Seiten des Lebens widmen. Dahin passt die Rede von der »Qualitätszeit«, die man Kindern schenken solle; dieses Konzept fügt sich nahtlos in die Vorstellung, Tage seien in monofunktionale Zeitabschnitte unterteilt. Kindern ist damit aber nicht gedient. In ihrem Zeiterleben haben sich die verschiedenen Aktivitätsschichten noch nicht voneinander abgesetzt, ihre Aufmerksamkeit driftet noch schnell hin und her und ist eher von den wundersamen Erscheinungen der Welt als von ihrem eigenen zielgerichteten Willen abhängig.

Wer also als Erwachsener ein Kind in seine Welt einlädt, der muss mit dieser Eigenart der kindlichen Aufmerksamkeit rechnen. Denn allein dadurch, dass das Kind voll Stolz die Bühne der Erwachsenenwelt betritt, hat es noch lange nicht sein kindliches Welterleben abgelegt.

Also muss sich der Erwachsene von seinem Effektivitätsdenken verabschieden. So schnell wie sonst wird es mit Kind nicht gehen. Das gilt für die allereinfachste Art des »Mitnehmens«, das schlichte Nebeneinandergehen, bis hin zu komplizierten Arbeitsgängen; und sogar für das geistige Mitnehmen, also die Vermittlung von Einstellungen und Werten, muss man zusätzlich Zeit aufwenden. Dann sitzt man eben länger am Tisch oder abends im Zimmer des Jugendlichen und redet, anstatt sich seinen eigenen Dingen zuwenden zu können.

Das ist die schlechte (schlechte?) Botschaft.

Die gute: Mit all dieser Zeit, die es mehr kostet (kostet?), hat man bereits einen guten Teil dessen erledigt (erledigt?), was man andernfalls als »Zuwendung« aufbringen (aufbringen?) müsste. Wer einen Nachmittag lang mit seinem Fünfjährigen die Gartenhecke geschnitten hat, der in dieser Zeit kleine Hilfeleistungen wie Zweigewegschleppen erbracht und die Arbeit durch einen Höhlenbau aus Zweigen aufgehalten hat, muss mit ihm nicht abends noch Memory spielen. Wer sich die Zeit nimmt und mit seinem Dreizehnjährigen ernsthaft überlegt, warum wohl der Freund schon das dritte neue Handy hat und er noch das erste, der braucht ihm wahrscheinlich kein neues zu kaufen.

Die Zeit, die man für die täglichen Verrichtungen mehr braucht, wenn man sie in Gegenwart und unter Mitwirkung der Kinder erledigt, hat man sozusagen dem Prinzip der Monofunktionalität der Zeit wieder abgeluchst. In dieser Zeit, in die nach unserem Alltagsdenken nur eine einzige Sache gehört, stecken nicht nur zusätzlich die dem Kind geschenkte Zuwendung und das Zugehörigkeitsgefühl, das sich bei ihm einstellt, auch für den Erwachsenen wird das, was er tut, wieder neu. Jedes Staunen in den Augen des Kindes, jede Freude über eine das erste Mal geglückte Handreichung teilt sich dem Erwachsenen mit und wärmt ihn von innen, wenn er sich dafür öffnet. Vor ein paar Wochen habe ich mit unserer eineinhalbjährigen Enkelin Wäsche aufgehängt. Sie reichte mir begeistert Klammer um Klammer, auch wenn ich gar keine brauchte und sie einfach an die Leine klemmte, und dann begann sie auf einmal, mir Wäschestücke zu geben und diese vorher kurz auszuschlagen. Mir war gar nicht bewusst gewesen, dass ich das mit jedem aufzuhängenden Teil tue, und jetzt noch, Wochen danach, wenn ich wieder allein meine Wäsche aufhängen muss, versüßt mir die Erinnerung an diese kleine Bewegung die langweilige Arbeit. Im Elternalltag sind diese Lichtblicke natürlich noch viel häufiger, und man erinnert sich nicht so sehr an Einzelheiten, sie durchziehen den Alltag eher wie ein leuchtender Schimmer.

Was aber, wenn man keine Zeit hat, die man ein bisschen in die Länge ziehen kann, weil der nächste Termin schon drängt? Wenn also die antreibende Kraft nicht in einem selber sitzt, wo man sie ja immerhin aus eigenem Entschluss abschalten kann, sondern in von außen gesetzten Bedingungen? Dieses Problem lässt sich nicht einfach mit dem Hinweis auf einen Perspektivenwechsel lösen. Dabei ist es eines der größten Familienprobleme überhaupt. Viele Mütter, die auf Erwerbstätigkeit verzichten, geben diesen Zeitdruck als Hauptgrund für ihre Entscheidung an. Mit Kindern, vor allem mit kleinen Kindern, unter dem Diktat der Uhr zu leben, ist äußerst anstrengend und unerfreulich. Ich selber fand schon meinen Alltag, in dem ich die Termine von vier Kindern koordinieren musste, streckenweise sehr schwierig. Um wie viel schwieriger wäre es gewesen, wenn ich selbst auch noch tägliche berufliche Termine gehabt hätte.

Wer mit vielen Terminen jonglieren muss, kann sich eigentlich nur das zunutze machen, was ihm dieser Termindruck angeblich unmöglich macht: Da man keine Zeit hat, Tätigkeiten von ungeplanten kindlichen Interventionen in die Länge ziehen zu lassen, packt man in die Zeiten, die einem zur Verfügung stehen, so viel Verschiedenes hinein, wie nur irgend geht: Gespräche beim Autofahren statt der Kinderkassette oder dem letzten Hit aus dem Radio; Einmaleins-Übungen beim Einkaufen statt Hetze durch die Regale, weil man zu Hause ja noch mit dem Kind lernen muss; das Bad putzen, während das Kind in der Wanne sitzt; das Wohnzimmer aufräumen und dabei dem Kind bei den Hausaufgaben über die Schulter schauen. Das nimmt zwar nicht jeden Druck aus dem Alltag, der Blick auf die Uhr ist damit ja nicht ausgeschaltet, aber das ein oder andere wird dadurch nebenbei erledigt.

Und was das Beste ist: Man kann so ohne großen Zeitaufwand dem Kind die Möglichkeit geben, die Bindung an »seine«

Erwachsenen immer fester zu knüpfen. Es erlebt, wie sie – sogar fast nebenbei – die Anforderungen des Alltags bewältigen und dabei das menschliche Miteinander nicht zu kurz kommen lassen.

Jeder ist seines Glückes Schmied?

Ein weiterer Hemmschuh für das Zusammenleben ist die Vorstellung, die Autonomie jedes einzelnen Menschen sei ein sakrosankter Wert, der unter keinen Umständen angetastet werden dürfe.

Deshalb meinen viele Eltern, sie dürften ihren Kindern nichts zumuten, was diese aus sich heraus gar nicht gewählt hätten oder was sie nicht persönlich betreffe. Ein Beispiel: Eine (kinderlose!) Verwandte erzählte mir verwundert, in ihrer Bekanntschaft gebe es Eltern, die ein schlechtes Gewissen entwickelten, wenn sie sich bei der Gartenarbeit nicht um die nebenbei spielenden Kinder kümmerten. So eine verrückte Geschichte wäre selbst mir auf der Suche nach anschaulichen Beispielen nicht eingefallen, aber erfunden ist sie wirklich nicht.

Einem Erwachsenen gegenüber wären die schlechten Gefühle bei solch einem Verhalten sicher angebracht. Zumindest wenn man ihn eingeladen hat. Dann wird man schwerlich damit anfangen, im Wohnzimmer Bilder aufzuhängen, Blumen umzutopfen oder den Zeitungskorb zu sichten. Der Gast wird sich dann mit Recht fragen, wozu er eigentlich gekommen ist und ob der Gastgeber die Bilder nicht hätte vorher aufhängen können. Käme er unangemeldet, sähe das allerdings anders aus. Klingelt es an der Tür und ein Bekannter schneit herein, während Sie gerade mit Hammer und Nagel an der Wand hantieren, dann ist es kaum ein Fauxpas, ihn zu bitten, das Bild heraufzureichen, und ihn zu fragen, ob es gerade hängt, bevor Sie ihm einen Kaffee anbieten.

Sie merken: Wir sind wieder bei der Definition der Rollen, die Menschen füreinander einnehmen. Eltern, die ihre Kinder im tiefsten Inneren als geladene Gäste betrachten, werden sich in solchen Konstellationen immer wieder unbehaglich fühlen, in denen sie ihre Kinder »nur« mitlaufen lassen. Dieses Verhältnis gibt es unter Erwachsenen allenfalls bei Betriebspraktikanten, die erst einmal einem Mitarbeiter zugeordnet werden, damit sie in groben Zügen die Abläufe in der Firma kennenlernen. Und ein Praktikant zu sein gilt nicht eben als sonderlich prestigeträchtig. Es sei denn, man macht es wie mein Vater. Er hat uns Kindern zu verstehen gegeben, Handlanger zu sein sei eine höchst ehrenhafte Angelegenheit. Er hat uns genau erklärt, dass kein Handwerker ohne einen guten Handlanger vernünftig arbeiten könne, und ich habe als Kind sogar geglaubt, er selber wäre sehr gerne Handlanger geworden. (In Wahrheit war er Mathe-, Biologie- und Werklehrer.) So haben wir mit neugierigen Augen und unseren kleinen Händen viele seiner Arbeiten begleitet, und es ist eine Menge dabei »hängen« geblieben.

Aus der Annahme, man dürfe nicht in die Autonomie des Kindes eingreifen, erwachsen aber noch ganz andere Probleme als nur das unruhige Gefühl, etwas falsch zu machen, wenn das Kind nicht im Mittelpunkt der Aufmerksamkeit steht. Viele Kinder fangen ein Hobby nach dem andern an und hängen es nach kurzer Zeit wieder an den Nagel. Reiten, Fußball, Schwimmen, Ballett, Judo, Tennis, Instrumentalunterricht, Pfadfinder, Paddeln, Kinderchor – die Liste könnte noch verlängert werden.

Solche Aktivitäten sind schön und eine gute Ergänzung zur Schule, weil Kinder hier freiwillig und ohne Notendruck ihre Fähigkeiten entwickeln können. Sie werden aber zur unbefriedigenden Beliebigkeit, wenn keine Zugkraft aufseiten der Eltern dahintersteht. Haben die Eltern die Einstellung »Du wolltest es doch, damit habe ich nichts zu tun!«, werden sie, seufzend vielleicht, der mangelnden Ausdauer nichts entgegensetzen, sondern das Kind bei einem Verein nach dem anderen an- und wieder abmelden.

Nun ist erst einmal nichts dagegen einzuwenden, wenn Kinder testen, was ihnen überhaupt Spaß macht. Ein gewisses Maß an abgebrochenen Experimenten mit den eigenen Interessen ist normal und sogar nötig. Worauf ich eher hinauswill, ist die Meinung der Eltern, sie hätten damit nichts zu tun. Das sei allein Sache ihres Kindes, und es stünde ihnen als Eltern nicht zu, sich in die Freizeitentscheidungen des Kindes einzumischen. Solche Eltern verkennen, dass ein Kind sich umso fruchtbarer in eine Gruppierung einbringen kann, je mehr seine Erwachsenen dahinterstehen. Die kleinen Zuarbeiten aus den Elternhäusern sind meist unverzichtbarer Bestandteil der gemeinsamen Freizeitprojekte: Eltern waschen, backen, fahren, spenden, reparieren, bauen. Und das werden sie umso lieber tun, je mehr Spaß sie selber an der Sache haben. Auch auf diesem Gebiet zu lenken und notfalls zu helfen, Durststrecken der Motivation zu überwinden, ist ebenfalls Teil der Verantwortung von Eltern, und sie hat zur Voraussetzung, die allgegenwärtige Maxime »Jeder ist seines Glückes Schmied« auch kritisch zu betrachten.

Nun kennt jeder die Schreckgespenster angeblicher »Motivationshelfer«, die berühmten »Eislaufmütter«. Eltern, die ihre Kinder drängen, das zu verwirklichen, was sie eigentlich selber gern getan hätten. Das ist aber kein »Mitnehmen« im guten Sinne. Es enthält nicht die Botschaft: »Schau her, das macht Spaß, willst du nicht auch?«, weil diese Botschaft ja voraussetzt, dass die Eltern zumindest in der Vergangenheit das Gleiche auch schon getan haben und darum eine gewisse Begeisterung glaubhaft machen können. Sondern dann heißt die Botschaft eher: »Es ist so schwer, dass ich es nicht geschafft habe, aber du musst es jetzt schaffen!« Und schon hat der Erwachsene seine Rolle als derjenige aufgegeben, den das Kind bewundern kann. Stattdessen soll das Kind zu dem werden, den der Erwachsene bewundern möchte.

Auch hier: Es ist nichts Verkehrtes daran, wenn Kinder etwas besser machen als ihre Eltern und die wohlverdiente Anerkennung dafür erhalten. Es ist auch nichts Verkehrtes daran, wenn ein Kind etwas zu seiner Leidenschaft erklärt, was den Eltern eigentlich fremd ist. Nur sollten sich Eltern, die ihre Kinder nicht in ihr Boot holen, weil sie der Meinung sind, es habe jeder das Recht auf sein eigenes Boot, nicht wundern, wenn diese dümpeln, trudeln und irgendwann außer Reichweite geraten.

Jeder hat die Wahl?

Die Themen Autonomie und Wahlfreiheit gehören so eng zusammen, dass man sich fragen kann, ob überhaupt jedem ein eigenes Kapitel gewidmet werden sollte. Ich habe das dennoch getan, weil sich die Frage der Wahlfreiheit im Familienalltag noch häufiger stellt als die der persönlichen Autonomie jedes einzelnen Familienmitglieds. Dass vor allem kleinere Kinder noch nicht wirklich autonom sein können, leuchtet den meisten Eltern ein. Dass ihnen aber gestattet sein müsste, ihre eigenen Entscheidungen zu treffen, gehört dennoch zu den gut gemeinten Grundsätzen moderner Elternschaft.

Und dann geschieht das, was mir aus einer Kinderkrippe erzählt wurde. Ein kleiner Junge, noch keine drei Jahre alt, wurde bei großer Kälte ohne Jacke und völlig verstört am Morgen gebracht. Die entnervte Mutter erzählte der Erzieherin, das Kind habe sich nicht entscheiden können, welche Jacke es anziehen wollte; dabei habe es doch sechs Jacken an der Garderobe hängen!

Ich will mich gar nicht über diese Mutter erheben, ich habe nämlich bei unserem Ältesten mit mehreren Paar Socken vor vielen Jahren ein ganz ähnliches Theater veranstaltet. Darum weiß ich auch, welches Gefühl dahintersteckt, vor allem, wenn es das erste Kind ist. Mein Kind kam mir vor wie das Kind an sich, ein vollständiger Mensch und Partner meines Lebens. Ich habe seine Welterfahrenheit grandios überschätzt. In einer Zeit, in der die meisten Menschen wenig oder gar keine Erfahrung mit kleinen Kindern mehr machen, bevor sie selber eigene haben, fehlt das intuitive Wissen darum, wie ein Kind innerlich »gestrickt« ist. Ich selber war zwar nicht ganz so ahnungslos, hatte aber viel zu viel theoretische Pädagogik im Kopf. Ich hatte als Elfjährige noch einen Bruder bekommen und wusste sehr gut, wie sich kleine Kinder anfühlen, aber ich hatte auch ein pädagogisches Seminar samt Prüfung über »Antipädagogik« absolviert. Das war damals eine Denkrichtung, die jeden erzieherischen Eingriff in das Leben der Kinder ablehnte mit der Begründung, das sei menschenunwürdig. Ich teile mit diesem Ansatz nach wie vor die Prämisse, dass Eltern und Kinder Weggefährten auf demselben Weg sind und die Eltern darum nicht für das Dasein der Kinder verantwortlich, aber keineswegs teile ich heute noch die abenteuerliche Schlussfolgerung, sie seien darum nicht dafür zuständig, welche Jacke das Kind am Morgen anzieht.

Nun hatte die Mutter, die im Jahr 2008 ihrem Kind nicht einfach die dicke Jacke anzog, vermutlich nicht die seltsamen Theorieblasen im Kopf wie ich im Jahr 1980. Wahrscheinlich hatte sie aber das gleiche Gefühl: Ich darf doch dem Kind keine Vorschriften machen, wenn es sich zwischen verschiedenen Jacken entscheiden kann!

Die gute Absicht, dem Kind nichts zuzumuten, was man selber weit von sich weisen würde, ist einer grundsätzlich begrüßenswerten Demokratisierung im Verhältnis von Eltern und Kindern zuzuschreiben. Sie lässt aber eines außer Acht: Gleichwertigkeit ist nicht dasselbe wie Gleichartigkeit. Natürlich hat ein Kind das gleiche Recht auf Menschenwürde wie ein Erwachsener, das wird niemand bezweifeln. Aber genauso wenig kann man infrage stellen, dass ein Kind nun mal kürzere Beine hat als ein Erwachsener und darum nicht genauso schnell laufen kann.

Warum soll es dann ehrenrührig und der Menschenwürde abträglich sein, wenn man einem Kind Entscheidungen abnimmt, für die ihm noch der Überblick fehlt? Nun leben wir in einer Gesellschaft, die dem Einzelnen suggeriert, er allein sei der Architekt seiner Biografie, er könne entscheiden, was er aus seinem Leben macht, und wenn er es nur wirklich wolle, fände sich auch ein Weg. Das Recht wollen wir doch auch unseren Kindern zugestehen. Diese Töne sind zwar in den letzten Jahren etwas leiser geworden, da die allgemeine wirtschaftliche Entwicklung solche Blütenträume sichtlich welken lässt, die Spur des Misstrauens gegenüber jeder Vorschrift hat sich jedoch so nachhaltig in die Gefühle der Eltern gegraben, dass sie die Kinder häufiger der Qual der Wahl aussetzen, als diesen zuträglich ist.

Eltern, die ein »Zusammen leben« mit ihren Kindern anstreben, werden häufig für ihre Kinder Entscheidungen treffen müssen, ohne diese gefragt zu haben. Die Familie ist dann für eine gewisse Zeit ein kleines »Königreich«, in dem durchaus keine demokratischen Regeln gelten, sondern im besten Falle ein gütiger König regiert, dem man unbesehen sein Vertrauen schenken kann. Vielleicht ist es kein Zufall, dass Kinder gerne Märchen hören, in denen unentwegt von Königen, Prinzen und Prinzes-

sinnen die Rede ist. Diese märchenhaften Könige stehen arche-
typisch für die regelnde Instanz, die ein junger Mensch braucht,
um überhaupt selber »König« werden zu können – sprich: ein
Mensch, der in der Lage ist, eigenverantwortliche Entscheidungen zu treffen.

So gesehen lassen wir Märchen wahr werden, wenn wir für
Kinder fürsorglich und verantwortlich entscheiden.

Kinderarbeit gehört sich nicht?

Es gibt an unseren Schulen den immerhin löblichen Ansatz, die
Schüler in der Mitte oder gegen Ende der Schulzeit einige
Wochen lang für ein Praktikum in Betriebe zu schicken, damit
sie sich in der Arbeitswelt umschauen können. Eine unserer
Töchter hat es tatsächlich geschafft, an einem Theater einen
Praktikumsplatz zu bekommen. Aber was durfte sie tun? Pro-
spekte falten und Briefe eintüten. Denn: Es war dem Theater
nicht erlaubt, sie abends nach 20 Uhr zu beschäftigen – aus
Jugendschutzgründen. Sie war sehr enttäuscht, von dem eigent-
lichen Theaterbetrieb hat sie wenig mitbekommen.

Eine andere Tochter ergatterte einen Praktikumsplatz beim
Hessischen Rundfunk und musste dann die Enttäuschung ein-
stecken, dass sie zu den eigentlichen Drehs des Lokalfernsehens
nicht mitgenommen wurde, aus arbeitsrechtlichen Gründen.
Sie durfte dann bei Studioaufnahmen das Reflektorsegel halten.

Das verweist auf ein Problem, das für die Teilnahme von Kindern und Jugendlichen an der Welt der Erwachsenen gar nicht
so unerheblich ist. Was kann und darf ein Jugendlicher? Was
fordert seine Kräfte heraus, was überfordert ihn? Wo wird ihm
von den Erwachsenen ein Angebot gemacht, wo wird er ausge-

nutzt? Wieweit kann man erwarten, dass auch ein Kind oder Jugendlicher Anstrengungen aufbringt, die ihm keinen Spaß mehr machen, einfach weil es sein muss?

Nun wird von Kindern ohnehin viel verlangt, was mühsam ist, Ausdauer erfordert und über weite Strecken keinen Spaß macht: in der Schule. Und gerade weil Kinder von dieser Pseudowelt meist wirklich angestrengt sind, meinen die Erwachsenen, ihnen die Anstrengungen der wirklichen Welt nicht auch noch zumuten zu können.

Denn eines ist klar: »Zusammen« bedeutet nicht nur den gemeinsamen Besuch auf dem Fußballplatz – den natürlich auch –, sondern mit zunehmendem Alter der Kinder auch, dass aus spielerischem Dabeisein auch ernsthaftes Mitarbeiten wird. Und wenn die Kinder dazu keine Lust haben, verweisen sie schlau darauf, dass Kinderarbeit hierzulande doch verboten sei. Das lernen sie in der Schule, und solch nützliche Erkenntnisse werden meist nicht so schnell vergessen wie Kommaregeln und Kubikmeterberechnungen. Aber wo hört die fördernde Gemeinsamkeit auf, und wo fängt die unzumutbare Arbeit an?

Nehmen wir an, ein Vater nimmt seine dreizehnjährige Tochter mit auf den Tennisplatz, nicht um dort Tennis zu spielen, sondern um als engagiertes Vereinsmitglied mit anzupacken, wenn der Zaun erneuert wird. Das bedeutet, für viele Zaunpfosten Sand und Zement in den Mischer zu schaufeln und mit der Schubkarre den fertigen Beton zu den Löchern zu bringen. Schweißtreibend, anstrengend, langweilig. Vielleicht scheint nicht einmal die Sonne. Ist das jetzt unzumutbare Kinderarbeit oder die Vermittlung von Stolz und Zugehörigkeit für die Tochter?

Oder eine Mutter, gewerkschaftlich engagiert, muss 500 Briefe verschicken und lässt sie ihren Zwölfjährigen falten, in die Umschläge stecken und Adressetiketten aufkleben. Nicht anstrengend, aber gewiss langweilig – Kinderarbeit?

Oder ein Vater, seines Zeichens Kirchenvorstand, nimmt an einer Aktion teil, den Friedhof zu säubern. Wege rechen, Laub fegen, Mülleimer ausleeren, Bänke abwaschen, die Komposteinfassung reparieren, Zaunlatten auswechseln. Er nimmt seinen Zehnjährigen mit – zumutbar?

Es gibt sicher viele Menschen, die derlei normal fänden, das muss zur Ehre der Eltern gesagt werden, aber es gibt bestimmt noch mehr, die solche Einsätze eher ohne ihre Kinder machen. Kinderwelt ist eben nicht Arbeitswelt, das sitzt fest in den Köpfen.

Gehen wir mit den Beispielen noch einen Schritt weiter. Was ist mit dem Tankstellenbesitzer, der seine Tochter die Regale seines Shops einräumen lässt? Was ist mit dem Installateur, dessen Sohn seinen Werkstattwagen sauber machen muss? Was mit dem Forstwirt, der seinen Sohn mit in den Wald nimmt und mit ihm zusammen hundert Weihnachtsbäume schlägt? Das ist sicher gesundheitlich unbedenklich, aber bereits Mithilfe bei gewerblicher Arbeit.

Das Problem »Kinderarbeit« hat tatsächlich mehrere Facetten. Da ist die Einstellung, dass Kinderwelt und Erwachsenenwelt getrennt sind, eine Spiel- und Lernwelt die eine und eine Arbeitswelt die andere. Ein Erwachsener, der ein Kind nicht nur zu pädagogischen Zwecken eine Arbeit ausführen lässt, bewegt sich auf einem Terrain, das in unserer Kultur zumindest moralisch zweifelhaft ist. Uns ist die Trennung in die Welt der Großen und die Welt der Kleinen schon so in Fleisch und Blut übergegangen, dass wir gar nicht auf die Idee kommen, ein Kind könne auch als Arbeitskraft einkalkuliert werden. Und wenn dann wirklich z. B. eine Zwölfjährige regelmäßig auf jüngere Geschwister aufpassen muss, dann wird das arme Kind bedauert.

Natürlich schwingt bei dem Vorwurf an Eltern, die einem

Mädchen das Kinderhüten aufbürden, das Wissen um die schulische Belastung in diesem Alter mit. Aber sollte man dann nicht eher der Schule den Vorwurf machen, ihm so viel Zeit und Energie abzuverlangen, dass für »wirkliche« Tätigkeiten kein Raum mehr bleibt?

Jedenfalls werden sich Eltern, die den Gedanken des »Zusammen« verwirklichen wollen, mit solchen Überlegungen auseinandersetzen müssen. Weniger Probleme werden ihnen dabei die rechtlichen Vorschriften machen. Denn tatsächlich sind haushaltsnahe Arbeiten von Kindern (und sogar gewerbliche von Jugendlichen!) bei uns nicht verboten, selbst wenn das mancher glaubt. Kinder dürfen nicht nur zu Mitarbeit herangezogen werden, sie sind sogar dazu verpflichtet!

Dazu der § 1619 des Bürgerlichen Gesetzbuches im Wortlaut: »Dienstleistungen in Haus und Geschäft. Das Kind ist, solange es dem elterlichen Hausstand angehört und von den Eltern erzogen oder unterhalten wird, verpflichtet, in einer seinen Kräften und seiner Lebensstellung entsprechenden Weise den Eltern in ihrem Hauswesen und Geschäft Dienste zu leisten.«

Dem Inhalt dessen, was hier gesagt wird, kann man ohne Weiteres zustimmen. Allerdings stammt der Wortlaut des Gesetzes aus dem Jahr 1896 und ist bei den vielen Änderungen, die das BGB im Laufe der letzten hundert Jahre erfahren hat, den Juristen und Politikern wohl noch nicht als seltsam aufgefallen. »Dienste leisten« ist ein Begriff, der in einer demokratischen Gesellschaft eigentlich nichts mehr zu suchen hat, auch wenn es um Kinder geht. Richtiger wäre eine Formulierung, die etwa so lautet: »... sich in einer seinen Kräften und seiner Lebensstellung angemessenen Weise an den notwendigen Arbeiten des Hauswesens und elterlichen Geschäftes zu beteiligen.« Wer befürchtet, damit sei nicht ausgedrückt, dass das Kind zwar zur Mitarbeit verpflichtet sei, aber kein Entscheidungsrecht habe, kann dem noch den Satz hinzufügen: »Die für Hauswesen und Geschäft relevanten Entscheidungen werden von den Eltern getroffen.«

Da Schüler immerhin in der Schule das Bürgerliche Gesetzbuch zu Gesicht bekommen, wäre eine entsprechende Formulierungsänderung gar nicht unsinnig, sosehr man auch der Meinung sein mag, ein solches Gesetz schlummere ohnehin zwischen Buchdeckeln und habe keinen Einfluss auf das wirkliche Leben. Ein Jugendlicher, der liest, er solle seinen Eltern »Dienste leisten«, wird sich vor Lachen auf die Schenkel schlagen und der älteren Generation einmal mehr bescheinigen, nicht mehr ganz von dieser Welt zu sein. Liest er aber, er sei zur Beteiligung verpflichtet, bekommt das Ganze eine andere Bedeutung.

Dann kann er aus dem Jugendarbeitsschutzgesetz lernen, was er alles darf, wenn er zwischen 15 und 18 Jahre alt ist: dem Nachbarn aus Gefälligkeit geringfügige Hilfe leisten; ein Betriebspraktikum absolvieren, dabei allerdings nicht länger als sieben Stunden am Tag oder 35 Stunden in der Woche arbeiten; bis zu zwei Stunden täglich Zeitungen austragen oder Handreichungen beim Sport übernehmen; bis zu drei Stunden täglich in der Landwirtschaft im elterlichen Betrieb oder zwei Stunden im nicht elterlichen Betrieb arbeiten; bei einem anderen Gewerbe bis zu zwei Stunden täglich Arbeiten verrichten, die seine Entwicklung nicht beeinträchtigen; bei Theater- oder Musikaufführungen mit behördlicher Genehmigung auch nach 20 Uhr arbeiten (Kinderdarsteller in Theaterstücken oder im Zirkus).

Und er kann lesen, was ein nicht »vollzeitschulpflichtiger« Jugendlicher (also zwischen 15 und 18 Jahren) alles nicht darf: nicht länger als acht Stunden täglich und nicht mehr als 40 Stunden in der Woche arbeiten; nicht vor 6 und nach 20 Uhr arbeiten, in der Landwirtschaft nicht vor 5 und nach 21 Uhr; nicht mehr als fünf Tage in der Woche arbeiten, bei Wochenendarbeit muss er an anderen Tagen freigestellt werden; keine gefährlichen Arbeiten ausführen; nicht im Akkord arbeiten. (Vgl. ausführlicher http://bundesrecht.juris.de/jarbschg/index.html)

Wenn man genau betrachtet, was der Gesetzgeber hier vorgeschrieben hat, braucht man als Erwachsener, der seinen Jugendlichen auffordert, bei der Gartenarbeit und im Haus mit anzupacken, vor dem maulend vorgebrachten Argument, Kinderarbeit sei hierzulande verboten, keine Furcht zu haben. Sie ist nicht verboten. Verboten ist Kinderausbeutung, wie sie in Europa in den Anfängen der Industrialisierung zu finden war und leider auch heute noch in unterentwickelten Ländern praktiziert wird. Der Tankstellenbesitzer, der Installateur und der Forstwirt handeln völlig gesetzeskonform, wenn ihre Kinder älter als dreizehn Jahre alt sind und die genannten Arbeiten nicht länger als zwei Stunden pro Tag beanspruchen. Den »Personensorgeberechtigten« wird in den Gesetzen ein weitgehendes Bestimmungsrecht darüber zugesprochen, was für die Kinder zumutbar ist; bei augenfälligem Missbrauch dieses Rechts kann ihnen allerdings das Sorgerecht entzogen werden.

In dem Gesetzestext wird ausdrücklich die Schule als der eigentliche Ort des kindlichen »Arbeitseinsatzes« definiert. Alles, was Kinder und schulpflichtige Jugendliche außerhalb der Schulzeit arbeiten, muss so bemessen sein, dass es den Erfolg des Schulunterrichts nicht gefährdet. Dafür ist der Zeitrahmen von zwei Stunden Arbeit täglich bereits recht weit gesteckt. Denn wenn man bedenkt, dass ein älteres Kind einschließlich der Schulwege und der Hausaufgaben oftmals schon mehr als acht Stunden beschäftigt ist, kommt es, bei einem zusätzlichen Arbeitseinsatz von zwei Stunden auf Belastungen wie ein viel beschäftigter Erwachsener.

Was in diesem Buch als »Zusammen leben« bezeichnet wird und eben auch alltagsrelevante Tätigkeiten von Kindern und Jugendlichen einschließt, steht also nicht im Widerspruch zum Jugendschutzgesetz. Dieses untersagt lediglich das Überschreiten von Belastungsgrenzen, und das kann nur unsere Unterstützung finden.

Wie die Großen auch von den Kleinen lernen!
Von der Lebensbereicherung durch Kinder

»Zusammen leben«, »Perspektive teilen«, »Mitnehmen« – in all diesen Begriffen liegt ein weiterer Sinn verborgen, der bisher noch nicht zur Sprache gekommen ist: Das zwar hierarchische, aber respektvolle Miteinander von Eltern und Kindern ist keine Einbahnstraße der Kommunikation. Hier und da habe ich es schon angedeutet, aber es soll auch noch ganz deutlich gesagt werden: Auch die Erwachsenen, die sich auf ein »Zusammen« mit Kindern einlassen, profitieren davon.

Eigentlich müsste ich an dieser Stelle ein Gedicht schreiben oder malen oder tanzen oder singen oder ... Auf jeden Fall ein Kapitel prall mit Lebensfreude füllen! Denn Lebensfreude ist die Währung, in der dieser »Profit« ausgezahlt wird, wenn man sich denn eines solchen geschäftsmäßigen Wortes bedienen will. Eine warme, weiche Kinderhand in der eigenen, ein glucksendes Lachen beim Hoppe-Reiter-Spiel, das Staunen über den gefundenen schwarzen Käfer, die glühenden Wangen nach einem gewonnenen Tischtennisspiel, der ernsthafte Disput mit einem

Teenager über die letzten Wahlen – all diese kleinen und großen Zeichen der Neugierde und des neuen Erlebens entstauben dem Erwachsenen seine bereits etwas abgenutzte Welt.

Die Natur hat auf dem gemeinsamen Weg ins Leben auch für die Großen eine Art Belohnungssystem eingebaut. Hält ein Erwachsener ein Baby im Arm, springt ein biologisch angelegtes Programm von Wohlbefinden an, das ihn mit Wärme im Bauch und Herzen überschwemmt. Das noch uneingelöste Lebensversprechen, das in einer solchen Menschenknospe verborgen liegt, bringt seine eigene Hoffnung wieder zum Schwingen, ohne dass er irgendwie beschreiben könnte, was ihm da widerfährt. Die Natur scheint dieses Belohnungssystem, das zunächst vollständig ohne Worte auskommt, in stärkerer Ausführung in Frauen eingebaut zu haben, aber auch Männer bleiben von dem Reiz eines Säuglings nicht unberührt.

Je älter das Kind wird, desto stärker werden dann die eigenen Empfindungen von Neugierde und Tatendrang wiederbelebt, auch wenn das strahlende Lächeln eines Fünfjährigen noch immer kräftig das Unterbewusstsein des Erwachsenen bearbeitet. Aber der Reiz des »Kindchenschemas« macht mehr und mehr der gemeinsamen Entdeckerfreude Platz, bis irgendwann in der Pubertät die Lust an der Diskussion mit dem Sprössling oder die Freude am gemeinsamen Holzhacken die reine Lust an der Körperlichkeit des Kindes ablöst.

In gewisser Weise »verlängern« die Kinder das Leben derjenigen, die sich auf sie einlassen. Denn Zeit, dieses körperlose Etwas, dem wir alle ausgesetzt sind und das sich dennoch nicht fassen lässt, messen wir mit greifbaren Hilfsmitteln: mit Erlebnissen. Eine erlebnispralle Zeit erscheint uns lang, eine, in der nichts passiert, geht wie der Wind vorbei, selbst wenn die Uhr uns sagt, dass diese doppelt so viele Stunden gedauert hat wie die lange. Darum scheint es älteren Menschen oft, als würde die Zeit rennen: Es gibt für sie immer weniger Neues auf der Welt, und die gleichförmigen Tage fliegen wie nichts dahin. Dabei spielt natürlich auch eine Rolle, dass ein Mensch mit abnehmenden Kräften immer weniger schafft und ihm die Tage darum kürzer vorkommen. Aber die Erlebnisintensität dürfte doch der Hauptfaktor für diese Beschleunigung des Lebens sein.

Und dann kommt ein Kind daher. Ihm ist die Welt noch groß, das »immer« besteht aus dem Augenblick. Jedes Ding, das es in die Hand nimmt, ist ein neues Forschungsprojekt, jede Handlung, die ihm das erste Mal gelingt, Grund zum freudigen Stolz, jeder Misserfolg ein Absturz ins Bodenlose, jede Geschichte neu, jeder Tag ein Abenteuer. Als Zeuge dieses Erlebens kommt der Erwachsene nun in den Genuss seines »Spiegelkabinetts« im Kopf: Er kann nicht nur nachvollziehen, was das Kind tut, sondern seine Spiegelneuronen wecken in ihm auch die begleitenden Gefühle, Freude, Stolz, Enttäuschung, Neugierde, Tatendrang. Das Leuchten in den Augen von Kindern kann einem Erwachsenen sein ganzes Leben in ein neues Licht tauchen.

Das ist sogar eine ganz körperliche Sache. Allein schon das ansteckende Lachen eines Kindes kann die durchschnittliche Lachdauer des Erwachsenen signifikant in die Höhe treiben. Kleine lachen viel häufiger als Große, über allerlei Blödsinn, der einem Erwachsenen allenfalls ein müdes Lächeln entlockt. Aber wenn der Sohn herzhaft lacht, dann prustet auch der Vater los. Worüber er dann lacht, ob über den seltsamen Witz oder über das lachende Kind, ist unerheblich, sein Körper wird all die freundlichen Hormone und Enzyme ausschütten, die seine Stimmung durchlüften und sein Immunsystem in Schwung bringen. Vielleicht sollte man einmal untersuchen, ob Eltern, die viel Zeit mit ihren Kindern verbringen, mehr Oxytozin und mehr Immunglobuline im Blut haben als kinderlose Erwachsene. Aber ob nun biochemisch nachweisbar oder nicht: Die Freude, die man mit Kindern empfinden kann, ist ein Lebenselixier erster Güte.

Nun war schon die Rede davon, dass man dem üblichen Maßstab für Effektivität nicht ganz gerecht wird, wenn man Kinder die eigenen Tätigkeiten miterleben lässt, und das mag die gute Laune vielleicht schon wieder etwas bremsen. Aber kann nicht sogar dieses »unökonomische Vorgehen« dazu beitragen, das Leben mit neuen Ereignissen anzureichern, die es im inneren Erleben um Jahre verlängern? Denn parallel zu der eigenen Tätigkeit, auf die man vielleicht gar keine Lust mehr hat, sieht man auf einmal dem Kind dabei zu, wie es gerade diese Sache neu entdeckt, sich darüber wundert, stolz auf seine ersten Handgriffe ist.

Und dann stellt es Fragen. Fragen über Fragen, die den Erwachsenen dazu zwingen, neu über die Welt nachzudenken. Viele sind leicht zu beantworten und Teil des Bandes, das das Kind mit dem Erwachsenen verbindet. Denn wenn der Papa so viel kann und so klug ist, ist das ein Grund mehr, ihm zu vertrauen!

Dann gibt es natürlich auch die Fragen, die nicht leicht zu beantworten sind. Aber selbst diese erweitern den Horizont nicht nur des Kindes, sondern auch des Erwachsenen, denn der muss sich entweder schlau machen oder eine kindgerechte Antwort finden; beides ist eine geistige Herausforderung. Sicher muss man auch manchmal sagen: »Das weiß ich nicht!«, aber man sollte gut überlegen, ob man dies aus Bequemlichkeit tut oder weil die Frage wirklich zu schwierig zu beantworten ist. Denn jede Frage eines Kleinen ist eine Chance auch für die Entwicklung des Großen.

Nun sind es nicht nur die direkten Fragen, die dazu zwingen, sich neu mit der Welt auseinanderzusetzen, sondern man entdeckt auch ganz eigenständig Neues. Hätten wir Eltern uns jemals so intensiv mit Ernährungsfragen beschäftigt ohne die Verantwortung für Kinder? Hätten wir so viel über Gesundheit gelernt, wären wir nicht so oft mit den Kindern beim Kinderarzt gewesen? Hätte mein Mann jemals eine selbst entworfene Gartenhütte gebaut ohne die Wünsche der Kinder nach einem Spielhaus? Hätte ich jemals so viel genäht, hätte ich nicht mit Kinderkleidern angefangen?

Natürlich gibt es im Leben auch Dinge, die uns verwehrt geblieben sind, weil wir Kinder großgezogen haben, allem voran eine berufliche Karriere. Aber die läuft in der Regel in einer einmal gelegten Spur. Sich plötzlich in einer Spur zu finden, in die man ohne Kinder nicht geraten wäre, das schenkt dem Leben neue Perspektiven, die sich demjenigen öffnen, der sich auf ein »Zusammen« mit seinen Kindern einlässt.

Steht das nicht im Widerspruch zu der Argumentation, man müsse den Kindern die eigenen Beschränktheiten zumuten und ihnen eben nicht jeden Weg öffnen, der sich rechts und links des Familienalltags auftut? Nur zum Teil. Die Kinder auch bei zunächst ungewohnten Aktivitäten zu unterstützen, kann zu ganz neuen Erfahrungen führen. Öffnet man sein Leben für Kinder, hat man sozusagen ein Tor aufgestoßen in eine Welt, deren Wege man selber noch gar nicht ganz überblickt. Wird man nun unterwegs von den Kindern auf so allerlei aufmerksam gemacht, anstatt ihnen nur die Welt zu zeigen, wären es verschenkte Möglichkeiten, wenn man sich nicht doch auf das ein oder andere Abenteuer einließe. Solange man sich nicht den Kindern zuliebe zu etwas zwingt, was einem im Grunde zuwider ist, kann das nur bereichernd sein.

Ob Kinder einen Erwachsenen wirklich auf ganz neue Wege bringen können, diese Frage muss allerdings offen bleiben. Unbestreitbar ist, dass die Teilnahme an der Weltentdeckung eines

Kindes die Quelle tiefer Lebensfreude sein kann. Ob aber ein heranwachsendes Kind einem Erwachsenen so nachhaltige Impulse vermitteln kann, dass er vollständig von seinem Weg abweicht, das sei dahingestellt.

Ich selbst habe die Erfahrung gemacht, dass wir uns durch die Interessen unserer Kinder gerne haben bereichern lassen, dass aber für unser Leben »danach«, das wieder mehr von unseren eigene Impulsen gesteuert wird, nicht von jeder Anregung etwas übrig geblieben ist. Ich möchte die Erinnerungen an Kanuregatten und Eseltreffen nicht missen, werde aber sicher frühestens wieder bei einer solchen Veranstaltung aufkreuzen, wenn dort ein Enkelkind paddelt oder einen Esel führt. Solche Anregungen jedoch, die auf »meiner« Spur lagen – wie Puppentheater oder Arbeiten mit Ton –, sind als eigene Lust hängen geblieben.

Wie nachhaltig oder auch nicht solche Erfahrungen sein mögen – dem Bilderbuch des eigenen Lebens fügen sie viele bunte Seiten hinzu.

Handeln wie Eltern – oder Eltern sein?
Vom archimedischen Punkt im Tanz der Generationen

In unseren Buchhandlungen finden sich Mengen von Elternratgebern, mit diesem Buch füge ich einen weiteren hinzu. Und das, obwohl ich selber diesen Büchern und Programmen durchaus skeptisch gegenüberstehe.

Warum? Weil ich weiß, wie Elternalltag abläuft. Weil ich weiß, wie schwierig es ist, in dem Augenblick, in dem einem alles über den Kopf wächst, auch noch an den Ratschlag Nr. 17 in dem Buch zu denken, das mich vor drei Wochen so überzeugt hat. Es gibt Erziehungsprogramme, die einen regelrechten Handlungskatalog aufstellen, der von den Eltern auswendig gelernt werden muss, wenn sie nicht in jeder Situation, in der es schwierig wird, erst einmal das Buch zur Hand nehmen wollen und ein Weilchen nachlesen.

Das hat mich schon immer gestört, und ich dachte, es müsse einen einzigen Punkt geben, den man sich merkt und aus dem heraus sich alles andere ableiten lässt. Genährt wurde diese Vorstellung von dem wunderbaren Text von Heinrich von Kleist über das Marionettentheater. Wenige Texte sind mir noch aus der Schulzeit so im Gedächtnis geblieben und zu einer Art Leitgedanken geworden. Im Gespräch des Schriftstellers mit einem Tänzer über die unnachahmliche Grazie einer tanzenden Marionette fällt der Satz:

»Jede Bewegung, sagte er, hätte einen Schwerpunkt; es wäre genug, diesen, in dem Innern der Figur, zu regieren; die Glieder, welche nichts als Pendel wären, folgten, ohne irgendein Zutun, auf eine mechanische Weise von selbst. Er setzte hinzu, dass diese Bewegung sehr einfach wäre; dass jedes Mal, wenn der Schwerpunkt in einer graden Linie bewegt wird, die Glieder schon Kurven beschrieben; und dass oft, auf eine bloß zufällige Weise erschüttert, das Ganze schon in eine Art von rhythmische Bewegung käme, die dem Tanz ähnlich wäre.«

Kann es diesen Punkt nicht auch im Tanz des Lebens geben?

Es gibt ihn, ich habe ihn erfahren. Vor vielen Jahren hatte ich eine sehr schwierige Phase mit unserem Ältesten. Er war acht Jahre alt und ich konnte ihn nur mit ständigen Reibereien durch den Alltag schieben. Das ging so weit, dass ich schließlich professionelle Hilfe in Anspruch nahm. Ich hatte Glück und geriet an eine kluge Frau. Sie brauchte nicht viele Worte, keine komplizierten Analysen, ich weiß nicht einmal mehr genau, was sie überhaupt gesagt hat. Ich erinnere mich nur an die Situation, als ich von einem Gespräch mit ihr zurückkam, und, die Haustür noch in der Hand, urplötzlich das Gefühl hatte: »Ich darf eine Mutter sein!«

Dieses Gefühl durchströmte mich wie ein Geschenk, eine plötzliche Erleichterung – und die Reibereien mit dem Sohn hatten schlagartig ein Ende. Ich konnte nicht einmal sagen, was ich auf einmal anders gemacht hätte. Wir haben weder unseren Alltagsablauf umgestellt, noch habe ich mir jemals gesagt, ich müsse jetzt dieses oder jenes tun – es hat einfach funktioniert.

Ich denke, es war die Befreiung aus einem zeitbedingten Missverständnis. In der Gedankenwelt der Studentenbewegung, in der ich erwachsen geworden war, waren Hierarchien jeder Art anrüchig. Die bürgerliche Kleinfamilie mit ihrem Autoritätengefüge galt als Gefängnis und Urzelle jeder Unterdrückung, und wenn man schon so lebte, so wollte man doch keineswegs so sein. Ich weiß noch, dass ich mich ganz zu Beginn unseres Familienlebens aus dieser moralischen Falle rettete, indem ich unser Zusammenleben einfach als Wohngemeinschaft eines Mannes, einer Frau und eines Kindes bezeichnete. Das war Unsinn und entsprach auch nicht unserem Lebensalltag, aber ich mochte mich in unserem »fortschrittlichen« Bekanntenkreis ja nicht lächerlich machen.

Diese Einstellung hatte verhindert, dass sich zwischen meinem Sohn und mir das richtige Verhältnis herstellen konnte. Es war zwar viele Jahre halbwegs gut gegangen, aber irgendwann hatten wir einen Punkt erreicht, an dem meine unbewusste Hemmung, eine asymmetrische Beziehung zwischen uns zuzulassen, das Kind so belastete, dass der Alltag schwierig wurde. In dem Augenblick, in dem ich diese verdrehte Vorstellung von mir geworfen hatte, rückten wir in die angemessene Stellung zueinander, und das Leben wurde wieder schön.

Eine Mutter sein dürfen – was verband ich mit dieser »Erlaubnis«? Auch hier erinnere ich mich an das Gefühl, mit dem sich mir damals an unserer Haustür das Herz öffnete: gerade zu stehen, die Arme weit aufzuhalten, größer zu sein als das Kind, klüger zu sein, es warm zu halten.

Nun will ich damit nicht behaupten, es habe fortan keine Konflikte mehr gegeben. Natürlich hat es ab und an gekracht, in welcher Familie tut es das nicht. Und ich war auch nicht frei von Rückfällen – Sie erinnern sich an die Geschichte mit dem unmöglich angezogenen Töchterchen? Aber im Großen und Ganzen stimmte die Choreografie. Und wenn ich den immer noch bestehenden engen Zusammenhalt unserer Familie betrachte (die Kinder sind jetzt alle erwachsen), der die Konflikte der »wilden Jahre« weit hinter sich gelassen hat, denke ich, dass unser Familieninstrument richtig gestimmt war: Dann spielt man wohl ab und zu einen falschen Ton, aber die Grundharmonie klingt gut.

Vor diesem Erfahrungshintergrund habe ich besonders aufgehorcht, als ich bei Gordon Neufeld und Gabor Maté las, das eigentliche Problem von Eltern und Kindern sei nicht, was sie miteinander tun, sondern was sie füreinander sind. »Die eigentliche Grundlage für eine erfolgreiche Erziehung können Experten jedoch nicht vermitteln. Sie besteht *in keiner noch so gut gemeinten Methodik* (Hervorhebung durch R. H.), sondern in der Bindungsbeziehung.« (Neufeld/Maté 2006, S. 55)

Das ist es. Das hatte ich gesucht. Und diesen »Stein der Weisen« lege ich jetzt in Ihre Hand.

Er ist eine Aufgabe und eine Erleichterung zugleich. Die Aufgabe besteht darin, die Beziehung zu dem Kind nicht abreißen zu lassen, »dran« zu bleiben. Der englische Titel des Buches von Gordon Neufeld und Gabor Maté lautet: »Hold On to Your Kids« – besser kann man es nicht sagen. Leider lässt sich das nicht ähnlich treffsicher ins Deutsche übertragen. Dieses »Dranbleiben« ist häufig anstrengend und erfordert vor allem während der Pubertät mit ihren besonderen Bedingungen viel Fingerspitzengefühl.

Aber, und das ist das Erleichternde: Wenn die Beziehung stimmt, kann man auch Fehler machen, ohne das Ganze zu gefährden. Hin und wieder etwas verbieten, was vielleicht doch nicht so schlimm wäre; etwas erlauben, was sich dann doch als riskant herausstellt; Familienregeln aufstellen, die anders vielleicht besser wären; aus einer schlechten Laune heraus einmal ohne Grund unfreundlich sein – all das verzeiht das Leben, wenn das Kind weiß: Auf diese Eltern kann ich mich verlassen, diese Eltern sind wichtig für mich, diese Eltern lassen mich nicht allein.

Wenn Sie sich das zu Herzen nehmen, dürfen Sie getrost jedes weitere Regelwerk erfolgreicher Elternschaft vergessen.

Beziehungen einrenken

Wenn das Leben mit Kindern aus dem Gleis geraten ist

So wundersam, wie ich damals aus einer stolpernden Familienchoreografie erlöst wurde, geht es zugegebenermaßen selten zu. Wahrscheinlich war ich so wenig aus dem Takt geraten, dass ein kleiner Schubs genügte, uns wieder in einen gemeinsamen Rhythmus zu bringen. Was aber tun, wenn sich Eltern und Kind schon viel weiter voneinander entfernt haben?

Wenn der Grundtenor dieses Buches stimmt, dass das »Zusammen« ein entscheidender Bestandteil einer fruchtbaren Eltern-Kind-Beziehung ist, dann muss der erste Schritt in jedem Falle sein, das Kind wieder in das gemeinsame Boot zu holen. Und wie lädt man jemand zu einer Bootsfahrt ein? Man spricht ihn an, erklärt ihm, wo die Fahrt hingehen soll und hilft ihm ins Boot. Ganz ähnlich läuft es ab, wenn man ein Kind, das einem in der einen oder anderen Weise entglitten ist, wieder in die gemeinsame Spur bringen möchte. Gordon Neufeld und Gabor Maté haben dafür den Begriff »Herholtanz« geprägt und beschrieben, welche Schritte zu diesem Tanz gehören:

- das Kind ansprechen,
- ihm etwas schenken,
- es zur Abhängigkeit einladen,
- ihm den Weg zeigen.

Schauen wir die einzelnen Schritte an:

Das Kind ansprechen bedeutet: Es muss das Gefühl haben, vom Erwachsenen wirklich wahrgenommen zu werden. Im Alltag läuft man leicht aneinander vorbei, regelt die wichtigsten Dinge sozusagen per Zuruf und geht davon aus, der andere werde schon wissen, dass er uns nicht egal sei. Das ist schon für die Beziehung unter Erwachsenen riskant, umso mehr gefährdet ein solches Verhalten die Kraft der Bindung zwischen Eltern und Kind. Für ein Kind ist das Leben mit seinen Bindungspersonen durch eine ständige Bewegung von Nähe (wir packen gemeinsam den Schulranzen), Distanz (das Kind muss noch mal zur Toilette), Trennung (es geht in die Schule) und Wiedervereinigung (es kommt von der Schule zurück) geprägt, deren Wechselspiel die Qualität der Bindung ausmacht. Werden bei jeder Begegnung die Fäden der Beziehung wieder bewusst geknüpft, entsteht ein tragfähiges Netz. Verlaufen die Begegnungen dagegen beiläufig, hastig und ohne Interesse an der Person des Kindes, wird das Netz große Löcher behalten, durch die das Kind irgendwann entgleiten kann.

Konkret gesagt: Jeden Morgen »Guten Morgen!« sagen, das Kind in den Arm nehmen, gemeinsam frühstücken, sich dafür interessieren, ob auch alles eingepackt ist, sich ordentlich verabschieden, sich beim neuerlichen Zusammentreffen jedes Mal wieder begrüßen, und wenn es das tausendste Mal vorkommt, das Kind spüren lassen, dass man sich freut, wenn man es sieht – das ist das Einmaleins aufmerksamer Elternschaft. Es ist fast zu simpel, um es aufzuschreiben, aber es ist zu wichtig, um es nicht aufzuschreiben.

Dieses Ansprechen als Verknüpfungspunkt des Beziehungsnetzes spielt eine zentrale Rolle, wenn die Trennung nicht räumlich, sondern auf der emotionalen Ebene durch Fehlverhalten des Kindes ausgelöst wurde. Mit einem Kind, das kräftig ausgeschimpft wurde, muss unbedingt das Band neu geknüpft werden, nachdem es begriffen hat, dass der Erwachsene mit seinem Verhalten nicht einverstanden war. Die Kommunikation des Erwachsenen mit dem Kind hat ja nicht nur richtiges Verhalten des Kindes zum Ziel, die Pflege und Stärkung der Bindung sind mindestens ebenso wichtig. Darum sind alle Erziehungskonzepte, die mit Beziehungsabbruch arbeiten, so zweifelhaft: Sie lassen das Kind in dem Augenblick allein, in dem es sich nicht nur ärgert, dass es etwas nicht durfte oder heftig kritisiert wurde, sondern sich meist auch schämt.

Manchmal werden Paare anlässlich ihrer Eisernen oder Diamantenen Hochzeit von Mitarbeitern der Lokalzeitung gefragt, was denn das Geheimnis ihrer langen, glücklichen Ehe sei. Dann liest man immer wieder den Satz, sie hätten keinen Groll mit ins Bett genommen. Und wenn das schon für Erwachsene gilt, um wie viel wichtiger ist es für Kinder, jeden Abend zu wissen: »Ich bin in Abrahams Schoß« geborgen. Gläubige Eltern sprechen mit ihren Kindern ein Abendgebet, das dieses Gefühl noch verstärken kann, aber auch Eltern, die das nicht tun, können durch ein liebevolles Abendritual dem Kind zusichern, für seinen Schutz da zu sein, wie sehr auch immer es am Tag Ärger gegeben hat.

Je kleiner die Kinder sind, umso kürzer sollten die Phasen sein, in denen der Erwachsene die emotionale Trennung aus Ärger über falsches Verhalten aufrechterhält. Ein Krabbelkind muss man sofort trösten, wenn es schreit, weil es Papas Portemonnaie nicht ausräumen darf, ein Schulkind kann schon mal für eine Viertelstunde in sein Zimmer geschickt werden, wenn es der kleinen Schwester in den Nachtisch gespuckt hat. Aber dann muss die Versöhnung kommen, und zwar vom Erwachsenen; nicht erbettelt, nicht erfleht, nicht erkauft – sondern geschenkt! Nur das belässt den Erwachsenen in seiner Rolle als überlegener Partner, bei dem sich das Kind sicher fühlen kann, und nur dann kann er derjenige bleiben, dem das Kind nacheifern möchte. Denn eine erkaufte Versöhnung macht den Erwachsenen abhängig vom Kind und bringt die Hierarchie der Begleitung ins Leben ins Wanken.

Damit wären wir beim nächsten Punkt: *Dem Kind etwas schenken*. Das heißt nun keineswegs, Eltern sollten ihre Kinder mit materiellen Geschenken überhäufen; dieses Missverständnis möchte ich gar nicht erst aufkommen lassen. »Schenken« steht hier für jede Art von Aufmerksamkeit, die das Kind nicht erbitten muss.

Dazu wieder ein kleines Gedankenspiel: Stellen Sie sich vor, eine Frau befürchtet, ihr Mann könne den nahenden Hochzeitstag vergessen und sagt: »Ach Schatz, nun sind wir wirklich übermorgen schon neun Jahre verheiratet!« Wird sie sich über den

Blumenstrauß freuen können, den der Gatte treulich überreicht? Wohl kaum. Denn gerade das, was er ausdrücken soll, nämlich spontan entgegengebrachte Wertschätzung, kann er nicht mehr übermitteln. Es bleibt ihr Misstrauen, ob sie ihm wirklich so wichtig ist, dass er auch von selber darauf gekommen wäre. Wenn sie die Bindung in ihrer Ehe stärken möchte, wird sie ihren Mann viel eher davon überzeugen, welch wunderbare Frau er geheiratet hat, wenn sie selber den Blumenstrauß kauft. Der Kuss ihres Mannes kommt dann von Herzen!

Ebenso wenig signalisieren noch so viele erbetene, erquengelte, ertrotzte Aufmerksamkeiten einem Kind das, was es eigentlich wünscht: die Sicherheit, den Eltern wichtig zu sein. Daher rührt die scheinbare Unersättlichkeit von verwöhnten Kindern, die alles bekommen, was sie wollen, weil sie eben nicht bekommen, was sie brauchen. Denn Eltern, die unter Gequengel und Getrotze zusammenbrechen, können wohl kaum die starken Personen sein, denen ein Kind sich anvertrauen möchte. So führt ein permanentes Erfüllen von Wünschen zum Gegenteil dessen, was man erreichen möchte, nämlich einer Schwächung statt einer Stärkung von Bindung.

In meiner Herkunftsfamilie gab es ein kleines, völlig unvorhersehbares Ritual. Hin und wieder stieß mein Vater auf etwas, von dem er glaubte, dass es einem von uns Kindern oder seiner Frau gefallen würde, und dann brachte er es mit. Er überreichte es mit den Worten »Zum Zeichen, dass ich dein gedacht, hab ich dir dieses mitgebracht!« Das warme Gefühl, das diese kleinen Gaben auslösten, spüre ich heute noch. Kein Weihnachts- und Geburtstagsgeschenk hat jemals diese Empfindung ausgelöst, auch wenn ihr materieller Wert diese kleinen Alltagsüberraschungen weit überstieg.

Das heißt natürlich nicht, dass man einem Kind keine Wünsche erfüllen sollte, selbstverständlich ist auch das ein Zeichen von Zuwendung. Aber die Bindung stärkt es nur unter der Voraussetzung, dass dem Kind genügend spontan angebotene Zeichen der Zugehörigkeit gegeben werden.

Diese Zeichen werden im Regelfall auch gar keine greifbaren Geschenke sein, sondern Kommunikationsangebote der unterschiedlichsten Art. Das kann vom heimlichen Zuzwinkern bis zum gemeinsamen Bau einer Gartenhütte gehen, von einer winzigen Zuwendung bis zu einem großartigen gemeinsamen Projekt. Allerdings, darüber sollte man sich im Klaren sein, nur mit Zuzwinkern allein wird man kaum so starke Fäden knüpfen, dass das Netz der Bindung auch trägt. Wer aber alle Register der Zuwendung und des Mitnehmens zieht, *ohne dass das Kind danach verlangen muss*, der hat den archimedischen Punkt im Tanz der Generationen wieder nah an seinen Angelpunkt gerückt – so er denn überhaupt »verrückt« war.

In diesem Angebot wird dann auch das vermittelt, was Neufeld und Maté *zur Abhängigkeit einladen* nennen. In einer Zeit, in der »Abhängigkeit« geradezu als Makel gilt, ist dieser Aspekt in der Kommunikation zwischen Eltern und Kindern zu einem Stolperstein geworden. Wenn Eltern glauben, das Kind zur Unabhängigkeit *erziehen zu* müssen, schieben sie es oft viel zu früh auf einen Schauplatz des Lebens, dessen Anforderungen es noch nicht erfüllen kann und dessen Regeln es noch nicht kennt. Ein Beispiel dafür ist die allgemein verbreitete Ansicht, für ein Kind, das früh in eine Kinderkrippe gegeben wird, sei die von Weinen begleitete Eingewöhnungszeit ein Lernprozess in Richtung Unabhängigkeit und damit eine Stärkung seiner Lebenstüchtigkeit. In Wahrheit würde seine Lebenstüchtigkeit eher gestärkt, wenn der Wille zur Unabhängigkeit in seinem eigenen Tempo *wachsen* dürfte. Wenn es wirklich so wäre, dass Unabhängigkeit schon in so frühem Alter *gelernt* werden muss, dann wären die unproblematischen Schullaufbahnen vieler Kinder der Fünfzigerjahre des letzten Jahrhunderts ein Rätsel, denn zu der Zeit war ein Kindergartenbesuch noch eher die Ausnahme. Wie hatten diese Kinder lernen können, sich von den Müttern zu lösen und in der Schule still zu sitzen, ohne die ausgefeilten Vorbereitungen durch Vorschulprogramme des Kindergartens? Es war ein Reife-, kein Lernprozess. Dieser Reifeprozess entwickelte sich unter dem Schutz von Eltern, die in der Regel keine Zweifel daran hatten, dass die Kinder klein und sie groß waren.

In anderen Bereichen haben wir keine Schwierigkeiten damit, den natürlichen Wachstumsprozessen zu vertrauen. Kein Mensch wird an einer Pflanze ziehen, damit sie schneller wächst. Jeder weiß, dass damit ihre Wurzeln gelockert und das Wachstum erst recht gefährdet würde. Mit Kindern ist das nicht anders. Von ihrem Bedürfnis, sich eng an einen Wegbegleiter zu binden, war schon die Rede und auch davon, dass sie in dem Augenblick, in dem die Verbindung zu diesem Lotsen sich lockert, woanders Orientierung suchen. Die Einladung zur Abhängigkeit ist also nichts anderes als die Zusicherung, an einem sicheren Platz für das Wachsen angekommen zu sein und nicht weitersuchen zu müssen, sich zurücklehnen zu können und die Welt auf sich einwirken lassen zu können, weil für den Schutz gesorgt ist.

Nun muss diese Einladung vom Kind auch angenommen werden. Es ist das grundlegende Merkmal einer Einladung, dass sie nicht mit Zwang verbunden ist, sonst wäre sie eine Vorladung. Sie muss dem Kind also verlockend erscheinen. Eingebettet in aufmerksame Wahrnehmung und frei geschenkte Zuwendung wird eine solche Einladung aber kaum von einem Kind ausgeschlagen werden. Wenn dann noch das dazukommt, was als letzter dieser vier Schritte »den Weg zeigen« genannt wurde, dann stimmen die wichtigsten Koordinaten für eine intakte Eltern-Kind-Beziehung.

»*Den Weg zeigen*« heißt, dem Kind seine Umwelt vertraut zu machen. Das geschieht durch Hinweise zur räumlichen Orientierung (»Dort ist der Spielplatz, und dort ist die Toilette«), durch Vorstellen von fremden Menschen (»Das ist Peter, der beste Freund von deinem Papa, und das ist Luise, seine Frau«), durch Hinweise auf richtiges Verhalten (»Wenn du Tim das Auto kaputtgemacht hast, dann ist es das Beste, sich gleich zu entschuldigen, ich komme mit dir, wenn es dir schwerfällt«), durch Hilfestellungen bei Problemen (»Wenn du die Hausaufgaben vergessen hast, dann ruf doch Ina an, ich habe die Telefonnummer auf der Klassenliste«). Das alles klingt banal, aber diese scheinbaren Banalitäten sind die Mosaiksteinchen, aus denen sich ein Kinderalltag zusammensetzt. Das Bild dieses Alltags wird für das Kind umso übersichtlicher werden, je zuverlässiger diese kleinen Hinweise vom Erwachsenen gegeben werden. Die Befürchtungen, das Kind könne sich daran gewöhnen und werde niemals allein seine Dinge regeln können, sind unbegründet. Man hindert ein Kind ja auch nicht am Laufenlernen, wenn man es noch eine Weile an der Hand nimmt.

Nun soll hier die Rede davon sein, wie man eine Situation, die schon aus dem Ruder gelaufen ist, wieder einrenken kann. Dann muss man diese einleitenden Schritte des »Bindungstanzes« vor einem Kind machen, das sich bereits abgewandt hat. Wie soll man die Einladung überreichen, wenn keine Hand danach ausgestreckt wird?

Dazu muss man wohl einen Weg gehen, der in unserer Elternkultur als »politisch unkorrekt« erscheinen mag, den ich aber dennoch zu bedenken geben will. Ausgehend von der Annahme, dass sich Kinder dann an Gleichaltrigen orientieren, wenn ihre Eltern eine »Bindungslücke« haben entstehen lassen, halten Gordon Neufeld und Gabor Maté es für notwendig, umgekehrt eine Bindungslücke zu den Gleichaltrigen zu erzeugen, um in der entstandenen Leerstelle als kompetente Eltern wieder Fuß fassen zu können. Das heißt konkret, den Zeitraum für Kontakte zu den Freunden der Kinder zu beschränken und diese Zeiten mit eigenen Aktivitäten zu füllen. Das wird den Kindern anfangs nicht gefallen, sie werden die Trennung von den Gleichaltrigen, die ihnen so wichtig geworden sind, zunächst als ebenso unerträglich empfinden wie die zuvor eher unbewusst erlebte Bindungslücke zu den Eltern. Solche Maßnahmen werden möglicherweise auch bei anderen Familien auf Unverständnis stoßen und unter Umständen sogar als eingebildetes Gehabe interpretiert werden, wenn Eltern sich herausnehmen, Kindern den Umgang mit ihren Freunden zu verbieten. Dieses Verhalten wird dem Gebaren des gesellschaftlich nicht mehr akzeptierten autoritären Erziehungsstils zugeschrieben und als ungehörig empfunden.

Einer solchen Einschätzung liegt allerdings ein Missverständnis zugrunde. Es geht nämlich nicht darum, einem Kind die Zuneigung zu bestimmten Personen zu untersagen und diese als Menschen zu diffamieren, sondern diesen Freunden wieder die richtige Rolle im Leben des Kindes zuzuweisen. Sie sollen Spielkameraden sein und kleine Partner bei der Entdeckung der Welt, aber nicht diejenigen, die Macht über das Gefühlsleben des Kindes haben. So gesehen werden Kinder, denen der übermäßige Kontakt zu Gleichaltrigen beschnitten wird, langfristig zu vielen neuen Freundschaften befreit, weil sie von diesen emotional unabhängiger werden, sie werden keineswegs von ihren Gleichaltrigen isoliert.

Dieses Vorgehen aber – wie Neufeld und Maté – für jeden Fall vorzuschlagen, in dem ein Kind seinen Eltern entglitten ist, halte ich für problematisch. Bei Kindern im Grundschulalter kann man so rigoros vorgehen, ist das Kind bereits in der Pubertät, müssen Kontaktbeschränkungen zu Gleichaltrigen mit sehr viel mehr Fingerspitzengefühl verhängt werden.

Ich denke, der zentrale Punkt beim »Zurückholen« von pubertierenden Kindern liegt im Realitätsbezug des Gegenangebotes. Man kann Jugendliche nicht mehr mit Als-ob-Handlungen oder Spielangeboten ködern. Genügt es, einem Zehnjährigen anzubieten, mit ihm ein Baumhaus zu bauen, sollte es für den Fünfzehnjährigen schon mindestens das Mauern eines Gartengrills sein, den er dann auch mit seinen Freunden benutzen darf. Wahrscheinlich ist es sogar nötig, ihn mit noch konkreteren Dingen zu beauftragen, um seinem Tatendrang Futter zu geben, und ihn an den Entscheidungen, die die gemeinsamen Aktion betreffen, zu beteiligen (vgl. »Zusammen mit Jugendlichen« S. 216). Was immer man tut – es kommt darauf an, einem Jugendlichen als eine Person zur Seite zu stehen, die sein Unabhängigkeitsstreben unterstützt, aber dennoch die noch immer notwendige Rolle als Berater nicht aufgibt. Ob man auch hier nur in eine andere Rolle schlüpfen muss, ähnlich wie bei meinem »Ich-darf-Mutter-sein-Erlebnis«? Von einem Lotsen zu einem Mentor werden?

· TEIL IV ·

Das Zusammen im Alltag

Es gibt einen klugen Spruch, zu finden in Friedrich Schillers Wallenstein: »Eng ist die Welt, und das Gehirn ist weit; leicht beieinander wohnen die Gedanken, doch hart im Raume stoßen sich die Sachen.«

Bisher sind wir im Kopf weite Räume abgeschritten und haben eine kluge Idee nach der anderen entwickelt – was aber passiert, wenn wir sie in der Welt der »harten Sachen« umsetzen wollen? Die Räume, in die wir Kinder problemlos »mitnehmen« können, sind immer enger geworden, »hart im Raume« stehen Hindernisse wie Zeitdruck, ein Alltag voller vorgefertigter Produkte und ein Auseinanderklaffen der Welten, in denen sich Eltern und Kinder täglich bewegen.

Aber es gibt sie dennoch, die Möglichkeiten, mit den Kindern »zusammen« zu leben. Diese zu finden und zu bewahren gehört zur Kunst des Elternseins. In den folgenden Kapiteln möchte ich Ihnen einige Anregungen geben, in welchen Bereichen des Familienlebens Kinder gut an der Seite ihrer Eltern die Welt erfahren können. Dabei wird die Aufzählung sicher nicht vollständig sein. Lassen Sie Ihre Fantasie spielen und entdecken Sie in Ihrem persönlichen Alltag all die kleinen und großen Gelegenheiten, in denen Sie Ihre Kinder in die Welt mitnehmen können!

In diesem praktischen Teil finden Sie zwei Kapitel allgemeiner Art, die für jedes Alter der Kinder zutreffen, und zwar eines über den Familientisch als Zentrum des gemeinsamen Lebens und eines über den Kontakt zu den anderen wichtigen Personen im Leben Ihres Kindes, dem »Dorf«.

Dann biete ich Ihnen altersangepasste Anregungen an, sortiert nach Alter der Kinder und verteilt auf drei »Schwierigkeitsgrade«.

Nach einer allgemeinen Einleitung finden Sie unter der Überschrift »Das geht sofort« Möglichkeiten, die Sie sofort ohne jegliche Vorbereitung umsetzen können.

Unter »Dafür muss man etwas tun« kommen die Vorschläge, die ein wenig Vorbereitung erfordern: Materialien besorgen, Informationen einholen, sich selber die eine oder andere neue Technik aneignen, Unternehmungen organisieren.

Und schließlich »Träume – Träume?«: Das sind die Wunschvorstellungen, die unter unseren Lebensbedingungen utopisch erscheinen, an denen aber sichtbar wird, welche Forderungen Eltern an die Gesellschaft stellen müssten, damit ihre Kinder handelnd in eine Welt hineinwachsen können, in der sie sich wertgeschätzt fühlen können. Denn der Gedanke des »Zusammen«, den ich Ihnen hier als ein Produkt von Lebenserfahrung und wissenschaftlicher Forschung dargestellt habe, fordert nicht nur die praktische Umsetzung im privaten Familienalltag, sondern hat letzten Endes eine hochpolitische Dimension. Wenn wir langfristig wollen, dass Kinder von erwachsenen Bürgern lernen und nicht nur von pädagogischem Fachpersonal, müssen wir an die Politik die Forderung stellen, die Räume dafür auszubauen und zu schützen.

Essen hält Leib und Seele zusammen
Der Familientisch als Kristallisationspunkt von Gemeinsamkeit

Der Esstisch als gewichtigster Schauplatz des familiären Miteinanders erhält ein eigenes Kapitel. Essen hält nämlich Leib und Seele zusammen, das weiß der Volksmund schon lange. Aber nun weiß es auch die Wissenschaft! Und dass die Erfahrungsweisheit sich nicht unbedingt vor wissenschaftlicher Nachprüfung scheuen muss, haben wir an anderen Stellen schon gesehen.

Traurigerweise müssen wir sogar schon die Wissenschaft bemühen, um diesen Erfahrungen Gehör zu verschaffen: Der moderne Lebensstil drängt die segensreiche Einrichtung des gemeinsamen Essens immer mehr an den Rand des Familienlebens. In den USA gehen inzwischen von den Universitäten Initiativen aus, dem gemeinsamen Essen innerhalb der Familie wieder Raum zu verschaffen. Unter dem Motto »Family Day« werden Ergebnisse aus gründlichen Studien verbreitet: dass nämlich Kinder und Jugendliche, die regelmäßig gemeinsame Mahlzeiten mit ihren Eltern einnehmen, signifikant seltener Probleme mit Alkohol, Nikotin und Rauschmitteln haben, seltener unter Essstörungen leiden und obendrein in der Schule bessere Leistungen erbringen. (Nachzulesen unter www.casacolumbia.org)

»Family Day« setzt sich dafür ein, dass Familien möglichst häufig gemeinsam essen. Der Mix aus gegeneinander verschobenen Tagesrhythmen der Familienmitglieder, der Berufstätigkeit der Mütter und dem breit gefächerten Angebot von Fertiggerichten hat in den USA dazu geführt, dass der individuelle Zugriff auf Kühlschrank und Mikrowelle und das Fast-Food-Lokal um die Ecke den gemeinsamen Kochtopf weitgehend ersetzen; dieser Trend ist auch bei uns zu beobachten.

Zugegeben, in vielen Familien ist es schwierig bis unmöglich, alle täglich um den Tisch zu versammeln. Der Vater muss vielleicht um sieben aus dem Haus, der Sohn um halb acht, die Mutter um acht, sie nimmt die kleine Tochter mit und liefert sie im Kindergarten ab. Sie kommt um zwei zurück, holt um drei die Tochter aus dem Kindergarten, der Sohn kommt um vier aus der Schule und der Vater abends um sechs von der Arbeit. Dann ist aber der Sohn schon wieder beim Sportverein, von wo er um acht zurückkommt, zu einer Zeit, zu der die kleine Schwester schon im Bett liegt und die Mutter ihren Yoga-Kurs besucht. Gemeinsam essen? Wann?

Wenn dann noch die Zeiten kommen, zu denen sich Teenager gerne dem Familientisch entziehen (siehe S. 83), fällt dieses Ritual in vielen Familien ganz in sich zusammen – gemeinsam gegessen wird allenfalls noch abends vor dem Fernseher.

Wenn Eltern wüssten, was sie damit aufs Spiel setzen, würden sie vielleicht doch etwas mehr Energie darauf verwenden, das gemeinsame Essen aufrechtzuerhalten. Denn ähnlich, wie das Stillen eine elterliche Pflegehandlung ist, die ein ganzes Bündel an wichtigen Entwicklungsreizen enthält, ohne dass die Mutter einen einzige davon begreifen, planen und ausführen muss, ist der Familientisch eine Gelegenheit, die ohne großen Aufwand den Kindern vermittelt, wo sie hingehören, was von ihnen erwartet wird und dass die Eltern ihnen weiterhelfen, wenn sie außerhalb der Familie Probleme haben.

Vor etlichen Jahren habe ich ein ganzes Buch darüber geschrieben, was neben der einfachen Nahrungsaufnahme am Familientisch noch alles geschieht (Hilsberg 1995). Hier sollen ein paar Stichworte genügen.

1. *Gemeinsame Mahlzeiten strukturieren den Tagesablauf*

Die Wahrnehmung von Zeit ist eine Fähigkeit, die dem Menschen nicht angeboren ist. Durch Sehen, Hören und Tasten kann er sich die materielle Welt erschließen, für den Ablauf von Zeit fehlt ihm aber ein Sinnesorgan. Er muss sich aus dem, was er sinnlich erfahren kann, eine Art innerer Uhr zusammenbauen, die ihm den Verlauf von Zeit anschaulich macht. Dazu braucht er äußere Ereignisse, die immer wiederkehren. Einige Rhythmen sind uns von der Natur vorgegeben: Tag und Nacht, die Abfolge der Jahreszeiten, bei Frauen der Menstruationszyklus. Andere Rhythmen müssen wir uns selber setzen, um das Miteinander mit anderen Menschen zu synchronisieren. Der wahrscheinlich älteste menschengemachte Rhythmus ist die Verteilung gemeinsamer Mahlzeiten über den Tag. Gerade für ein Kind ist das wichtig. Da liegt der Tag wie eine Ewigkeit vor ihm – wie soll es dann wissen, wann man zu dem versprochenen Besuch bei der Oma aufbricht? Zur Sicherheit fängt man mit dem Quengeln schon nach dem Aufstehen an. Sagt aber die Mutter: »Wir fahren nach dem Mittagessen!«, lohnt es sich eben doch, erst noch einmal die Holzeisenbahn umzubauen.

Nun könnte man argumentieren, durch die anderen Termine des Tages seien schließlich schon genügend »Anker« gesetzt, an denen sich ein Zeitempfinden entwickeln kann. Beginn und Ende von Kindergarten oder Schule, Nachmittagstermine und nicht zuletzt das Fernsehprogramm strukturieren den Tag in so regelmäßiger Unerbittlichkeit, dass man gut auf weitere zeitliche Fixierungen verzichten könne. Eines leisten diese Verpflichtungen allerdings nicht: das Band zwischen Eltern und Kindern zu stärken. Im Gegenteil, viele dieser Termine sind entweder von Hetze geprägt (»Beeil dich, der Bus fährt gleich ab!«), laufen auf eine Trennung hinaus (»Schatz, ich muss jetzt wirklich gehen, die Besprechung fängt gleich an!«), trennen die Welt der Eltern und der Kinder (»Ciao, ich hole dich nachher wieder ab!«) oder lassen beim Fernsehen die Aufmerksamkeit in andere Welten driften. Ein zeitlich festgelegtes Ereignis, das bereits durch das Sitzen um den Tisch die gegenseitige Wahrnehmung und Verbindung fördert, das vermittelt allein die gemeinsame Mahlzeit.

2. *Rituale verankern das Kinderleben in der Realität*
Als unser erstes Kind noch nicht geboren war, freute ich mich auf all das Neue, Unvorhersehbare, Spontane, das in unser

Leben einziehen würde. Ich freute mich auf einen neuen, noch nicht festgelegten Menschen, der spielerisch mit der Welt umgehen würde, und ich wollte die Letzte sein, die ihm dabei Steine in den Weg legen würde. Und dann haben mich mein Sohn und meine Töchter gelehrt, dass es nichts Konservativeres gibt als Kinder. Am besten musste alles so sein, wie es schon immer war. Diese kleinen, vermeintlich flexiblen Menschen, denen die Welt so ganz anders offen stand als uns festgefahrenen Großen, protestierten lauthals, wenn wir etwas verändern wollten – ein Zimmer umräumen, den Weihnachtsbaum woanders hinstellen, einen alten Baum fällen.

Mir wurde bald klar, dass dieses Festhalten an Bekanntem für Kinder die einzige Möglichkeit ist, sich in dem Chaos der Eindrücke, mit denen die Welt sie überschüttet, verlässlich zu orientieren. Je dichter diese Anhaltspunkte im Alltag gesetzt sind, umso sicherer kann sich ein Kind fühlen. Eine immer wieder gleich ablaufende gemeinsame Mahlzeit bildet in diesem Reigen der wiederkehrenden Rituale einen kleinen Höhepunkt. Jedes andere gemeinschaftliche Ritual wie zum Beispiel Vorlesen oder ein Gesellschaftsspiel ist eine Veranstaltung in der Welt der Kinder. Das gemeinsame Essen dagegen ist für alle bedeutsam, auch für die Erwachsenen. Wenn es also darum geht, Kinder stärker in die reale Welt der Erwachsenen einzubeziehen, dann ist der Familientisch der erste und am leichtesten erreichbare Schauplatz der Wirklichkeit, an dem die Kinder sich nicht ausgegrenzt fühlen müssen.

3. *Gemeinsames Essen signalisiert Zugehörigkeit*
Essen und Trinken wird in allen Kulturen eingesetzt, um Gemeinschaft zu stiften. Das spielt sich in den unterschiedlichs-

ten Formen ab, vom dezenten Klingen der Gläser bis zum Gegröle rund um den gebratenen Ochsen. Aber die Botschaft ist immer die gleiche: Wir gehören zusammen, wenn auch nicht für immer, so doch in diesem Augenblick. Treffen zwei Menschen zusammen, die sich lange nicht gesehen haben oder die sich kennenlernen wollen, werden sie, sofern sie nur irgendwie die Möglichkeit haben, sich wenigstens zu einem Getränk zusammensetzen – oder miteinander spazieren gehen. Zusammen essen und zusammen gehen versichern von alters her dem Einzelnen, dass er nicht allein ist. Zusammen gehen verliert im Zeitalter des Autos an Bedeutung, aber essen müssen wir immer noch, und auch heute tun wir es häufig, um Beziehungen zu stärken.

Woher kommt diese Botschaft? Ganz einfach: Ein Mensch, der mir Essen gibt, muss ein Mensch sein, der an meinem Weiterleben Interesse hat, also Vertrauen verdient. Und ein Mensch, der von mir Essen annimmt, drückt dadurch sein Vertrauen in mich aus. Natürlich besteht nicht jedes gemeinsame Essen daraus, dass einer dem anderen etwas gibt, gerade in unserer Kultur kommt es häufig vor, dass man gemeinsam essen oder trinken geht und jeder selber bezahlt. Aber erhalten nicht auch diese Gelegenheiten einen besonderen Glanz und eine besondere Verbundenheit, wenn einer den anderen einlädt?

Essen geben und Essen nehmen sind archaische Formen der Kommunikation, die vermutlich viel älter sind als die Sprache. Schon die kleinsten Kinder verstehen sie; lange, bevor sie verständliche Worte äußern können, fangen sie damit an, der Mutter und auch anderen nahestehenden Menschen Bröckchen von ihrem Essen in den Mund zu stecken. Und jede Oma kann sich vor Entzücken kaum halten, wenn das Enkelchen das erste Mal einen Keks von ihr annimmt!

4. *Am Familientisch ist es leicht, Interesse an den anderen zu zeigen und wahrgenommen zu werden*

Wenn es stimmt, dass der tiefste Wunsch eines jeden Menschen ist, von den anderen wahrgenommen zu werden und zu spüren, dass er für die anderen wichtig ist, dann gibt es im Leben eigentlich nur zwei Gelegenheiten, bei denen sich diese Wünsche verwirklichen lassen: beim Arbeiten und beim Essen. Einem reinen Gespräch fehlt die reale Komponente, dem Spiel die Nützlichkeit, einem Geschenk die fortdauernde Kommunikation. Arbeiten und Essen dagegen sind real nötig, unbedingt nützlich und setzen sich über die Zeit fort.

Zum einen werden die Botschaften des »Ich sehe dich, siehst du mich?« direkt durch das Reichen und Annehmen von Nahrung übermittelt. Es ist durchaus nicht egal, wer am Tisch zuerst aufgetan bekommt, wer von was wie viel bekommt, wer was nicht essen muss, weil er es vielleicht nicht mag. Familien, bei denen mehrere Kinder am Tisch sitzen, kennen das tägliche, teilweise lautstarke Aushandeln dieser Regeln, sofern nicht eiserne Rituale gelten. Aber die sind in unseren demokratischen Familien eher selten geworden. Debatte ist angesagt! Und in dieser Debatte, wenn sie von den Eltern souverän gesteuert wird, findet ein Kind allmählich seinen Platz in der »Herde«.

Dazu kommt, dass man sich beim Essen ganz einfach unterhält. Jeder am Tisch hat die Möglichkeit, sich darzustellen und anderen zuzuhören. Viele Dinge, die im Hin und Her des Alltags ungesagt bleiben würden, können am Familientisch Gehör finden: Erzählungen von Erlebtem, Berichte von eigenen Erfolgen oder Misserfolgen, Kritik und Komplimente, Schmollen und Scherze. Vor allem Scherze! Man weiß, dass gemeinschaftliches Lachen das Belohnungssystem im Gehirn aktiviert, und wann hat man sonst schon viel Gelegenheit, sich anzuschauen und miteinander zu lachen?

5. *Die Gesprächssituation beim Essen öffnet Tore für Dinge, die sonst vielleicht nicht gesagt würden*
Kinder reden nicht gern, sie handeln lieber. Und ausgefragt werden sie schon gar nicht gern. Wenn man von seinen Kindern etwas erfahren will, was sie außerhalb der Familie erleben, muss man meist darauf warten, dass sie es von sich aus erzählen – oder eine Situation schaffen, in der ganz beiläufig doch das ein oder andere angedeutet wird. Das lässt sich dann durch behutsame Nachfrage zu einem vollständigen Bild ergänzen. Solche Situationen sind nach meiner Erfahrung: zusammen Auto fahren, zusammen arbeiten und zusammen essen. In all diesen Situationen können in einer Mischung aus Zuwendung und Beschäftigung mit etwas Drittem Mitteilungen beiläufig gemacht werden, die sonst vielleicht an der Hürde des Berichten-Müssens hängen bleiben würden.

6. *Beim gemeinsamen Essen lernen Kinder die Eigenheiten von Menschen unterschiedlichen Lebensalters kennen*
Merkmal einer Familie ist, im Gegensatz zu Kindergartengruppe, Schulklasse und Clique, dass die Familienmitglieder unterschiedlichen Altersgruppen angehören. Mit den fast gleichaltrigen Eltern sitzen selten Geschwister mit gleichem Entwicklungsstand am Tisch. Ein Kindergartenkind muss mit einem Krabbelkind zurechtkommen, ein Grundschulkind mit einem Kindergartenkind, ein Teenie mit einem quirligen Neunjährigen, alle Kinder zusammen mit den Erwachsenen, und wenn die Familie mit der Verwandtschaft eng beieinander wohnt, sitzen vielleicht sogar manchmal noch ältere und alte Menschen mit am Tisch.

Dem kleinen Bruder nachzusehen, dass er immer wieder stört, wenn man gerade etwas erzählen will, der Oma zu verzeihen, dass sie es nicht leiden kann, wenn gekleckert wird, den Wunsch des Vaters zu akzeptieren, dass er unbedingt mit der Mutter langweilige Sachen besprechen will, auszuhalten, dass die kleinen Geschwister so langsam essen, wenn man doch selbst am liebsten schnell mampfen und dann wieder zum Computer möchte – all das ist mühsam, aber möglich und eine gute Schule für die nötige Alltagstoleranz anderen Menschen gegenüber.

7. *Am Familientisch trainieren Kinder und Jugendliche die Interpretation von Gefühlen*
Gehirnforscher haben herausgefunden, dass es dem Menschen nicht angeboren ist, differenziert in den Gesichtern seiner Mitmenschen zu lesen. Er muss sich das Alphabet des Mienenspiels erst langsam durch Erfahrung aneignen und dann auch noch durch die Wirren der Pubertät retten, während der das Synapsengewitter in seinem Gehirn gerade diese Fähigkeit zeitweise einschränkt (vgl. S. 83). Natürlich trifft ein Kind auch in anderen Lebensbereichen auf Stimmungen und Gesichter, an denen sich dieses Wissen trainieren lässt, aber das Einandergegenüber-Sitzen im Rahmen einer gemeinsamen Mahlzeit bietet einen ganz besonderen Übungsplatz für das Wahrnehmen von Befindlichkeiten. Denn es sind vertraute Gesichter, in denen sich vor den Augen eines jungen Menschen Stimmungen in winzigsten Veränderungen zeigen. Wird das Ritual des gemeinsamen Essens auch und gerade in der Zeit aufrechterhalten, in der es Jugendliche besonders schwer damit haben, sich auf andere Menschen einzulassen, fällt der Schwund der Menschenkenntnis vielleicht nicht so drastisch aus, als wenn man

achselzuckend ihrem Bestreben nachgibt, sich familiären Veranstaltungen zu entziehen oder diese mangels Interesses der Teenies sogar gänzlich streicht.

8. *Am Familientisch werden Maßstäbe menschlichen Miteinanders vermittelt*

Nun ist das Curriculum des Familientischs mit dem Lernziel »Befindlichkeiten erkennen« noch immer nicht erschöpft. Neben diesem »Erkenne den anderen« gibt es noch das »Beherrsche dich selbst«. Das klingt zwar stark nach Sichzusammenreißen und Hacken-zusammen-Schlagen, so ist es aber keineswegs gemeint. Eher geht es um emotionale Selbstverwaltung, die Kinder erst langsam aufbauen müssen. Für die Einübung von Geduld (»Ich muss warten, bis der Papa auch am Tisch sitzt«), von Selbsteinschätzung (»Wie viel werde ich wohl essen können?«) und von Teilenkönnen (»Wenn nicht viel Eis da ist, bekomme ich nicht mehr als die anderen«) ist eine gemeinsame Mahlzeit ein gutes Übungsfeld. Die so gelernten Lektionen werden dem Kind auch in anderen Bereichen dienlich sein. Genauso kann es aber auch lernen, seine eigenen Interessen angemessen zu äußern und durchzusetzen. Wenn sich der große Bruder immer das größte Würstchen schnappt, ist es das Recht der kleinen Schwester, darauf hinzuweisen und zu fordern, dass sie es auch mal bekommt. Und das, ohne es ihm einfach vom Teller zu klauen!

Zu den so vermittelten Werten gehören auch noch die Zügelung von Gier, die gesellschaftlich vereinbarten Vorstellungen von Reinlichkeit, die Zurückhaltung körperlicher Vorgänge – man kleckert, schmatzt und sabbert nicht – und die Anpassung an ein als angemessen angesehenes Tempo. Diese subtilen Botschaften sind nicht in jeder Kultur gleich, aber für jedes Individuum in seinem Lebensumfeld wichtig, um sich als Mitglied der Gemeinschaft gut einfügen zu können.

9. *Gemeinsames Essen verhindert gedankenloses Schlingen und ist darum ernährungsphysiologisch wichtig*
Sitzen mehrere Menschen zum Essen zusammen, lassen sie sich in der Regel mehr Zeit als jeder für sich allein. Man redet zwischendurch, hört dem anderen zu, trinkt einen Schluck, kurz: Man hat mehr Zeit, die Nahrung langsam aufzunehmen. Nach dem, was man über die belebenden Wirkungen guter Gemeinsamkeit weiß, will man auch gern glauben, dass Essen in Gesellschaft besser schmeckt. Denn über das Zugehörigkeitsgefühl und das gemeinsame Lachen wird im Gehirn jenes Belohnungssystem aktiviert, das schon für sich die Lebensgeister zum Tanzen bringt – um wie viel mehr im Verbund mit leckerem Essen! Auf jeden Fall tut es nicht nur der Seele, sondern auch dem Körper gut, nicht nur nebenbei und für sich allein zu essen.
Allerdings, eine Einschränkung muss erlaubt sein: Manchmal kann es wunderbar sein, sich ganz allein mit einer Suppe, einem Salat oder einer Stulle hinter einer Zeitung zu verkriechen! Auch das ist ein Genuss, den man sich und auch seinen Kindern nicht durch Familientisch-Dogmatik verderben lassen muss ...

10. *Am Familientisch trainieren Kinder ihre Feinmotorik*
Eine Hauswirtschaftslehrerin hat mir vor einiger Zeit entgeistert berichtet, es gebe immer mehr Kinder, die nicht normal mit Messer und Gabel essen können. Sie wären zwar hellauf begeistert, im Hauswirtschaftsunterricht warme Mahlzeiten zuzubereiten, aber wenn es ans Essen gehe, zeige sich größtes Ungeschick, diese nach unseren Maßstäben anständig zu ver-

zehren. Auf Nachfrage kommt dann heraus, dass in den Familien dieser ungeschickten Kinder viel nebenbei und aus der Hand gegessen wird: Pizza, Döner, Pommes, Fischstäbchen und anders Fingerfood. Ganz abgesehen davon, dass all die subtilen Sozialisationsprozesse des gemeinsamen Essens, die ich oben beschrieben habe, dann nicht mehr stattfinden, geht den Kindern auch ein nicht zu unterschätzendes Übungsfeld für ihre Feinmotorik verloren. Es ist ohnehin zu beobachten, dass Kinder immer ungeschickter werden. Vieles, was noch vor wenigen Jahrzehnten im Handarbeits- und Werkunterricht möglich war, ist heute undenkbar. Stricken steht schon längst nicht mehr auf dem Lehrplan, gehäkelt wird nicht mehr im dritten, sondern im vierten Schuljahr und nur noch Netze aus Luftmaschen, und die Ergebnisse von Laubsägearbeiten sind im Allgemeinen recht bescheiden. In meinem Flötenunterricht beobachte ich sogar bei motivierten Kindern eine zunehmende Unfähigkeit, mit ihren Fingern die Löcher der Flöte richtig abzudecken. Es gibt Kinder, die nach einem ganzen Jahr Unterricht noch nicht den tiefsten Ton auf der Sopranflöte greifen können. Diese Probleme hatte ich bei meinen ersten Schülern vor dreißig Jahren in keinem einzigen Fall.

Natürlich ist das Essen mit Messer und Gabel kein Wundermittel gegen ungeschickte Hände. Aber ein Kind, das schon früh selbst mit dem Löffel isst, Kartoffeln auf eine Gabel pikt und sich selbst ein Brot schmieren darf, geht täglich mit Werkzeugen um und lernt, die richtige Kraft damit aufzuwenden und richtig zu zielen. Das ist für Eltern sicher mühsamer, als das Kind so lange zu füttern, bis es Bröckchen essen kann, ihm dann Bröckchen zu schneiden und ihm später Fingerfood und fertig bereitete Stullen in die Hand zu drücken. Aber der Stolz des Kindes, dass es essen darf wie die Großen, und die wachsende Geschicklichkeit der kleinen

Hände sollten Grund genug sein, diese geringe Mühe auf sich zu nehmen. Ein Lätzchen um den Hals, ein Wachstuch auf den Tisch, ein Lappen zum Abwischen, ein Tuch unter den Kindersitz, und das Fitness-Center für die Finger ist perfekt. Und später, wenn es Braten zu zerteilen und Erbsen auf der Gabel zu balancieren gibt, fördert diese kleine Übung vielleicht sogar die Lesbarkeit der Handschrift.

11. *Geschichten ums Essen bilden eine Brücke zur Welt*
Was wir essen, ist irgendwo gewachsen, wurde angebaut, gezüchtet, geerntet, geschlachtet, verarbeitet, verteilt, verkauft. All diese Vorgänge sind Teil der Welt, in der wir leben, und wenn wir die Gelegenheit beim Schopf packen, angesichts des Essens auf dem Tisch unsere Kinder darauf hinzuweisen, wie all das dorthin gekommen ist, dann betten wir unser kleines, privates Leben in das große Ganze ein, von dem wir ein Teil sind. Je nach Alter der Kinder werden das kleine Geschichten sein von der Kuh Karina, die es immer so kitzelt, wenn der Bauer sie melken will, bis hin zum Nachdenken über die Lebensbedingungen von Reisbauern und Kaffeepflückern.
Das heißt natürlich nicht, jede Mahlzeit zu einer Vorlesung über Agrarpolitik zu machen, das würde jedem, Kind wie Erwachsenem, auf die Dauer den Appetit verderben. Aber wer oft miteinander am Tisch sitzt, wird immer wieder Gelegenheit finden, darüber nachzudenken, was wir essen, was gesund ist und was weniger gesund, wo es herkommt und ob man vielleicht das eine oder andere lieber nicht essen sollte.

12. *Gemeinsames Kochen ist der Königsweg in die wirkliche Welt an der Seite der Großen*
Im Leben gibt es viel zu tun, aber was Kinder am ehesten einsehen, ist die Zubereitung von Essen. Man hat schließlich

sofort etwas davon! Und es gibt für jedes Alter Handgriffe, die ein Kind ausführen kann, vom einfachen Wedeln mit dem Kochlöffel in der zwar irrigen, aber höchst befriedigenden Vorstellung, etwas zu dieser Arbeit beizutragen, bis später zum Bereiten einer kompletten Mahlzeit, die dann auch richtig schmeckt.

Natürlich müssen Sie sich bei gemeinsamen Kochaktionen von der Vorstellung verabschieden, zügig und sauber arbeiten zu können. Das Kind wird zwar der Meinung sein, dass es dem Erwachsenen durch seine Mithilfe die Arbeit erleichtert, aber dazu wird es erst kommen, wenn die Erwachsenen schon einige Geduld investiert haben, da sollte man sich nichts vormachen. Aber kaum eine Investition im Leben ist so lohnend wie diese! Bei der Zubereitung lernt ein Kind noch viel mehr über Lebensmittel als beim gemeinsamen Essen, es lernt, mit dem Handwerkszeug umzugehen, es lernt, Mengen einzuschätzen, Geschmacksrichtungen zu kombinieren, den Umgang mit Hitze und Kälte, und es lernt Kooperation und Arbeitsteilung kennen. Nicht zuletzt bietet auch die gemeinsame Arbeit in der Küche Situationen, in denen vieles ganz nebenbei zur Sprache kommen kann.

Welche Tätigkeiten man dem Kind in der Küche überträgt, hängt von den konkreten Gegebenheiten ab. Alter des Kindes, Art des Vorhabens und vor allem die Platzverhältnisse bilden den Rahmen, in dem sich das gemeinsame Kochen abspielen kann. Vielleicht muss man die eine oder andere Tätigkeit wie Möhrenschälen oder Schinkenwürfelschneiden auf den Esstisch verlegen, für kleine Topfrührer kann ein Schemelchen notwendig werden, und so manches lässt sich auch auf dem Boden erledigen, wenn man dort mit einem großen Wachstuch für lebensmittelsaubere Verhältnisse sorgt. Wer sich darauf einlässt, den Kindern die Küche zu

öffnen, dem wird schon einfallen, wie er seine Küche kinder-
tauglich macht.
Und dann: Guten Appetit!

Das Dorf
Autorität weitergeben

An anderer Stelle war schon die Rede von jenem bekannten afri-
kanischen Sprichwort: »Um ein Kind großzuziehen, braucht
man ein ganzes Dorf.« Ein wahrhaft weiser Satz! In einem funk-
tionierenden Dorf gibt es praktische Unterstützung für die Eltern, eine Vielfalt an Rollenvorbildern für die Kinder und gemeinschaftlich wahrgenommene Erziehungsverantwortung –
die Vorzüge eines solchen überschaubaren Terrains, bevölkert
von bekannten Personen, sind kaum zu überschätzen.

Leider leben die wenigsten von uns in einem solchen »Dorf«.
Weder können wir unsere Kinder einfach laufen lassen, damit sie
sich so ihren Lebensraum Stück für Stück erschließen, noch können wir den Personen unserer Umgebung so sehr vertrauen, dass
wir sie unbesehen als Miterzieher unserer Kinder einplanen würden. Heckte früher ein Trüppchen von Bengeln auf dem Nach-
barhof Unsinn aus, war es das gute Recht des Bauern, die Bande
zusammenzustauchen, und die Eltern werden einverstanden gewesen sein, falls der Nachbar nicht als Wüterich verschrien war.
Diese gemeinschaftlich ausgeübte Erziehung sorgte dafür, dass
die Vorstellungen davon, wie man sich in einer Gruppe von Menschen zu verhalten hatte, einheitlich weitergegeben wurden.

Sie hatte aber noch einen anderen Effekt. Da das Kind wusste, in welcher Beziehung die Erwachsenen zueinander standen, konnte es sein Vertrauen, das es in erster Linie seinen Bindungspersonen entgegenbrachte, zeitweilig auch auf andere übertragen. War die Mutter auf dem Feld, konnte ein Kind auch zur Nachbarin laufen, wenn es sich das Knie aufgeschlagen hatte. Konnte der Vater gerade nicht helfen, das ausgerissene Schaf zu fangen, holte man den großen Sohn von nebenan. In diesem Netz von räumlicher Nähe anderer Erwachsener und deren besonderen Kompetenzen und Zuständigkeiten erweiterte sich die Autorität der Eltern ganz automatisch um die Fähigkeiten der anderen Dorfbewohner.

In unserer Gesellschaft haben die Kinder auch mit vielen anderen Erwachsenen zu tun. Aber diese Erwachsenen haben in der Regel zu den Eltern keine oder im schlimmsten Falle sogar eine gespannte Beziehung. Das kommt vor allem Lehrern gegenüber häufig vor. Eltern bringen ihre Kinder in den Kindergarten und schicken sie in Schule und Kinderhort, oftmals ohne überhaupt zu wissen, auf welche Personen sie dort stoßen werden. Aber auch wenn die Eltern Gesicht und Namen von Erzieherinnen, Lehrerinnen oder Lehrern kennen und sogar auch dann, wenn sie die Institution sorgfältig ausgewählt haben, gibt es meist keine persönliche Verbindung zwischen den Erwachsenen, die sich die Betreuung des Kindes teilen. Die Beziehungsräume, in denen sich das Kind den Tag über bewegt, haben keine Verbindung miteinander, es muss sozusagen die Tür hinter sich zumachen, wenn es den nächsten Raum betritt.

Unter diesen Umständen kann es leicht passieren, dass die durch lange Trennungen oder auch andere Gegebenheiten entstandene Bindungslücke mit der Orientierung an Gleichaltrigen gefüllt wird. In der kollektiven Betreuungssituation fällt es vielen Kindern schwer, zu den dort anwesenden Erwachsenen eine direkte Beziehung herzustellen, zumal diese bei der Menge der zu betreuenden Kinder kaum eine Chance haben, den »Herholtanz« (vgl. S. 157) für alle Kinder hinreichend zu gestalten.

Um das zu verhindern, können Eltern versuchen, den Stab vor den Augen der Kinder direkt an die Betreuungspersonen weiterzugeben. Das Kind muss nicht nur wissen, sondern sehen und spüren, dass die Eltern und die anderen Erzieher Vertrauen zueinander haben und gemeinsam dafür sorgen, dass es dem Kind gut geht. Nun werden zwar Eltern, die sich mit einem Buch wie diesem beschäftigen, ohnehin mit Sorgfalt darauf achten, wem sie ihre Kinder den Tag über anvertrauen. Aber auch ihnen sei der Gedanke noch einmal nahegelegt, dass ihr Kind das Gefühl braucht, seine Eltern und seine Erzieher stünden in einer positiven Beziehung zueinander.

Im Kindergarten können Sie beim Abgeben des Kindes regelmäßig ein paar Minuten mehr einplanen, um mit den Erzieherinnen ein paar freundliche Worte zu wechseln. Bei diesen Gesprächen sollte es nicht nur darum gehen, wie sich das Kind im Kindergarten verhält; sondern ein paar Sätze über den letzten Urlaub oder ein spannendes Projekt am eigenen Arbeitsplatz signalisieren dem Kind beim Schuhewechseln das Interesse der Mutter oder des Vaters an der Person der Erzieherin, nicht nur an deren Tätigkeit. Das hört sich möglicherweise etwas aufgesetzt an, und wer solches Interesse an anderen aufdringlich findet, mag seine Schwierigkeiten damit haben. Aber wer vorsichtig damit beginnt, wird bald merken, dass es das »Team-Gefühl« gegenüber dem Kind stärkt und diesem den Wechsel von einer zur anderen Person erleichtert.

Besonders wirkungsvoll ist es, wenn Eltern eigene Kompetenzen in den Kindergartenalltag einbringen können. Bei uns hat sich so etwas zufällig ergeben, weil an unserem kleinen Kindergarten zeitweilig keine Erzieherin war, die richtig singen konnte. Darum hatte mich die Leiterin gebeten, einmal in der

Woche zu kommen und mit den Kindern zu singen. Die Situation, dass nicht nur die Erzieherinnen die Rolle der Mutter, sondern die Mutter die Rolle der Erzieherin übernahm, band den Kindergarten sofort in ganz anderer Weise in unseren Familienalltag ein, als wenn es beim einfachen Hinbringen und Abholen geblieben wäre. Später, als wieder musikalischere Mitarbeiterinnen aufgetaucht waren, spielte ich häufiger im Kindergarten Puppentheater. So blieb die Rolle der »Team-Beigeordneten« auch für unsere jüngeren Kinder ein wenig erhalten. Es lassen sich viele andere Möglichkeiten denken, wie man als Elternteil zu den Aktivitäten beitragen und damit die Verbindung von Elternhaus und Kinderwelt stärken kann: im Kindergarten mit den Kindern kochen, backen, zum Vorlesen kommen, bei der Turnstunde unterstützen, an Aktionen wie Drachensteigen oder Lagerfeuer teilnehmen, dem Kind mal einen Kuchen mitgeben oder eine vorbereitete Bastelarbeit für alle.

Ohne Mühe geht das natürlich nicht, vielleicht muss man sogar einen Urlaubstag dafür nehmen. Aber der Stolz, den die Kinder empfinden, dass »ihre« Erwachsenen so tolle Sachen machen können, ist ein wichtiger Baustein in der Bindungsbeziehung, auch oder gerade wenn man das Kind viele Stunden in der Woche anderen zur Betreuung überlässt.

Auch in der Grundschule sind Lehrer meist dankbar, wenn Eltern nicht nur Kritik äußern, sondern Mitarbeit anbieten. Es gibt z. B. in vielen Grundschulen sogenannte Lesemütter, die in den ersten Schuljahren mit den Kindern in kleinen Gruppen lesen üben. Neben der auf diese Weise erweiterten Übungszeit für alle Kinder ergibt das den positiven Nebeneffekt für die Kinder dieser Mütter, dass ihnen durch den Rollentausch von Mutter und Lehrerin auch der Tausch andersherum erleichtert wird und die Lehrerin ebenfalls eher als Vertrauensperson angesehen werden kann. Auch hier lassen sich noch andere Felder denken, auf denen Eltern zum Unterricht beitragen können und so ganz beiläufig die Autorität der Lehrer für das eigene Kind stärken: der Förster, der mit den Kindern in den Wald geht, die Physiotherapeutin, die im Turnunterricht gezieltes Fuß- oder Rückentraining anbietet, die Sekretärin, die mit den Kindern Ordnung in die Schulranzen bringt, die Krankenschwester, die einen kleinen Erste-Hilfe-Kurs macht, der Arzt, der kindgemäß über Infektionskrankheiten informiert, der Polizist, der eine Stunde Verkehrsunterricht macht – die Liste ließe sich beliebig verlängern. Einsatz für die Schule muss nicht beim Kuchenbacken für das Schulfest stecken bleiben, so lecker diese Kuchenbüfetts auch immer sein mögen!

Wem solche Beiträge zu aufwendig sind oder wessen Spezialgebiet nichts für eine Schulklasse hergibt, muss aber nicht auf ein Band zwischen Schule und Elternhaus verzichten. Er kann ganz einfach ab und zu einen Vormittag lang im Unterricht hospitieren. Man hat als Eltern das Recht, nach Ankündigung auch ohne besonderen Anlass den Unterricht des eigenen Kindes mitzuerleben. Man kann sich vom Kind die Klassenkameraden vorstellen lassen und bekommt so einen Eindruck vom Umgangston in der Klasse und zwischen Lehrern und Schülern. Dann hat das Kind am Mittagstisch nicht mehr das Gefühl, aus einer Welt zu kommen, die mit der zu Hause nichts zu tun hat, erzählt eher und nimmt auch bereitwilliger Rat an.

Der Grundgedanke: Wenn Sie eine Verbindung zwischen sich selber und den anderen erwachsenen Personen herstellen, die für das Kind wichtig sind, haben Sie bereits ein kleines »Dorf« geschaffen, in dem sich das Kind sicher aufgehoben fühlt.

Werden die Kinder älter, ist das nicht mehr so einfach. Etwa ab der fünften Klasse ist es ihnen eher peinlich, wenn die Eltern in der Schule erscheinen. Die Option, sich einfach mal einen Vormittag hinten in die Klasse zu setzen, sollte man streichen. Nicht zu streichen braucht man allerdings das Einbringen von Fachkompetenzen. Im Gegenteil, in den weiterführenden Schulen kann das noch interessanter werden. Ein Vater könnte für die Klasse seines Kindes eine Besichtigung seines Betriebes organisieren, oder eine Mutter berichtet von einer interessanten Geschäftsreise nach Indien. Solche Streifzüge ins wirkliche Leben können zugleich vermitteln, dass das, was die Lehrer anzubieten haben, gar nicht so sinnlos ist, wie es den Kindern und vor allem Jugendlichen erscheinen mag. So können Schüler sehen, dass Kenntnisse in Geometrie nicht nur sinnlose Quälerei mit Zirkel und Lineal sind, sondern notwendig, um saubere Pläne herzustellen, auch wenn sie im Betrieb per Computer gezeichnet werden. Oder ihnen wird klar, dass für die Geschäftsreise nach Indien Englischkenntnisse unabdingbar waren, Vokabelpaukerei macht also doch Sinn. All das dient auch der Lernmotivation und dem Respekt vor dem Lehrer. Zu glauben, der bundesweit praktizierte »Girls Day«, der ja auch von Jungen in Anspruch genommen werden kann, würde diese Idee bereits abdecken, verkennt den Beziehungsaspekt einer solchen Aktion. Wenn das Angebot von den Eltern kommt, ist es ungleich wertvoller, als wenn es von außen herangetragen wird.

Dabei sind der Fantasie keine Grenzen gesetzt. Wenn das Prinzip erkennbar ist: »Ich als dein ›Mentor‹ lasse dich wissen, was ich tue, und ich lasse dich und deine Freunde an meinen Erfahrungen teilnehmen«, kann das verhindern, dass der Jugendliche seine Eltern nur noch als uninteressante Nervensägen betrachtet. Wenn nur ein einziger Kumpel nach einer solchen Aktion sagt: »Dein Alter ist voll cool!«, haben Sie wieder einen Strang in das Band zwischen Ihnen und Ihrem Kind geflochten, und das, ohne sich im Mindesten an die Umgangsformen der Jugendliche anbiedern zu müssen.

Dieses »Dorf« lässt sich noch in eine andere Richtung erweitern. Wenn Sie wollen, dass Ihre Kinder reichlich Kontakt mit anderen Kindern haben, aber nicht der fragwürdigen Gleichaltrigenorientierung verfallen, ist es am besten, Sie bilden einen Verbund von Familien, innerhalb dessen die Kinder sich gerne und oft miteinander verabreden können, ohne aus dem unterstützenden Netz von erwachsenen Lotsen herauszufallen. Dann können Sie Ihr Kind unbesorgt bei Freunden übernachten lassen, weil Sie wissen, dass es nicht mit dem Freund zusammen bis um drei Uhr morgens Horrorfilme anschaut, weil sich kein Erwachsener darum kümmert. Solche Familien können auch anderes gemeinsam unternehmen, ohne dass es den Kindern langweilig wird. Und sie können den Kindern Erfahrungen verschaffen, die in einer einzelnen Familie in der Vielfalt nicht möglich wären: Ein Vater hat vielleicht Spaß am Schwimmengehen, eine Mutter kann nähen, in einer anderen Familie gibt es ein kleines Baby, in der nächsten Familie wird Musik gemacht, eine andere züchtet Goldfische und wieder eine hat ein Pferd. Es ist sicher nicht immer einfach, einen solchen Familienverbund herzustellen und aufrechtzuerhalten. Aber diese Mühen stehen in keinem Verhältnis zu den Nöten, in die man geraten kann, wenn man die Kinder zu früh einer ungesteuerten Jugendszene mit ihren oft gnadenlosen Regeln überlässt.

Aber auch hier: Niemand braucht diese Tipps für verschiedene Lebenslagen auswendig zu lernen. Wer sich klarmacht, wie wichtig es ist, zu den anderen maßgeblichen Personen im Leben seiner Kinder positiven Kontakt zu halten, dem wird schon einfallen, was in seiner Situation richtig und machbar ist.

Der Familienalltag
Das Mitnehmen gestalten

Zusammen mit dem Säugling

Nimmt man die Prämisse wörtlich, die Kinder mit in den eigenen Alltag zu nehmen, werden sich manche frischgebackenen Eltern fragen, in welchen Alltag sie ihr Baby denn mitnehmen sollen, da es doch überhaupt keinen normalen Alltag mehr gibt. Die meisten jungen Mütter und Väter erleben in den ersten Monaten mit ihrem Baby eine so vollständige Umwälzung ihres bisherigen Lebens, dass es eher so scheint, als ziehe umgekehrt das Kind die Eltern in seine Welt.

Das stimmt und stimmt auch nicht. Natürlich braucht man viele Stunden am Tag, um einen Säugling zu versorgen, und diese Stunden gehen dem, was man bisher als »normalen Alltag« bezeichnet hat, verloren. Aber es bleiben genug Bereiche übrig, die nach wie vor erledigt werden müssen, selbst wenn man hundemüde ist, und auch solche, die nach wie vor Spaß machen. Einkaufen, Kochen, Putzen, Waschen sind die notwendigen Dinge, Spazierengehen, Freunde besuchen, Ausstellungen besichtigen, im Restaurant essen die angenehmen. Ein Säugling tut seinen Eltern den Gefallen, klein und leicht zu sein und sich noch nicht aus eigener Kraft vom Fleck zu bewegen. Man kann ihn also bei solchen Aktivitäten mitnehmen, wo es weder zu laut zugeht noch allzu sehr stört, wenn man mal die Geräusche eines Babys hört.

Das geht sofort
Ich hatte es schon angedeutet: Sie brauchen nicht zu glauben, Sie müssten alle Hausarbeit erledigen, wenn das Baby schläft,

damit Sie dann, wenn es wach ist, Zeit für es haben. Machen Sie es andersherum: Erledigen Sie die Hausarbeit mit dem wachen Baby an Ihrer Seite und erholen Sie sich, wenn es schläft.

Am besten binden Sie sich das wache Baby mit einem Tragetuch auf den Rücken und bringen Küche oder Schlafzimmer in Ordnung oder kochen ein gutes Essen. Wenn Ihr Kind dabei einnickt, machen Sie entweder einfach weiter oder legen es vorsichtig ins Bett. Aber auch die weniger exotischen Utensilien der Babybetreuung wie Strampeldecke, Wippe, Ställchen und Kinderwagen ermöglichen es, das Kind bei der Hausarbeit dicht bei sich zu haben. Man muss dann nur damit rechnen, häufiger unterbrochen zu werden. Denn ein Baby ist selten länger als fünf bis zehn Minuten zufrieden, dann braucht es wieder Ansprache, Anregung oder eine Lageveränderung. Hat man es dagegen umgebunden, ist dem Kind die stetige Bewegung Abwechslung genug.

Das macht etwas Mühe

Etwas mühevoller ist es, ein Baby zu Gelegenheiten mitzunehmen, bei denen die Gegenwart von Kleinkindern eher unüblich ist. Das erfordert außer dem Einpacken von Wickelzeug den Mut, das Baby unter Umständen zu wickeln und zu stillen, unter denen auch mal Naserümpfen anderer hervorgerufen werden kann. Aber wirklich aufwendig ist das im Zeitalter der Fertigwindeln und Feuchttücher nicht mehr, und auch der Anblick stillender Mütter in der Öffentlichkeit stört in der Regel niemanden. Bei uns ging zwar vor ein paar Monaten ein Fall durch die Lokalpresse, bei dem eine stillende Mutter des Lokals verwiesen wurde, aber so etwas dürfte eine Ausnahme sein und stieß bei Redakteuren und Lesern auf wenig Verständnis.

Manche junge Eltern nehmen ihre Babys sogar auf abenteuerliche Reisen mit. Wir selber haben mit unserem acht Monate alten Söhnchen eine Fahrradtour durch den Schwarzwald gemacht, und zwar zu Zeiten der Dreigangschaltung. Es war kein voller Erfolg, aber eine eindrückliche Erfahrung, die uns viel über uns und unser Kind gelehrt und mehr Reiseerinnerungen hinterlassen hat als so mancher längere Urlaub. Mit etwas besserer Ausrüstung und nicht gerade im Bergland kann so etwas aber durchaus eine schöne Sache sein. Sie müssen allerdings damit rechnen, dass ein Kind, das zu Hause schon recht unternehmungslustig wirkte, in einer fremden Umgebung nicht von Ihrer Seite weichen wird.

Wollen Sie Ihr Baby außer Haus mitnehmen, dann müssen Sie die notwendigen Utensilien beschaffen. Ein Autokindersitz ist ohnehin ein Muss, ein Kindersitz oder Anhänger fürs Fahrrad eine schöne Option. Um das Kind woanders schlafen legen zu können, kann man die einfache Version wählen und ein Fell oder eine vertraut riechende Decke mitnehmen, um dem Kind auch in einem fremden Bett Heimeligkeit zu verschaffen, die andere Möglichkeit sind Kinderwagen und Reisebett. So ist man nicht darauf festgenagelt, jeden Abend um sieben zu Hause zu sein. Und nicht vergessen: das (strahlungsarme!) Babyphon.

Für das Unterhaltungsprogramm selber brauchen Sie nicht viel mehr als den Lieblingsteddy. Ein Baby langweilt sich selten in fremder Umgebung, solange es »seine« Erwachsenen in der Nähe hat.

Hier noch ein kleiner Exkurs zum Laufstall, dem »Babyknast«, wie ich ihn einen Vater nennen hörte. Unter modernen Eltern galt er lange Zeit als Instrument zur Unterdrückung von Neugier und Forschungslust des Kleinkindes, man sah nur das Einsperren des Kindes, nicht aber das Aussperren der unübersichtlichen Welt. Wir selber haben einen Laufstall nur in unserer ersten, sehr engen Wohnung benutzt, um zu verhindern, dass wir ständig auf das Spielzeug des Sohnes traten, die drei Töchter sahen nie ein Ställchen von innen. Nicht so unsere Enkelin; sie hat mich gelehrt, dass ein Laufstall ein heimeliger Ort sein kann, in dem ein Krabbelkind in aller Ruhe seinen Forschungsarbeiten an den verschiedensten Dingen nachgehen kann, ohne durch die Grenzenlosigkeit einer riesigen Wohnung irritiert zu werden. Solange man das Ställchen nicht dazu benutzt, das Kind von möglichen Erfahrungen abzuschneiden, kann es für ein paar Monate durchaus ein guter Ort für ein Baby sein. Ist das Ställchen groß genug, kann das Baby dort gefahrlos neue Bewegungen üben, ohne von der Decke zu rollen oder sich unter einen Schrank zu manövrieren. Unter dem Aspekt, dass die Welt »klein sein muss, bevor sie groß wird« (Anna Wahlgren), kann auch ein Laufstall ein Stück »kleine Welt« sein, in das man das Kind natürlich nicht mehr einsperren sollte, wenn es laufen kann und deutlich Lust auf die größere Welt zeigt.

Träume – Träume?

Vor Kurzem kaufte ich in einem Stoffladen einen Reißverschluss und wurde zu meinem Erstaunen von einer Frau bedient, die ein Baby umgebunden hatte. Das Kind am Arbeitsplatz! Allerdings: Es war die Geschäftsinhaberin persönlich, sie hatte keine Kämpfe darum auszufechten.

Ich denke, es gibt einige Arbeitsplätze, an denen es durchaus möglich wäre, unter Einberechnung eines reduzierten Arbeitstempos einen Säugling oder auch ein Kleinkind dabeizuhaben. Zumindest müsste es möglich sein, dass eine Frau zeitweise mit ihrem Kind ihren alten Arbeitsplatz aufsucht und so die Entwicklungen mitbekommt, die dort stattfinden, sodass sie später ihre Arbeit reibungsloser wieder aufnehmen kann.

Bereits ein Stückchen realisierter Traum: Im Justizministerium Niedersachsen gibt es ein »rollendes Kinderzimmer«, das Mitarbeitern ins Büro gebracht wird, die kurzfristig ein Problem mit der Kinderbetreuung haben. Es ist mit Wickelplatz, Bett und

Spielzeug ausgestattet und erlaubt es den Eltern, wenigstens für Anrufe am Arbeitsplatz zu sein. Es wird nicht einmal erwartet, dass die übliche Arbeitseffektivität erreicht wird, die Mitarbeiter scheinen aber dennoch oft eine Menge zu schaffen, auch wenn die Kinder dabei sind.

Oder wie wäre das: Eine Lehrerin in Erziehungszeit wird einige Stunden in der Woche bei der Hausaufgabenbetreuung eingesetzt, und in der Ecke des Raumes steht ein Laufstall, in dem ihr Kind sich beschäftigen kann? Das Kind würde lernen, dass die Mutter nicht nur für es allein auf der Welt ist, und die anderen Kinder würden erleben, wie sich ein Kleinkind verhält. Ich kann mich selbst an so etwas erinnern. Als Frau des Dorfschullehrers unterrichtete meine Mutter Handarbeit in seiner einklassigen Volksschule, und ich tappte zwischen den großen Mädchen herum und bewunderte alle: meine Mutter vorn am Pult und die Schülerinnen, die so wunderbare Dinge herstellen konnten. Diese Bilder habe ich noch vor mir, ich muss also schon etwas größer gewesen sein, aber sie hatte mich auch schon als Baby mit in den Klassenraum genommen.

An Universitäten praktiziert manche studentische Mutter dieses radikale »Mitnehmen«, indem sie ihr Baby zu Vorlesungen mitbringt. Das wird von den Kommilitonen und den Professoren meist toleriert, solange die Mutter bereit ist, bei zu viel Geschrei den Hörsaal zu verlassen.

Nun werden sich in den meisten Berufen kaum Möglichkeiten finden, ein Baby einfach mit an den Arbeitsplatz zu bringen. Dazu sind die Arbeitsabläufe zu sehr auf Effektivität ausgerichtet, und so mancher Arbeitsplatz ist auch gar nicht ungefährlich für ein Kleinkind.

Aber wenn es schon ums Träumen geht – warum nicht auch davon? Und dann vielleicht ein bisschen ausprobieren?

Zusammen mit Kleinkindern

Nun kann das Kind laufen, steckt nicht mehr alles in den Mund, sagt »Mama« und »Papa« und ganz höflich »Dange!«, telefoniert mit jeder Fernbedienung, die es in die Hand bekommt, und ist somit gerüstet für die Welt. Was kann man mit ihm gemeinsam tun?

Das geht sofort
Nicht anders als mit dem Säugling können Sie Ihre Hausarbeit in Gegenwart des Kindes erledigen. Was Sie vor allem dazu brauchen, gibt es kostenlos und sofort: Geduld. Man hat sie nicht immer, aber je öfter man sie aufbringt, umso häufiger wird es zu Situationen kommen, in denen sich das Kind auch mal anders beschäftigt.

Sie erinnern sich daran, wie meine Enkelin uns beim Kochen »hilft« (S. 20). Die Arbeitsplatte in unserer Küche ist legendär. Hier haben unsere Kinder gelernt, was heiß und scharf ist, haben gelernt, Kartoffeln zum Brutzeln zu zerschneiden und zusammen mit Mama Sahne zu schlagen. Sie haben in die Küchenmaschine gestarrt und ihr beim Rühren zugesehen, sie haben ihre Fingerchen in Butterstücke gebohrt und Teigschüsseln ausgeschleckt, sie haben die Hunde auf der Straße und die Kinder unter dem Kastanienbaum beobachtet, und sie schwärmen noch heute davon.

Wenn ich von diesem Logenplatz des Familienlebens erzählte, hörte ich häufig von anderen Müttern den Kommentar: »Die Geduld hätte ich nicht!« Vielleicht stimmt das. Vielleicht hatten die Kommentatorinnen aber nur noch nicht den Hebel in ihrem Kopf umgelegt, dass dies, genau dies, die qualifizierteste Art der Kinderbetreuung ist. Wer sich klarmacht, dass ein solches Einbeziehen auch von kleinen Kindern nicht eine Einschränkung der Leistungsfähigkeit ist, sondern eine Aufwertung der Hausarbeit zu einer pädagogisch wertvollen Veranstaltung, der findet vielleicht in einem Winkel seines Selbst die nötige Geduld doch, auch wenn er glaubte, sie nicht zu besitzen.

Auf ähnliche Weise lässt sich vieles andere erledigen:

- Betten beziehen: Das Kind darf mit abgezogener Wäsche Gespenst spielen!
- Staub saugen: Das Kind darf ein paar Minuten mit anfassen und fühlt sich grandios!
- Wäsche aufhängen oder in den Trockner stopfen: Wie sind Sie jemals ohne den kleinen Helfer zurechtgekommen, der die Wäschestücke anreicht?
- Einkaufen: Wie würden Sie es schaffen, ohne dass das Kind die Butter festhält, wenn es oben im Einkaufswagen sitzt?
- Spülmaschine ausräumen: Wie wunderbar, dass Sie nicht alles alleine machen müssen – auch wenn mal etwas herunterfällt und zu Bruch geht. Viel wird das nicht sein, denn der kleine Helfer lernt schnell!
- Auto aussaugen: Wer krümelt, muss eben auch mal das Lenkrad festhalten, wenn Papa die Krümel beseitigt!

Natürlich gibt es auch Dinge, die zu sehr an den Nerven zerren, wenn man sie mit einem Kleinkind zusammen macht: Treppe wischen, Bad putzen (kann man übrigens machen, während das Kind im Badewasser sitzt und spielt!), Straße fegen, Schränke aufräumen, die Steuererklärung machen. Arbeiten, die entweder gefährlich werden können, bei denen mit zu vielen Dingen hantiert wird, oder die mit einem unsichtbaren Partner stattfinden, sollte man sich lieber vornehmen, wenn das Kind schläft oder von jemand anderem betreut wird.

Vor allem die Arbeiten mit unsichtbarem Partner machen

Kleinkinder nervös, denn in ihren Augen macht ein Mensch, der in ein Buch starrt, auf einem Zettel herumkritzelt, auf einem merkwürdigen Brett herumtippt oder in das Telefon spricht, eigentlich gar nichts. Zumindest nichts, was er nicht jeden Moment unterbrechen könnte, um sich Sinnvollerem zuzuwenden, bei dem wenigstens etwas passiert. Unter diesem Aspekt sind mir die Lobeshymnen auf die Computerarbeitsplätze zu Hause für Mütter immer ein wenig suspekt. Die Mutter, die es schafft, in Gegenwart eines Kleinkindes am Computer zu arbeiten, könnte an dieser Stelle mal ihren Trick verraten. Der beste besteht wahrscheinlich darin, dem Kind eine ausgediente Tastatur zur Verfügung zu stellen und ansonsten zu arbeiten, wenn es schläft.

Statten Sie sich also mit einem neuen Maßstab für Ihr Erfolgsgefühl aus. Sagen Sie sich nicht: »Ich habe eine geschlagene Stunde gebraucht, das dämliche Wohnzimmer aufzuräumen!«, sondern klopfen Sie sich auf die Schulter mit den Worten: »Ich habe eine Stunde meinem Kind gewidmet und dabei auch noch das Wohnzimmer aufgeräumt!«

Wo ist das Problem?

Das macht etwas Mühe

Die Mühe, die man aufwenden muss, um ein Kleinkind als Begleiter mitnehmen zu können, liegt weniger in der Herstellung großartiger Arbeitsarrangements als in den organisatorischen Voraussetzungen, die stimmen müssen, wenn man mit dem Kleinkind in aller Ruhe durch den Alltag spazieren möchte.

Die eine Sache ist, die Wohnung für ein Kleinkind sicher zu machen beziehungsweise die Wohnung vor dem Kind zu sichern. Kostbares sollte außer Reichweite des Kindes stehen, Treppen sollten zunächst nur unter Aufsicht zugänglich sein, Türen, hinter denen Gefährliches oder Wertvolles steht, durch Kindersicherungen geschützt werden.

Das andere sind die zeitlichen Freiräume, die man sich selber schaffen muss, um sich von dem kleinen Klotz am Bein nicht nervös machen zu lassen.

- Vielleicht leisten Sie sich lieber ein Kindermädchen statt einer Putzfrau. Saugen und Wischen können Sie auch mit dem Kind, Ihre Korrespondenz erledigen aber nicht. Schicken Sie das Kindermädchen mit dem Kleinen spazieren und erledigen mit wachem Kopf Ihren Bürokram, anstatt abends todmüde vor dem Schreibtisch zu sitzen und dann doch lieber den Fernseher anzustellen.

- Machen Sie Wochenpläne für das Kochen und Einkaufen. Den großen Wocheneinkauf können Sie vielleicht ohne das Kind machen, mit ihm zusammen können Sie die kleinen Dinge erledigen wie Fotos zum Entwickeln bringen oder die Jacke von der Reinigung holen.

- Sie können sich auch mit einer Mutter oder einem Vater in ähnlicher Situation zusammentun und sich nicht zum Kaffeeplausch zusammensetzen, sondern gemeinsam mal bei dem einen, mal bei dem anderen die Fenster putzen oder die Wohnung saugen. Einer kümmert sich dann ein bisschen mehr um die Kinder, während der andere werkelt. Die Kinder können dabei sein und sich als kleine Helfer fühlen, ohne dass der, der hauptsächlich arbeitet, ständig von der Leiter steigen muss, um Katastrophen zu verhindern. Wenn Sie das mit ganzen Familien am Wochenende wechselseitig machen, kann die Unternehmung noch mit einem gemütlichen Grillabend gekrönt werden.

Die Mühe hierbei besteht weniger im Tun als in der Überwindung der Vorstellung, andere dürften den Dreck in der eigenen Wohnung nicht zu Gesicht bekommen. Aber ich kann Ihnen aus eigener Erfahrung sagen: Putzen bei anderen ist längst nicht so lästig wie das Putzen der eigenen Wohnung!

Träume – Träume?

Möglicherweise gehört die Vorstellung von wechselseitigen gemeinsamen Hausarbeitstagen schon zu den Träumen. Denn unser aller Trott ist meist so schwerfällig, dass solche Verabredungen vielleicht einmal stattfinden und dann wenig Bestand haben, obwohl sie eigentlich schön sind. Wir selber haben einmal den Anlauf gemacht, als unsere Kinder klein waren, mit anderen Familien einmal in der Woche umschichtig zu kochen. Das scheiterte aber daran, dass sich in der einen Familie die Mutter unter Druck fühlte, aufwendiger zu kochen als üblich, und in einer anderen Familie die Eltern nervös wurden, weil ihre Kinder beim Essen schwierig waren, und das vor den Augen der Freunde. Die Chance, sich daran zu gewöhnen, erhielten sie nicht, die Sache schlief wieder ein.

Es kann auch schwierig werden, die passenden Partner dafür zu finden, zumal es bei Kleinkindern ja in der Regel noch keine Kindergartenfreundschaften gibt. Kontakte aus Geburtsvorbereitungs- und Rückbildungskursen sind hier vielleicht eine Möglichkeit. Oder Sie besuchen örtliche Krabbelgruppen oder Mütterzentren, um andere Eltern mit Kleinkindern kennenzulernen.

Ein Kleinkind am Arbeitsplatz ist dagegen wohl wirklich ein schöner Traum. Es sei denn, Sie arbeiten in einer Firma, die eine betriebseigene Kinderbetreuung anbietet. Dann ist das Kind zwar bei der Arbeit nicht in unmittelbarer Nähe der Eltern, aber allein der gemeinsame Weg in die Firma lässt das Kind an der Bedeutung dieser täglichen Veranstaltung teilnehmen. Gibt es noch andere Eltern in Ihrem Betrieb, können Sie vielleicht mit diesen zusammen erreichen, dass eine solche Kinderbetreuung aufgebaut wird.

Zusammen mit Kindergartenkindern

Nun geht das Vokabular Ihres Kindes schon weit über das »Dange!« hinaus. Sie können sich richtig mit ihm unterhalten, ihm Zusammenhänge erklären, Anweisungen geben. In der gemeinsamen Bewältigung des Alltags ist die Phase des »Handlangers« erreicht. Die kleinen Handreichungen des Kleinkindes waren noch Spiel. Holt Ihnen aber ein Kindergartenkind den heruntergefallenen Löffel unter dem Tisch hervor oder schleppt es die alten Zeitungen in die Papiermüllkiste, dann ist das bereits eine in sich abgeschlossene Leistung, die von dem Kind selber als »richtige« Arbeit wahrgenommen wird. Denn nun kann es das eine vom anderen unterscheiden. Es wird zwar nicht in jedem Fall die Effektivität seiner Arbeit richtig einschätzen können, aber es weiß sehr wohl, dass es einen Unterschied macht, ob es den Besen zum Straßefegen benutzt oder damit Schießgewehr spielt.

Dem Kindergartenkind geht Ihre Gegenwart nicht mehr so sehr über alles, dass es stundenlang um Sie herum tappt, während Sie Unkraut jäten oder die Garage aufräumen. Der Radius der selbstständigen Beschäftigung hat sich wesentlich ausgedehnt. Das Kind lässt Sie nun auch eine Weile entschwinden, ohne gleich zu jammern. Die gemeinsame Bewältigung des Alltags wird jetzt eher projektgebunden stattfinden und nicht mehr so sehr im parallelen Mitlaufen.

Das geht sofort
Die unmittelbarste Art des Mitnehmens im Alltag besteht zunächst aus der Erwartung, dass das Kind bestimmte Regeln einhält, die das gemeinsame Leben leichter machen. Dazu gehört, die Schuhe auszuziehen, wenn man von draußen kommt; die Sachen, die man abends auszieht, auf einen Stuhl zu legen; die

Zahnbürste in den Becher zurückzustellen; beim Tischabräumen mit anzupacken; die Jacke an den Haken zu hängen und die Kindergartentasche an ihren Platz zu legen. Das wird nicht immer reibungslos gelingen, gehört aber zu den Anforderungen, die ruhig und selbstverständlich an ein Kind dieses Alters gestellt werden können.

Und dann kommen die Handreichungen, die das Kind auch schon mal allein ausführen kann: die Wäsche in die Waschmaschine stopfen, das Besteck in die Besteckschublade sortieren, den Tisch decken, wenn alles dazu bereitsteht, den Flur saugen, die frisch gekauften Kartoffeln in den Kartoffeltopf füllen. Sie müssen nur so strukturiert sein, dass das Kind alles Notwendige körperlich erreicht, die Sache überblickt und das Geschick dafür entwickelt hat. Die Aufgaben sollten auch nicht zu langwierig sein. Den Tisch abzuwischen erfüllt das Kind mit Stolz, soll es die ganze Küche reinigen, wird es entweder daran verzweifeln oder im Übereifer auch noch die Tapeten mit dem Schwamm traktieren.

Beim Einkaufen können Sie das Kind nun bitten, bestimmte Dinge aus den Regalen zu holen und in den Einkaufswagen zu legen. Bei mancher Ware können Sie bereits darauf vertrauen, dass es weiß, wo das Gewünschte zu finden ist. Wenn Sie ein Kind so beschäftigen, wird sich auch das Gequengel um Süßigkeiten oder sonstige Begehrlichkeiten im Rahmen halten. Wenn Sie es immer wieder spüren lassen, dass seine Mitarbeit notwendig ist, dann freut es sich auch über den Zwieback, den Sie für die Nachmittagsknabberei einkaufen, und kann auf den Kinderriegel verzichten.

Auf die mögliche Beteiligung beim Kochen habe ich schon hingewiesen. Auch hier brauchen Sie weiter nichts als die kleine Überlegung, welche Arbeit Sie dem Kind zeigen, um ihm dann die Ausführung überlassen zu können. Unter Aufsicht können

Kinder jetzt mit nicht zu scharfem Messer Obst in Stücke schneiden, Zitronen ausquetschen, Eier aufschlagen, Bratwürstchen in die Pfanne legen, Pizza oder Kuchen belegen, Gurken schälen, Plätzchen ausstechen und verzieren, Puddingpulver glatt rühren oder Zwiebeln schälen. Ein pfiffiges Fünfjähriges kann sogar schon mal ein Rührei machen oder eine Nudelsuppe kochen; man sollte dabei allerdings in der Nähe bleiben.

Ein Spezialproblem ist das Aufräumen. Viele Eltern verlangen bereits von Kindergartenkindern, dass sie selbstständig ihr Zimmer aufräumen. Sie werden darin auch von den meisten Elternratgebern bestärkt. Ich bin dagegen der Ansicht, dass kleine Kinder gar nicht aufräumen können, auch wenn ich damit ziemlich allein dastehe (vgl. S. 81). Meine Begründung: Aufräumen ist eher eine gedankliche als eine praktische Leistung. Einerseits müssen die Gegenstände, die herumliegen, kategorisiert werden, bevor sie an ihren Platz wandern; und obendrein muss man davon absehen, sie zu benutzen. Stattdessen muss man etwas total Langweiliges tun, nämlich die Sachen lediglich an einen zuvor bestimmten Ort legen. Praktisch sieht das so aus: Ein Kind muss erkennen, dass Schienen, Lok, Schranke und Bahnwärterhäuschen Teile der Holzeisenbahn sind, dass das Glitzerkleid, der kleine Spiegel und das prächtige Pferd in die Barbiekiste gehören, und dass der wunderbare Aufbau der Tierklinik in Kuscheltiere, Kissen, Verkleidungstücher, Plastikgeschirr und Arztkoffer auseinanderdividiert werden muss. Während es diese gedanklichen Operationen vollbringt, muss es noch seine Lust unterdrücken, auf der Stelle eine neue Linienführung mit den Eisenbahnschienen auszuprobieren, der Barbie ein neues Kleid anzuziehen oder dem Teddy den Halswickel zu erneuern. Das geht meiner Erfahrung nach nur, wenn die Eltern diesen Prozess begleiten. Man kann ein Kind durchaus bitten, alle Bausteine in einer bestimmten Kiste zu sammeln und dann alle Sachen, die der Barbie gehören, in einer anderen, aber mehr als eine klar beschriebene Aktion auf einmal sollte man meiner Meinung nach einem kleinen Kind nicht zumuten. Man frustriert das Kind und sich selber. Eine tägliche gemeinsame Aufräumaktion führt viel eher zum Ziel, das Zimmer aufgeräumt zu sehen und das Kind an der Ordnung beteiligt zu haben, als jahrelanges Nörgeln, weil man doch immer wieder Socken in der Lego-Kiste findet.

Dafür muss man etwas tun
Ein wenig Vorbereitung erfordern die Aktionen, die mit dem Gebrauch von Werkzeug einhergehen oder die nicht nur zu Hause stattfinden.

Im Kindergartenalter sind Werkzeuge im Kleinformat sehr beliebt, und wenn sie richtig funktionieren, tragen auch sie zur gemeinsamen Alltagsbewältigung bei. Ein kleiner Besen, eine kleine Hacke, eine kleine Schubkarre, ein kleiner Wäscheständer werden gern benutzt, sowohl zum Spielen wie auch im richtigen Einsatz. Es ist auch möglich, Kinder jetzt an den Gebrauch von richtigem Werkzeug heranzuführen. Wer einen Garten hat, kann einem Kind schon einmal eine Säge in die Hand drücken, und bei Umräumaktionen in der Wohnung kann es auch schon mal richtig hämmern oder pinseln.

Eine meiner Töchter erzählt noch heute davon, wie grandios sie sich fühlte, wenn sie mit ihrem kleinen Besen beim Straßefegen mitmachen durfte. Sie sei völlig sinnlos mit dem Besen hin und her gelaufen – das hat sie später selber erkannt –, sie habe sich aber dabei großartig gefühlt. Ich selber habe aus meiner Kindheit eine Aktion in Erinnerung, bei der ich mich sehr bedeutend fühlte, von dem beteiligten Erwachsenen aber schwer enttäuscht wurde. Ich war vielleicht vier Jahre alt und durfte meinem Onkel, der damals das erste Auto in der Verwandtschaft besaß, beim Waschen seines VW-Käfers helfen. Ich entsinne mich, wie tief beleidigt ich war, als er mich entnervt von seinem Wagen wegschleppte, weil ich zum wiederholten Male seine bereits gewienerten Radkappen mit meinem Drecklappen bearbeitete.

So sollte man es natürlich nicht machen. Richtiger wäre gewesen, sich neben mich zu hocken und zu zeigen, dass diese Radkappen bereits sauber waren oder mir zum Nachwischen einen trockenen Lappen zu geben.

Fallen bei Ihnen wenig solcher Aktionen an, können Sie zu diesem Zeitpunkt wieder ein altes Hobby aufgreifen oder auch neue Möglichkeiten der Beschäftigung erproben. Vielleicht ist es eine gute Idee, sich jetzt eine Nähmaschine zuzulegen. Selbst wenn Sie selbst noch nicht viel Erfahrung und Geschick damit haben, können Sie das Nähen anhand einfacher Dinge wie Lätzchen oder Malkittel lernen und ganz nebenbei Ihrem Kind den Umgang mit Stoff nahebringen. Möglicherweise entwickeln Sie so viel Spaß daran, dass Sie bald Faschingsverkleidungen oder Kinderkleider selber nähen können. Die Erfahrung, dass man selber etwas herstellen kann, vermittelt sich dem Kind ohnehin am besten darüber, wenn die Eltern das tun. So manche Fertigkeit findet auf diesem Weg in die Kinderhände, ohne dass man es direkt beabsichtigt oder bemerkt. Unsere Kinder können alle mit der Nähmaschine umgehen, eine Tochter hat mich darin bereits weit überflügelt, ohne dass ich eine einzige bewusste Anstrengung gemacht hätte, ihr das beizubringen. Sie war einfach viel dabei, hat selber probiert und ab und zu eine Frage gestellt, das war alles.

Die Mühe, die das macht, muss man in diesem Stadium des »Mitnehmens« bereits eher auf sich selbst verwenden. Was macht mir Spaß? Was kann ich auch in Gegenwart der Kinder tun? Vielleicht richtet sich eine Familie eine kleine Werkstatt ein und beginnt, mit Holz zu arbeiten. Wer in einer Stadtwohnung lebt, kümmert sich vielleicht um einen Schrebergarten, in dem es jede Menge Arbeit gibt, die für Kinder einsichtig ist, und in dem man auch wunderbar spielen kann.

Das Prinzip sollte sein, nicht nur gemeinsam zu konsumieren, sondern gemeinsam etwas zu schaffen. Die Bedeutung dessen, was getan wird, kann dabei auf zwei Wegen definiert werden: Entweder ist es etwas wirklich Lebensnotwendiges wie Essen kochen oder die Wohnung in Ordnung halten, oder aber es geht um etwas, was den Eltern selber am Herzen liegt. Auch solche Aktionen binden die Kinder in die wirkliche Welt ein: Musik machen, Volleyball spielen, eigenes Gemüse anbauen, ein eigenes Pferd halten, die Kirchenzeitung austragen oder Parteiplakate kleben. Solche Aktionen sind nicht überlebenswichtig im engeren Sinne, lassen die Kinder aber miterleben, wo und wie die Eltern in der Welt verankert sind.

Ich führe diese Bereiche bereits hier an, auch wenn eine wirkliche Teilnahme daran ein Kindergartenkind vielleicht noch überfordert und sie erst bei älteren Kindern wirklich zum Tragen kommen. Aber nun können Eltern überlegen, an welcher Stelle sie wieder in die Welt der Hobbys oder des gesellschaftlichen Engagements einsteigen wollen, wenn sie das der kleinen Kinder wegen eine Zeit lang zurückgestellt haben. Man kann durchaus beginnen, Fünfjährigen ein Musikinstrument in die Hand zu drücken, mit ihnen Sportveranstaltungen zu besuchen, sie im Garten wühlen zu lassen, sie mit Tieren zusammenzubringen, sie zum Kindergottesdienst zu schicken oder zum Aufbau eines Parteistandes mitzunehmen. Die wache Neugier eines Vorschulkindes wird es so viel davon »speichern« lassen, dass es später ein bereits gut sortiertes Wissen über die Welt mit in die Schule nimmt.

Träume – Träume?

Die ganz sehnsuchtsvollen Träume muss man in diesem Alter eigentlich nicht träumen, ein gut »eingelebtes« Kindergartenkind ist eigentlich schon ein Traum. Es ist an den Familienalltag gewöhnt, kann sich selber an- und ausziehen, kennt sein Abendritual, hat Freunde, mit denen es sich verabredet, ist voller Neugier und Tatendrang, wenn es kleine Aufgaben übertragen bekommt – und es hat noch keine Hausaufgaben. Diese Marter des Familienlebens wartet zwar schon hinter dem Schultor, aber noch kann das Kind ganz im Hier und Jetzt leben und sich das, was es lernen will, im eigenen Tempo aneignen.

Lernlust und Lebenskompetenz führen allerdings bei vielen Kindern dazu, dass ihnen der Kindergarten langweilig wird. Darum wird mit eigenen Vorschulprogrammen begonnen, das aufkeimende systematische Denken und die Neugierde auf die Kulturtechniken zu füttern. Frühförderung im Kindergarten ist sogar zum großen Thema innerhalb der Bildungsdiskussion geworden, hier allerdings weniger, weil man der Lust der Kinder auf Lernen entgegenkommen, sondern eher weil man Defiziten vorbeugen will, die leider immer mehr zu beobachten sind.

Die Frage ist, ob man nicht vielmehr darüber nachdenken müsste, die praktischen Fähigkeiten von Vorschulkindern zu nutzen, um ihnen die Welt vertraut zu machen und ihr Gefühl zu stärken, diese Welt auch meistern zu können. Was wäre mit einem Kindergarten, der Hühner und Schafe hat, einem Garten, in dem nicht nur Weidenhütten sprießen, sondern auch Salat und Tomaten, ein Kindergarten, in dem die Kinder mitmachen, eine Spielhütte zu bauen oder einen Rutschenhügel aufzuschütten? Ein Kindergarten, in den alte Menschen zum Essen kommen, und nicht nur zum Essen, sondern zum Vorlesen und Erzählen? Ein solcher Kindergarten müsste kompetente Erwachsene mit ins Boot holen, denn solche Projekte wären von den Erzieherinnen allein kaum zu leisten.

Träumen muss man bei den Ideen auch von flexibleren Bestimmungen für solche »Einrichtungen«. Gerade was die Tierhaltung angeht, gibt es enge Richtlinien, die aus hygienischer Sicht gerechtfertigt sein mögen, aber den Handlungsspielraum einengen. Wenn in Kindergärten keine Tiere gehalten werden dürfen, dann müssen wir unseren Traum eben darauf ausdehnen, dass es für alle erreichbare Hofwerkstätten gibt, in denen Kinder jeden Alters am Nachmittag Hühner füttern und Holz sägen können!

Zusammen mit Grundschulkindern

Wenn das Kind in die Schule kommt, erlebt es eine ganz neue Anforderung: Es muss Dinge tun, zu denen es vielleicht keine Lust hat, und es muss sie in einer bestimmten Zeit erledigen. Der Stundenplan der Schule gibt Inhalte und zeitlichen Rhythmus vor; Hausaufgaben sind zwar mühsam, müssen aber doch heute und nicht erst morgen gemacht werden.

Der Zeitpunkt der Einschulung entspricht ungefähr dem Zeitpunkt, zu dem man im Mittelalter die Kinder in andere Haushalte schickte, um dort arbeitend zu lernen. Die Reife eines siebenjährigen Kindes lässt zu, dass es sich ohne den Beistand von vertrauten Personen auch längere Zeit in fremden Umgebungen zurechtfindet. Es ist nun auch in der Lage, sich einer Sache über eine längere Zeitspanne zu widmen, selbst dann, wenn es lieber etwas anderes tun würde – die Voraussetzung sowohl zum Gänsehüten als auch zum Lesenlernen.

Darum werden Sie auch ein Grundschulkind ganz anders an Tätigkeiten beteiligen können als ein Kindergartenkind. Seine

Handreichungen sind jetzt hin und wieder wirklich hilfreich. Wenn Sie im Garten arbeiten und das Kind bitten, den Spaten aus der Gartenhütte zu holen, können Sie damit rechnen, wirklich in kurzer Zeit den Spaten in der Hand zu haben; bei einem Kindergartenkind hätten Sie wahrscheinlich nach einer Viertelstunde festgestellt, dass aus dem Spaten eine Kutsche geworden ist, auf der eine Weinbergschnecke spazieren gefahren wird.

Ihr Kind will nun auch nicht mehr bei allem, was Sie tun, dabei sein. Konnten Sie dem Fünfjährigen noch schwer begreiflich machen, dass es auf dem Finanzamt wirklich langweilig ist und Sie ihn deshalb lieber nicht mitnehmen wollen, weigert sich ein Achtjähriger vielleicht sogar schon, zur Oma mitzukommen und dort Bäume zu schneiden, weil er lieber mit seinen Freunden Fußball spielen will.

Grundschulkinder sind in der Lage, zwischen Spiel und Wirklichkeit zu unterscheiden. Sie spielen zwar immer noch viel und gern, geradeso wie Kindergartenkinder, glauben aber nicht mehr, sie würden wirklich den Rasen mähen, wenn sie brummend das Gestell eines Einkaufswagens über die Wiese schieben. Diese Unterscheidung von Als-ob-Handlung und real nützlicher Tätigkeit gibt dem »Zusammen« eine neue Qualität. Sie können nun beginnen, wirklich gemeinsam den Alltag zu bewältigen.

Das geht sofort

Auch für das Schulkind gelten natürlich die Regeln, die das Miteinander erleichtern: Schuhe ausziehen und ordentlich an ihren Platz stellen, Jacken an den Haken, Ranzen an die richtige Stelle, dreckige Socken in den Wäschekorb.

Sie können aber nun auch bei anderen Alltagsverrichtungen auf eine Mithilfe rechnen, bei der Sie nicht von vornherein Ihren Geduldspegel hochschrauben müssen. Es geht zwar nicht unbedingt schneller, wenn Ihr Kind mit anfasst, aber es geht auch nicht in jedem Fall langsamer: den Tisch decken und abräumen, die Spülmaschine füllen und ausräumen, die Treppe fegen, Betten abziehen (frisch beziehen braucht wahrscheinlich Hilfe), Wäsche aufhängen, im Garten ein kleines Beet jäten, Obst ernten oder das Kräuterbeet gießen, Brennholz für den Kaminofen herbeiholen, beim Kochen nun auch schon mit scharfem Werkzeug und heißem Wasser umgehen, alle Papierkörbe der Wohnung leeren und dabei mit Verstand Müll trennen, das Bad putzen, Blumen gießen, abstauben und das Wohnzimmer saugen.

Diese Tätigkeiten erfüllen zwar nicht in jedem Fall die Maßgabe, dass man sie gemeinsam erledigt, aber um dieses buchstäbliche »Zusammen« geht es in dem Alter auch nicht mehr in jedem Fall. Wichtig ist das Gefühl, zusammen dafür zu sorgen, dass der gemeinsame Lebensraum einladend und freundlich bleibt; dass man dabei auch mal ohne Gesellschaft etwas tut, spielt keine Rolle. Entscheidend ist, dass der Beitrag auch gewürdigt wird. Und zwar nicht mit dem Unterton »Danke, dass du mir geholfen hast!«, sondern: »Schön, wie du einen Teil der Arbeit erledigt hast!«

Der übliche Sprachgebrauch, dass Kinder den Eltern »helfen«, enthält nämlich eine gedankliche Unschärfe, die es Kindern erlaubt, sich innerlich aus diesem gemeinsamen Projekt auszuklinken. Denn in Wahrheit helfen die Erwachsenen den Kindern, in diesem Leben zurechtzukommen, solange sie es noch nicht selber können, und nicht die Kinder den Eltern. Die Erwachsenen geben Stück für Stück der Hilfen an die Kinder zurück, sobald diese dazu in der Lage sind, ihr Leben selbst zu bewältigen. Das fängt damit an, dass der Windelservice eingestellt wird und endet mit der letzten Unterhaltszahlung an den Junior.

Diesen Gedankengang können Kinder sehr gut nachvollziehen. Sowohl unsere eigenen Kinder wie auch deren Freunde haben ihn auf Anhieb verstanden, wenn die Rede darauf kam, und damit war das Wort »Helfen« aus unserer Alltagsorganisation verschwunden. Natürlich gibt es die Fälle, in denen man einander wirklich hilft. Wenn ich zu klein bin, um die Vase vom Schrank zu holen, oder mein Mann zu groß, um den Stift unter der Kommode hervorzuangeln, dann bitten wir gegenseitig um Hilfe. Wenn Hilfe etwas ist, womit man sich ergänzt, ist das Wort angebracht, wenn es aber um etwas geht, was genauso gut die eigene Sache ist, dann sollte man es auch den Kindern gegenüber vermeiden.

Eine wichtige Frage ist der Umfang der Mitarbeit. Diese Frage stellt sich jetzt eher als bei Kindergartenkindern, denen man noch kaum von Unlust begleitete Tätigkeiten zugemutet hat. Denn das, was man von Schulkindern erwarten kann, macht nicht in jedem Fall so viel Spaß, wie sie es gerne hätten. Es erfordert Fingerspitzengefühl seitens der Erwachsenen, die Anforderungen gerade so weit gehen zu lassen, dass das Kind die Ernsthaftigkeit des Ansinnens spürt und sich gefordert fühlt, aber dennoch nicht überfordert ist.

Beispiele: Nach einer halben Stunde Unkrautjäten sieht man einen kleinen Erfolg und kann stolz darauf sein, nach drei Stunden tut nur noch der Rücken weh. Nach dem Putzen freut sich die junge Raumpflegerin am Glanz des Waschbeckens im Bad, soll sie direkt danach auch noch das Wohnzimmer aufräumen und saugen, wird der Staubsauger tonnenschwer. Backt der Zehnjährige für seinen Geburtstag einen Kuchen selber, fühlt er sich grandios, soll er aber auch noch das Abendessen vorbereiten, wird er darauf dringen, dass man zu McDonald's fährt. Unkrautjäten, Badputzen und Kuchenbacken sind bereits Tätigkeiten, die ein gewisses Durchhaltevermögen verlangen, sie sind aber überschaubar. Wenn Sie den Grundsatz der Überschaubarkeit einhalten, haben Sie den wichtigsten Maßstab bei der Hand, um einschätzen zu können, ob Sie einen angemessenen Beitrag zur gemeinsamen Arbeit von Ihren Grundschulkindern verlangen.

Und noch etwas können Sie ohne große Vorbereitung gemeinsam tun: fernsehen. Damit erreichen Sie vieles: Sie haben Kontrolle darüber, was die Kinder anschauen, Sie können die Zeit wirkungsvoll begrenzen, weil Sie selber die Fernbedienung in der Hand haben, Sie können sich mit den Kindern über die Sendung unterhalten und damit die mangelnde Interaktivität des Fernsehens ausgleichen, Sie legen den Samen zu Kritikfähigkeit und Distanz gegenüber Medien, und Sie können dabei sogar noch ein bisschen kuscheln.

Ähnlich können Sie mit dem Computer umgehen. Wenn das Kind daran gewöhnt ist, dass es gemeinsam mit Ihnen die Möglichkeiten des Computers nutzt, sei es durch Spiele, sei es durch Informationssuche, sei es durch Lernprogramme oder gestalterische Programme, können Sie dem vorbeugen, dass Computer und Internet zu einem Schlupfloch in eine eigene abgeschottete Jugendwelt werden, zu der Sie keinen Zugang mehr haben.

Natürlich braucht das alles Zeit. Keine großen Vorbereitungen, keine Neuanschaffungen, keine neuen Fähigkeiten und Fertigkeiten, nur Zeit. Es ist aber eine Milchmädchenrechnung, zu glauben, man käme billiger davon, wenn man auf dieses Teilen der Lebenswelten verzichtet. Denn geteilte Zeit ist doppelte Zeit: Zeit für die Sache und Zeit für das Kind. Ein Kind, mit dem Sie zusammen viele Mahlzeiten zubereitet, aber selten eine Fahrradtour gemacht haben, wird später weniger darüber klagen, Sie hätten keine Zeit für es gehabt, als wenn Sie großartige Events organisieren, aber im Alltag wenig ansprechbar sind.

Dafür muss man etwas tun

Wollen Sie über Hausarbeiten oder gemeinsames Fernsehen hinaus etwas Spannenderes mit Ihren Kindern machen, braucht es ein wenig Nachdenken und Vorbereitung.

Jetzt haben Sie die Chance, Ihre Kinder immer mehr an Ihren Hobbys zu beteiligen, falls es sich nicht gerade um Extremsport oder Roulettespiel handelt. Der Sportverein, in dem Sie Volleyball spielen, bietet sicher auch etwas für Kinder an, als begeisterter Modellbauer können Sie Ihrem Kind die ersten Bausätze in die Hand drücken. Gemeinsames Fotografieren bietet eine wunderbare Möglichkeit, das Kind auf Besonderheiten der Umgebung hinzuweisen – wie wäre es mit einem Bilderbuch Ihres Wohnortes für die Großeltern? Bei der Bearbeitung der digitalen Fotos erfährt das Kind, wie man sich den Computer zum Diener macht, anstatt nur konsumierend davorzusitzen.

Die Beteiligung an der Küchenarbeit können Sie zu einem großen Kochspaß am Wochenende ausweiten, zu dem das Kind auch Freunde einladen darf, gärtnern Sie gerne, werden Sie auch Ihr Kind für ein eigenes Beet begeistern können. Machen Sie selber gern Musik, ist jetzt der richtige Zeitpunkt, auch das Kind ein Instrument lernen zu lassen, und wenn Sie selber noch keines spielen können, können auch Sie damit noch anfangen. Nichts motiviert Kinder mehr zum Üben, als wenn die Eltern auch üben müssen!

Sind Sie technisch begabt und basteln gern an Autos, Fahrrädern und Rasenmähern herum, ist nun eine gute Gelegenheit, Ihr Kind in den Umgang mit Schraubenschlüsseln einzuführen, und wenn Sie gar eine kleine Werkstatt besitzen, in der Sie mit Holz arbeiten können, dann kommen Bohren und Sägen noch dazu. Mein Mann hat zusammen mit unserem damals neunjährigen Sohn eine komplette Spielhütte gebaut; ich sehe die beiden noch heute auf dem First herumturnen und Dachlatten festnageln. Den Plan hat natürlich mein Mann gemacht, aber der Junge hat ernsthaft und ausdauernd gemessen, gesägt, gehämmert und geschraubt.

Neben diesen Freizeitbeschäftigungen sollten Sie sich nun auch die Mühe machen, Ihrem Kind zu vermitteln, was Sie an Ihrem Arbeitsplatz tun. Dazu müssen Sie vielleicht einen Urlaubstag nehmen und sich von Ihren Vorgesetzten die Erlaubnis holen, Ihrem Kind den Betrieb zeigen zu dürfen. Sie können das auch ausweiten und versuchen, mit Ihrem Kind zusammen noch andere Firmen oder Werkstätten in Ihrer Umgebung zu besichtigen. Auch das hat mein Mann mit unserem Sohn zusammen gemacht, und niemand weiß, ob das nicht ein Mosaiksteinchen dafür war, dass er jetzt als Designer von Logos, Geschäftspapieren und Autobeschriftungen einen lockeren und guten Draht zu Firmen aller Art aufbauen konnte.

Auch in ehrenamtliches Engagement können Eltern ihre Grundschulkinder altersangemessen einbinden. Ich kenne eine Familie, die hauptverantwortlich und mit viel eigener Arbeit den Kirchgarten in ihrer unmittelbaren Nachbarschaft neu gestaltet hat. Der Junge, ein Erstklässler, erzählte viel von »unserem Park« und kannte sich mit Pflanzen, Steinen und Werkzeug bestens aus. Man merkte ihm an, dass dieser Park noch viel besser war als ein eigener Garten: Er und sein Papa hatten etwas für alle gemacht! In ähnlicher Weise kann auch ein Einsatz für den Sportverein, für Bürgerinitiativen, die Kirchengemeinde oder auch die Schule noch mehr Stolz und Gemeinschaftsgefühl stärken als rein private Aktivitäten.

Ein weiteres Feld des »Zusammen« bieten natürlich auch Kindergruppen mit einem gemeinsamen Ziel, von Sportgruppen über die Jugendfeuerwehr bis zu den Pfadfindern. Im weiteren Sinne lernen auch hier die Kleinen von den Großen, zwar nicht von Erwachsenen, wohl aber von älteren Kindern und Jugendlichen, denen die Jüngeren nacheifern. Im Unterschied zur Schule, die ja auch eine Gruppe von Gleichaltrigen umfasst, geht es hier nicht um individuelles Lernen einschließlich der Auslese durch eine Prüfung am Ende, sondern es geht um ein gemeinsames Ziel, zu dem jeder nach seinen Kräften beiträgt. Die in manchen Gruppen üblichen Prüfungen wie die »Gürtel« in Kampfsportgruppen oder Wölflingskopf und Halstuch bei den Pfadfindern sind eher Auszeichnungen als Leistungsnachweise und schon gar keine Instrumente der »Sozialsortierung« wie die Schulnoten. Wenn Eltern aufgrund ihrer persönlichen Lebensumstände nicht viel Zeit dafür aufbringen können, ihrem Kind gemeinschaftlich erarbeitete Erfolgsgefühle zu verschaffen, tun sie gut daran, ihm die Teilnahme an einer solchen Gruppe zu ermöglichen.

Träume – Träume?

Die Vorschläge, die ich oben gemacht habe, sind mehr oder weniger private Möglichkeiten, mit etwas Fantasie einen grundsätzlichen Mangel in der gesellschaftlichen Infrastruktur für Kinder auszugleichen. Träumen muss man von öffentlichen »Türen zur Wirklichkeit«, durch die unsere Kinder die Welt der gemeinsamen Lebensbewältigung betreten könnten.

Wenn schon Eltern erwerbstätig sein müssen und die Kinder eine Ganztagsbetreuung brauchen – was wäre dann mit einem Kinderhort, der an einen Betrieb angeschlossen ist? Einer Gärtnerei, die nachmittags zwölf Kinder betreut und im Rahmen ihrer Möglichkeiten an den Arbeiten teilnehmen lässt? Einer Bäckerei? Einem Restaurant? Einem Autohaus? Einem Bauunternehmen? Einem Kleintierzoo? Räumlichkeiten ließen sich schaffen, zusätzliches Personal müsste bezahlt werden, eine gewisse Verringerung der Arbeitseffizienz der Mitarbeiter wäre einzukalkulieren, es müsste über Sicherheitsvorkehrungen diskutiert werden – aber möglich wäre das. In erster Linie würden natürlich die Mitarbeiter des Betriebes ihre Kinder mitbringen können – für die wäre es grandios! –, aber es könnten durchaus auch andere Kinder so betreut werden. Dass ich nicht missverstanden werde: Ich meine keinen betriebseigenen Kindergarten der üblichen Art, sondern eine Einrichtung, bei der die Kinder auch im Betrieb herumlaufen dürfen!

Oder, wenn das gar zu illusorisch erscheint, wie wäre es mit dem Traum eines Kinderhorts, an den ein Betrieb angeschlossen ist, also andersherum aufgezogen? Ein Kinderhort mit ökologischer Tierhaltung, mit einem Buchladen, mit einem kleinen Café, mit einer Gärtnerei, einer Fahrradreparaturwerkstatt, einer Möbeltischlerei, einer Änderungsschneiderei, einem Bioladen? Die Kinder bekämen ihre kleinen Arbeitsaufträge zusätzlich zur Hausaufgabenbetreuung, und zu Hause könnten sie wie die Eltern von merkwürdigen Kunden, ärgerlichen Fehllieferungen oder einem überraschend guten Tagesumsatz erzählen. Im Grunde wäre das nichts anderes, als was in der Landwirtschaft noch heute ganz normal ist: dass die Kinder nach der Schule, in der sie zum Lernen »zusammengefasst« werden, wieder an den Ort zurückkehren, wo für den Lebensunterhalt gearbeitet wird.

Zusammen mit Jugendlichen

Nun sind wir bei den Heranwachsenden angekommen, für die die Natur ganz unmissverständlich das wirkliche Leben vorgesehen hat, das ihnen aber von unserem Bildungssystem noch viele Jahre vorenthalten wird.

Diese Zeit beginnt damit, dass es den Kindern häufiger langweilig wird, weil sie nichts mehr mit sich anfangen können, Mädchen fast noch weniger als Jungen. Denn nun können sie nicht nur Als-ob-Handlungen von realen Handlungen unterscheiden, sondern sie sehen in den Als-ob-Handlungen auch keinen Reiz mehr. Auf einmal stellen sie fest, dass sie nicht mehr spielen können. Astrid Lindgren, die Frau, die nie den Zugang zu ihrer eigenen Spiellust verloren hat, hat das so beschrieben: »Ich weiß noch, wie schrecklich es war, festzustellen, dass man nicht mehr spielen konnte. Daran kann ich mich ganz deutlich erinnern. Immer, wenn die Enkelin des Pfarrers in den Ferien nach Näs kam, spielten wir mit ihr. Aber als sie eines schönen Tages im Sommer ankam und wir wie immer anfangen wollten zu spielen, stellten wir plötzlich fest, dass wir nicht mehr spielen konnten. Es ging einfach nicht. Wir kamen uns albern vor und waren gleichzeitig auch traurig, denn was sollten wir jetzt tun, nachdem wir nicht mehr spielen konnten? Damals waren wir wohl zwölf oder dreizehn, und damit war die Kindheit zu Ende.«

Astrid Lindgren hat diese Trauer ihr Leben lang dadurch bekämpft, dass sie im Kopf weitergespielt und dieses Spiel mit den Erfahrungen eines erwachsenen Lebens angereichert hat, daraus sind ihre wunderbaren Bücher geworden. Die meisten anderen Menschen kämpfen sich irgendwie über diese Phase hinweg und vergessen irgendwann, wie es sich anfühlte, mit einer Decke über dem Tisch in einer urgeschichtlichen Höhle zu sitzen oder vom Dachfenster aus Raketen auf den Mond zu schießen.

Eines Tages wird das so entstandene Vakuum durch Arbeit gefüllt und durch Freizeitbeschäftigungen, die zwar auch lustbetont sind wie das Spielen, aber keinen Als-ob-Charakter mehr haben. In diesem Sinne ist auch das Fußball-»Spiel« kein Spiel, denn es geht tatsächlich um den Ball und das Tor, diese Ingredienzien des Vergnügens werden keineswegs als Wundervogel und zu erstürmendes Schloss fantasiert.

Dies dürfte der Grund sein, warum Jungen etwa zwischen

elf und dreizehn Jahren etwas weniger unleidlich werden als Mädchen. Schon ihre Kindheitsspiele hatten viel mit körperlichem Wettbewerb und mit Bauen und Konstruieren zu tun, das hat auch jetzt noch Bestand. Die Fantasiewelten der Mädchen dagegen, in denen es überwiegend um Rollenbilder geht, brechen viel brutaler zusammen. Zusätzlich zu den hormonell bedingten Gefühlsschwankungen bleibt ihnen eine unausgesprochene Trauer um die verlorenen Möglichkeiten, sich als die Person zu fühlen, die sie sein wollen. Nun müssen sie die sein, die sie sind. Folgerichtig fangen sie an, sich selber zu beobachten, die Phase des Selbst-Stylings beginnt, mit all ihren Empfindlichkeiten und Übertreibungen.

Im Kapitel über die Gehirnentwicklung (siehe S. 78) war die Rede davon, dass dieses Ende der Kindheit im Verlauf der Menschheitsgeschichte eigentlich den Beginn des verantwortlichen Erwachsenendaseins bedeutete. Ein junges Mädchen, das mit dem Einsetzen der Menstruation einen Initiationsritus durchläuft und kurz darauf Ehefrau und Mutter wird, braucht nicht jahrelang zu zweifeln, ob es hübsch genug ist, um auf dem Markt der Partnerschaften eine Chance zu haben. Diese Phase dauert dann vielleicht zwei Jahre und nicht zehn oder mehr. Und ein Junge, der kurz nach der Weihe zum Mann ganz real für eine Familie verantwortlich ist, braucht sich nicht durch pseudoriskantes Verhalten seine Männlichkeit zu beweisen. Sein Leben bietet Herausforderungen genug.

Das haben wir unseren Heranwachsenden nicht mehr zu bieten. Im Gegenteil, zu frühe Elternschaft ist bei uns eher Risiko als Chance. Jugendlichen fehlen nicht nur die materiellen Grundlagen, eine Familie zu gründen, sondern fast noch mehr die dazu notwendigen Fähigkeiten und Einsichten.

Nun wären das Ende des Spielens und die Lust auf den Ernst des Lebens weniger problematisch, wenn diese Entwicklung nicht mit der Distanzierung von den Eltern Hand in Hand ginge. Wie schön wäre es, könnten wir den Drang unserer Teenager zum wirklichen Leben ganz einfach in die Verantwortung für Wäsche, Einkauf, saubere Fenster, ein geputztes Auto und frisch bezogene Betten umlenken. Davon können Eltern nur träumen, die täglich darum kämpfen müssen, ihre angeblich spießigen Vorstellungen davon durchzusetzen, dass Jacken an den Haken und CDs nicht in den Zeitungskorb gehören. Die Lust am wirklichen Leben bezieht sich leider – oder zum Glück? – nicht auf das wirkliche Leben der Eltern, so hat die Natur das nicht gemeint. Sie bezieht sich auf die Zukunft, auf das, was die jungen Menschen selber aufbauen wollen. Das alte Nest ist nicht das Ziel des flügge gewordenen Jungvogels.

Ich entsinne mich sehr genau, wie ich mit 18 oder 19 Jahren nach einer politischen Diskussion mit meinen Eltern heulend die Treppe hinaufrannte und zähneknirschend vor mich hinknurrte: »Ich muss hier raus, ich muss hier raus!« Dabei waren meine Eltern alles andere als intolerant und altmodisch. Ich weiß heute, dass ihre Argumente sehr lebensklug waren, aber sie passten überhaupt nicht zu meinem Gefühl, dass jetzt und auf der Stelle und mit mir etwas Neues geschehen musste.

Nun hatten wir es damals gut. Die legendären »68er Jahre«, die sich bis weit in die 70er hinzogen, waren von einer Aufbruchstimmung durchdrungen, die uns Energie abforderte und Hoffnung auf Veränderung machte. Dieses Gefühl, an grundlegenden gesellschaftlichen Neuerungen beteiligt zu sein, war für junge Menschen wie maßgeschneidert. Und es kam gar nicht nur von den Gleichaltrigen. Wenn ich mich genau befrage, welches Gefühl es war, das mich als Teenager auf das Leben warten und mich geduldig darauf vorbereiten ließ, dann war es die Erwartungshaltung der Erwachsenen um mich herum. Wir hatten in unserem Mädchengymnasium eine ganze Reihe von

Lehrern und vor allem auch älteren Lehrerinnen, die uns in vollem Respekt als diejenigen behandelten, die die Zukunft unseres Landes gestalten würden und vor allem die damals noch junge Demokratie bewahren mussten. Natürlich waren sie weit davon entfernt, uns in die außerparlamentarische Opposition treiben zu wollen, aber sie haben uns ernsthaft den Auftrag übermittelt, uns in der Gesellschaft zu engagieren. Dass wir das dann auf Wegen taten, die sie befremdlich fanden, ändert nichts an der Tatsache, dass wir im Grunde genommen ihre Aufforderung ausführten.

Diese Erwartung ist ein wichtiger Punkt, an dem das »Zusammen« auch mit Jugendlichen festgemacht werden kann, selbst wenn es auf der Oberfläche so aussieht, als seien die Zeiten nun vorbei, in denen die Großen und die Kleinen an einem Strang ziehen. Denn nichts nimmt Jugendliche so ernst, wie wenn die Zukunft in ihre Hände gelegt wird.

Das geht sofort

Diese Erwartungshaltung drückt sich in vielen kleinen Gesten und Äußerungen aus. Es macht einen Unterschied, ob man bei der Zeitungslektüre auf einen Bericht über schwindende Ölreserven mit der Bemerkung reagiert: »Ja, ja, die Menschheit wird es schon schaffen, am Ende doch zu erfrieren!«, oder ob man sagt: »Da werden sich kommende Generationen wohl etwas einfallen lassen müssen!« Oder ob man angesichts herumlungernder Jugendlicher dem Sohn gegenüber bemerkt: »Wenn so unsere Zukunft aussieht, dann kann sich Deutschland gleich begraben lassen!«, statt: »Schade, die wissen anscheinend nicht, was es alles zu tun gäbe!« Äußerungen, die Resignation mit dem Misstrauen verbinden, ob die nachwachsende Generation ihre Probleme bewältigen kann, sind Gift für das natürliche Bedürfnis junger Menschen, die Ärmel hochzukrempeln.

Das ist die Maßnahme Nummer eins, die nichts kostet als die Einsicht, dass wir als Eltern nicht auf ewig die Verantwortung tragen werden und wir gut daran tun, unsere Jugendlichen das wissen zu lassen.

Vor diesem Hintergrund stehen dann auch die anderen Alltäglichkeiten, die wenig Aufwand kosten und große Wirkung entfalten. Jugendliche brauchen vor allem Vertrauen in ihre Kraft. Es ist das Paradox dieser Lebensphase, dass die Verbindung zu den Eltern umso eher erhalten bleiben kann, je mehr diese ihnen zutrauen, auch ohne Erwachsene etwas zustande zu bringen.

Also: Lassen Sie Ihren Jugendlichen mit dem Fahrrad einen Wocheneinkauf machen, lassen Sie ihn ruhig ein Wochenende lang allein zu Haus, übertragen Sie ihm einmal in der Woche, eine warme Mahlzeit zuzubereiten, drücken Sie ihm den Fotoapparat in die Hand und beauftragen ihn, Omas siebzigsten Geburtstag zu dokumentieren, lassen Sie ihn mit dem kleinen Bruder Mathe üben und die kleine Schwester von der Freundin abholen.

Die Beiträge des Jugendlichen zum gemeinsamen Leben brauchen eine weitere Zutat zusätzlich, auf die Grundschulkinder noch verzichten konnten: Sie wollen nicht nur etwas gut machen, sie wollen auch mit entscheiden. Beim Wocheneinkauf kann das heißen, dass Sie den einen oder anderen Posten offen lassen, z. B.: »Bring 300 Gramm Käse mit, welchen, kannst du selber aussuchen!« Soll ein Teenager regelmäßig kochen, überlassen Sie ihm die Auswahl der Gerichte, sofern er nicht jede Woche Hummer zubereiten will. Die Fotodokumentation von Omas Geburtstag besteht aus vielen kleinen Entscheidungen, und die Betreuung jüngerer Geschwister fordert ihm ganz erwachsene Verantwortung ab.

Das ist die eine Seite des »Zusammen«, die, mit der Sie Teenager weiterhin in das Familienleben einbinden. Aber nun wird auch ihr Leben außerhalb der Familie immer wichtiger, und das ist eine ganz besondere Herausforderung. Denn hier wollen sich die jungen Menschen auf keinen Fall die Blöße geben, nicht allein zurechtzukommen, stehen aber doch immer wieder vor Situationen, in denen sie ratlos sind. Verändertes Verhalten der besten Freunde, abfällige Bemerkungen anderer Jugendlicher, Unzufriedenheit mit dem eigenen Körper, Schulüberdruss oder Kränkungen durch Lehrer sind Probleme, mit denen sich fast alle Jugendlichen herumschlagen. Die wichtigste, einfachste und preiswerteste Antwort darauf, die Eltern hier bieten können, ist: Zuhören. Und zwar nicht mehr in der Familienöffentlichkeit wie am Mittagstisch, sondern bei Autofahrten zu zweit, beim gemeinsamen Einkauf, abends beim Gutenacht-Sagen auf der Bettkante. Wer es fertigbringt, einem ratlosen Teenager keine Predigten zu halten, sondern zunächst einmal nur zu verstehen zu geben, dass ihm das Problem bekannt vorkommt, hat schon den Fuß in der Tür. Besonders spannend finden es Jugendliche, wenn Eltern in solchen Situationen vom eigenen Erwachsenwerden erzählen, von den eigenen Irrungen und Wirrungen. Das signalisiert Gemeinsamkeit mit diesen Erwachsenen, von denen die Teenager manchmal gar nicht mehr wissen, ob sie sie eigentlich mögen oder ihrer überdrüssig sind.

Aus dieser Position der geteilten Erfahrung heraus ist es Jugendlichen dann doch möglich, den einen oder anderen guten Rat anzunehmen oder auf Grundlage der gemeinsam entwickelten Gedanken selber einen Weg aus der schwierigen Situation zu finden. Ich erinnere mich, häufig abends am Bett eines der großen Kinder gesessen und nichts weiter gesagt zu haben als: »Na, das war heute wohl nicht gerade ein super Tag!« Dann dauerte es höchstens dreimal knurrendes Räuspern, und ich bekam zu hören, wo der Schuh drückte.

Es ist ganz normal, wenn solche Gespräche zwischen Mutter und Tochter besser funktionieren als zwischen Vater und Tochter, und besser zwischen den »Männern«, als wenn Mutter und Sohn zusammensitzen. Denn wenn die gemeinsame Basis das gleiche Erleben ist, auch wenn es bei den Eltern schon viel länger zurückliegt, kann sich der Jugendliche natürlich vom gleichgeschlechtlichen Elternteil viel eher verstanden fühlen. An solchen Stellen als Rollenvorbild präsent zu bleiben, ist durch nichts zu ersetzen, auch nicht in einer Zeit, in der Erwachsene manchmal glauben, die Welt der Kinder nicht mehr zu verstehen. Denn die Gefühle, die die Jugendlichen umtreiben, sind ja nicht deshalb anders als unsere Gefühle vor vielen Jahren, nur weil sie auf Internetforen ausgetauscht oder von einem Handy zum anderen geschickt werden. Viele Jugendliche leben heute wie damals in der wahnhaften Einbildung, die ganze Welt starre nur auf sie, und jede Abweichung von den aktuellen Gepflogenheiten werde als Peinlichkeit registriert. Dieses Gefühl ist unabhängig von der konkreten Ausprägung der Lebenswelten, und es ist die große Chance des »Zusammen« im Jugendalter, durch »Einbindung« in das wirkliche Leben diese »Einbildungen« zu entschärfen.

Dafür muss man etwas tun

In weiten Kreisen ist es immer noch üblich, dass Jugendliche mit vierzehn Jahren konfirmiert werden, jedenfalls auf dem Land. Unserem Sohn stellten wir damals frei, ob er sich konfirmieren lassen wollte oder nicht, er wollte nicht. Aber es war zu beobachten, dass ihm inmitten seiner Klassenkameraden, die sich mit dem vielen Geld brüsteten, das sie zur Konfirmation geschenkt bekommen würden, etwas fehlte. Konfirmation ist ja nicht nur eine spirituelle Veranstaltung, von den meisten wird sie eher als eine Art Initiationsritus in die Welt der Erwachsenen empfunden. Da kam uns der Gedanke, ob wir statt einer Konfirmationsfeier ihm den lang gehegten Traum erfüllen könnten, sich eine eigene Hütte im Garten zu bauen. Das wollte er schon als Kind, aber seine Versuche endeten entweder mit einem knie-hohen Wall aus Feldsteinen oder einer Art Unterstand aus alten Brettern. Neue Bretter wollten wir ihm nicht kaufen, solange er keinen Plan machte, aber dazu hatte er keine Lust gehabt. Aber nun, mit vierzehn Jahren, ging das auf einmal. Er ließ sich den Vorschlag zwei Tage durch den Kopf gehen, setzte sich hin, zeichnete einen Plan und stellte eine genaue Stückliste auf; drei Monate später stand die Hütte im Garten.

Es lassen sich noch viele andere Initiationsriten dieser Art erfinden. Man könnte seinem Teenager erlauben, sein Zimmer neu zu gestalten, einen Partykeller einzurichten, eine selbst ge-plante Fahrradtour mit einem Freund zu machen oder eine Paddeltour. Solche Unternehmungen müssen gut vorbereitet sein, denn Jugendliche unter 18 dürfen auf Campingplätzen nur übernachten, wenn sie eine schriftliche Genehmigung ihrer El-tern haben. (Am besten vorher telefonisch abklären!) Eine unse-rer Töchter hat mit vierzehn eine solche Paddeltour gemeinsam mit einer Freundin gemacht. Eine andere ist mit der Freundin in den Osterferien ein paar Tage im Schwarzwald gewandert. Vor vielen Jahren haben meine Brüder in diesem Alter ein paar Ferienwochen auf einem Bauernhof verbracht, inklusive Tre-ckerfahren, Stallausmisten und reichlichen Wurstportionen – alles ohne Eltern, versteht sich! (Nicht zu verwechseln mit »Feri-en auf dem Bauernhof« – die Jungen wurden von der Bauernfa-milie voll in den Arbeitsalltag einbezogen! Eigentlich schade, dass meine Eltern mich nicht auch hingeschickt haben ...)

Wo bleibt da das »Zusammen«, werden Sie fragen, wenn das alles ohne Eltern stattfinden soll?

Ganz einfach: Indem Sie das Selbstständigkeitsstreben des Teenagers nicht blockieren, werden Sie in seinen Augen nicht zum Widersacher. So bleibt die Verbindung auf der emotionalen Ebene eher intakt, als wenn Sie auf engem Zusammenbleiben bestehen würden. Ganz logisch: Bei großer Zugkraft reißt eine gespannte Leine eher als eine, die im richtigen Moment locker gelassen wird. Und dann kann sich der Jugendliche an dieser Leine wieder zurückhangeln, wenn er in Situationen gerät, die ihn allein überfordern.

Wenn Sie Ihrem Jugendlichen durch das Angebot anspruchsvoller Herausforderungen zeigen, dass Sie ihn für erwachsen genug halten, selbstständig Verantwortung zu übernehmen und gar noch, wie bei dem Aufenthalt auf dem Bauernhof, im wirklichen Leben mit anzupacken, wird sein Hunger nach Abenteuer auf realistische Art gestillt. Vielleicht zittern Sie ein wenig, das Kind allein durch die Welt ziehen zu lassen. Tatsächlich sind aber Wandertouren weniger gefährlich als regelmäßige Discobesuche, in denen der Kick nicht vom österlichen Schneefeld herrührt, das man mit einem schweren Rucksack durchqueren muss, sondern vom Dealer hinter der Säule.

Etwas mühevoll ist es auch, immer noch die Freunde der Jugendlichen zu Gast zu haben. Sie sind nicht mehr so klein und niedlich und mit einem Keks am Nachmittag zu erfreuen, sondern lärmend und raumgreifend und werden meist nicht um neunzehn Uhr von Mama abgeholt. Aber es lohnt, auch für die Freunde präsent zu bleiben. Über den Vater, der gemeinsam mit der Truppe Pizza backt, oder die Mutter, die für den selbst gedrehten Krimi die Requisiten herbeischafft, lässt sich auch in deren Abwesenheit nicht so hemmungslos ablästern wie über Eltern, die lediglich als restriktive Schemen im Hintergrund agieren.

Dann dürfen Sie sich vielleicht über das Strahlen in den Augen Ihres Teenagers freuen, der nach einer solchen Aktion erzählt: »Jonas hat gesagt, ihr wärt voll nett!«

Träume – Träume?

Der Traum, den ich jetzt träumen will, ist gar kein Traum mehr, sondern ein – wenn auch noch kleines – Pflänzchen in der Realität. In etwa 60 Schulen in den neuen Bundesländern wird in den Klassen neun und zehn nach einem Konzept gearbeitet, das sich »Produktives Lernen« nennt. Das bedeutet, dass Schüler dieser Jahrgänge drei Tage der Woche in Betrieben verbringen, in denen sie zum Teil praktisch mitarbeiten, zum Teil auch eigene Projekte verwirklichen können. Im theoretischen Unterricht in der Schule werden diese Erfahrungen vertieft und durch einige allgemeinbildende Fächer ergänzt. Im Verlauf der zwei Schuljahre lernen die Schüler in den jeweils dreimonatigen Praktika eine ganze Reihe von Betrieben kennen und können danach eine fundierte Entscheidung über ihre Ausbildung treffen.

Dieses Modell ist an Hauptschulen angesiedelt und soll vor allem die Chancen für solche Jugendlichen verbessern, die an der normalen Schule zu scheitern drohen oder bereits gescheitert sind. Die Erfolge können sich sehen lassen. Das Ministerium für Bildung, Wissenschaft und Kultur des Landes Mecklenburg-Vorpommern meldete:

»85 % der Teilnehmer/innen erreichten am Ende des zweijährigen Bildungsgangs mindestens die Berufsreife bzw. den Hauptschulabschluss, 7 % von ihnen nahmen erfolgreich an den Prüfungen zur Leistungsfeststellung teil. 22 % setzen ihre schulische Ausbildung in der 10. Klasse fort und 41 % der Abgänger/innen des 9. und 10. Jahrgangs begannen eine Berufsausbildung. Dabei handelte es sich um Schüler und Schülerinnen, die zuvor zu einem ganz überwiegenden Teil mit Schule in Konflikt geraten und als ›abschlussgefährdet‹ eingestuft worden waren. Durch ihre Teilnahme am Produktiven Lernen fanden sie zurück ins Bildungssystem und konnten die allgemeinbildende Schule erfolgreich abschließen sowie für sich eine Anschlussperspektive entwickeln.« (11. 7. 2008)

Weiter heißt es, die Schüler »erlebten sich als wirksam und nützlich«. Da wird es sogar amtlicherseits festgestellt: Das Gefühl, von der Gesellschaft gebraucht zu werden, macht junge Menschen stabil, sozial und lernbereit!

Mehr zu diesen Bildungsgängen erfahren Sie auf der Internetseite des Instituts für Produktives Lernen (IPLE) in Berlin (www.iple.de), das die Arbeit dieser Schulen begleitet.

Ich möchte nicht auf Einzelheiten eingehen, sondern eher wirklich anfangen zu träumen: Sollte nicht das, was hier als Notbremse für potenzielle Abstürzler eingesetzt wird, auch den anderen zugutekommen können? Könnte das nicht deren gerade noch hinreichende Motivation steigern? Und gleichzeitig die riskanten Begleiterscheinungen dämpfen, mit denen sich Jugendliche die Grenzerfahrungen verschaffen, die sie offensichtlich brauchen?

Allen Jugendlichen Zugang zum wirklichen Leben zu verschaffen, wäre natürlich ein immenser Aufwand und würde ein tief greifendes Umdenken in der Arbeitswelt erfordern. Müssten alle neunten und zehnten Klassen mit mehrmonatigen Praktikumsplätzen versorgt werden, wäre der Jugendliche in Büros und Werkstätten, in Krankenhäusern und Kindergärten, in Geschäften und auf Baustellen eine Normalität, die spezifische Rücksichten und Regelungen erfordern und eine entsprechende Strukturierung der Arbeitsvorgänge voraussetzen würde.

Nun dürfen Träume vielgestaltig sein. Man könnte auch Hartmut von Hentigs Traum von realen Schulprojekten weiterträumen. Ihm schwebt zum Beispiel vor, dass eine Schule einen alten Resthof in gemeinschaftlicher Arbeit herrichtet, oder er erhofft ein soziales Jahr im Anschluss an die Schulzeit für alle, Jungen wie Mädchen, das die verloren gegangene Koppelung an

das Gemeinwesen sozusagen nachträglich an die isolierte Schul-
bildung nachholen soll (Hentig 2007, S. 51).

Träume fließen ineinander, verändern sich, sind real und ir-
real in einem. Jede dieser Ideen ist bestechend und fragwürdig
zugleich. Aber weil ein Mensch ohne Träume verrückt wird und
seine Alltagstüchtigkeit verliert, sollten wir nicht aufhören zu
träumen: davon, wie wir langsam unsere Jugendlichen, die immer wirkungsvoller aus dem realen Leben ausgesperrt worden
sind, wieder neben uns stellen können.

Partnerschaftliche Erziehung und »Mitnehmen« – verträgt sich das?

Seit vielen Jahren gilt der Begriff »partnerschaftliche Erziehung«
als der Erfolg versprechende Weg im Leben mit Kindern, nachdem die wilden Jahre der antiautoritären Erziehung die über-
kommenen pädagogischen Vorstellungen durcheinandergerüt-
telt hatten. Die schwarze Pädagogik mit ihren unbegründeten
Befehlen und Strafmaßnahmen körperlicher und seelischer Art
ist Vergangenheit, zumindest unter den nachdenklicheren Zeitgenossen, und auch das Laisser-faire, das den Kindern fast alle
Entscheidungen selber überließ, ist nicht mehr aktuell. Akzeptiert wird, dass in der partnerschaftlichen Erziehung im Ideal-
fall Eltern und Kinder miteinander die Regeln ihres Zusammenlebens aushandeln. Kinder werden dabei nicht mehr als Unter-
gebene, sondern als gleichberechtigte Partner angesehen.

Nun bezeichnet man im Allgemeinen eine »Partnerschaft«
als eine symmetrische Beziehung, in der alle Beteiligten auf der

gleichen Stufe stehen. Wenn man es sehr genau nimmt, macht diese Auslegung den Begriff für den pädagogischen Diskurs eigentlich unbrauchbar. Denn schon der Begriff »Pädagogik« leitet sich aus dem griechischen »Knaben führen« her und geht daher per definitionem von einer asymmetrischen Beziehung aus. Es kann auch gar nicht anders sein. Kinder sind nun einmal kleinere und unerfahrenere Ausgaben der Spezies Mensch, daran ist nicht zu rütteln.

Aber bei der Verwendung des Begriffes »partnerschaftliche Erziehung« kann es aus dieser begrifflichen Unklarheit heraus geschehen, dass Eltern die naturgegebene Ungleichheit nicht berücksichtigen. In den letzten Jahrzehnten haben sich immer mehr Eltern von ihren Kindern in einer Weise herumdirigieren lassen, die gesellschaftlich nicht mehr annehmbar ist. Das kann gut gemeinte und fragwürdige Gründe haben; gut meinen es Eltern, die nicht über ihr Kind herrschen wollen, fragwürdig sind Konstellationen, in denen ein Kind von Erwachsenen mangels anderer Partner mit Problemen und Entscheidungen belastet wird, die es noch nicht bewältigen kann.

Das hat eine Flut von Veröffentlichungen losgetreten, die dieser Erscheinung nun wieder Einhalt gebieten sollen; nicht wenige fordern die Rückkehr von Verhaltensmaßstäben wie Autorität und Gehorsam. Das lassen wiederum die liberaleren Pädagogen nicht stehen, und so entwickelt sich eine sehr emotionale und nicht immer sachliche Diskussion voller Missverständnisse und Unterstellungen. Um der Idee des »Zusammen« solches zu ersparen, möchte ich die Begriffe, mit denen hier gearbeitet wird, noch einmal sorgfältig betrachten und klären.

Wie wir gesehen haben, charakterisiert »Perspektive teilen« oder »Mitnehmen« eine Beziehung, in der die beteiligten Partner unterschiedliche Rollen spielen; es gibt einen Leiter und einen Geleiteten. Man muss sie darum als asymmetrisch oder hierarchisch bezeichnen.

Diese Asymmetrie bezieht sich auf die Rolle, die den Personen zugeschrieben wird, nicht auf ihre Wertigkeit. Beide Partner sind gleich viel wert, aber sie sind nicht in jeder Situation gleich kompetent.

Verwendet man den Begriff »partnerschaftliche Erziehung« in dem Sinne, dass sich das Wort »partnerschaftlich« auf die Gleichwertigkeit der beteiligten Eltern und Kinder bezieht, lässt sich »Perspektive teilen« damit ohne Einschränkungen vereinbaren.

Versteht man jedoch unter »partnerschaftlicher Erziehung« einen Erziehungsstil, in dem die Regeln des Zusammenlebens auf Augenhöhe mit den Kindern ausdiskutiert werden, wird »Perspektive teilen« nicht mehr in jedem Fall damit vereinbar sein. Es wird sehr auf das Alter der Kinder und die Komplexität des auszuhandelnden Gegenstandes ankommen, ob sich der die Perspektive teilende Erwachsene vielleicht sogar rigoros führend verhält oder ob er dem Kind Mitspracherecht einräumt.

Aber selbst dann, wenn der Erwachsenen energisch führt, darf er die Achtung vor dem Kind nicht verlieren. Auch hier wird leider oft ein Wort verwendet, dessen Konnotationen Missverständnisse begünstigen: Es heißt, man müsse auch Kinder mit »Respekt« behandeln.

Dem will ich keinesfalls widersprechen, würde selber aber lieber das Wort »Achtung« verwenden. In »Respekt« schwingt immer auch ein wenig das alte »Hut ab!« mit, es klingt kühler, distanzierter. Respekt kann ich auch vor einem Menschen haben, der mich innerlich nicht anrührt, ja sogar vor jemandem, vor dem ich mich ein wenig fürchte. Ich mag vor einem Kleinkind keinen »Respekt« haben, dabei geht mein Herz nicht auf. Aber ich habe eine tief staunende Achtung vor dem Wunder, das aus jedem Kindergesicht leuchtet.

Das ist meiner Meinung nach auch der Grund, warum das Perspektive teilen nichts mit überholten autoritären Konzepten zu tun hat. Denn dass sich der Erwachsene in einem intakten »Zusammen« in die führende Rolle begibt, tut er nicht aus Machtlust, sondern aus der einfühlsamen Wahrnehmung dessen heraus, dass das Kind diese Führung braucht. Die große Kunst wird für ihn darin bestehen, in jedem Augenblick zu erspüren, wieweit die Führung noch bestehen muss und wo er sie langsam aufgeben kann.

Das kann er am besten, wenn er dem Kind die Achtung entgegenbringt, auf die es ein Anrecht hat wie jeder andere Mensch.

Man kann es auch Liebe nennen ...

Nachwort

Das »Zusammen!« als Herausforderung an die Gesellschaft

Dieses Buch ist zuallererst für Eltern und andere Erwachsene gedacht, denen daran liegt, Kindern und Jugendlichen gute Begleiter ins Leben zu sein. Wenn es bei diesen ein wenig Frucht im Alltag trägt, dann hat es sein Ziel erreicht.

Aber es wurde bei vielen Gedankengängen sichtbar, dass das eigentliche Problem kaum individuell gelöst werden kann. Die moderne Gesellschaft hat sich ein Reproduktionssystem geschaffen, das ein elementares Grundbedürfnis ihrer Heranwachsenden nicht mehr berücksichtigt: den tiefen Wunsch, gebraucht zu werden. Wie viel Lebenslust wird verscherzt, wie viel Lernmotivation gedämpft, wie viel unnötiges Risikoverhalten in

Kauf genommen, weil Heranwachsende bei uns nicht »benö-
tigt«, sondern lediglich »belernt« und »bespaßt« werden!

Man darf natürlich all die unzähligen engagierten Menschen
nicht außer Acht lassen, die durch jede Art von Jugendbetreu-
ung auch bei uns ein lebendiges Netz bilden, durch das viele
Kinder und Jugendliche früh ins soziale Leben eingebunden
werden. Allerdings ist die Teilnahme an diesen Aktivitäten freiwillig und wird in erster Linie von solchen Kindern in Anspruch
genommen, in deren Elternhäusern ohnehin ein ausreichendes
Maß an Lebenstüchtigkeit vorhanden ist. Aber leider gibt es immer mehr Familien, denen es gerade an dieser Lebenstüchtigkeit fehlt.

Darum darf das »Zusammen!« keine Privatangelegenheit
solcher Familien bleiben, die es sich noch leisten können, mit
Zeit, Energie und Fantasie einen Mangel zu kompensieren, den
die Gesellschaft zu verantworten hat. Unser Erziehungssystem
geht noch immer von einer Voraussetzung aus, die es schon lange nicht mehr gibt. Konnte man noch vor wenigen Jahrzehnten
annehmen, dass die notwendigen Einblicke in das reale Leben
den Kindern nach Schulschluss zu Hause vermittelt wurden,
wird das heutzutage mehr und mehr zur Ausnahme.

Hier eröffnet sich ein ganz neues Feld des schulischen Bil-
dungsauftrags, das gewiss nicht einfach zu beackern sein wird,
aber dringend notwendig erscheint. Die Schulen, die das »Produktive Lernen« praktizieren, zeigen bereits die Richtung an.
Diese Wege für möglichst viele Schüler begehbar zu machen
würde bedeuten, das Zauberwort »Zusammen!« aus dem privaten Raum herauszuholen und ihm gesellschaftliche Wirksam-
keit zu verschaffen.

Literatur

ARIÈS, Philippe: *Geschichte der Kindheit,* München/Wien 1975, Carl Hanser

BAUER, Joachim: *Warum ich fühle, was du fühlst,* Hamburg 2005, Hoffmann und Campe

BAUER, Joachim: *Prinzip Menschlichkeit,* Hamburg 2006, Hoffmann und Campe

BEUYS, Barbara: *Familienleben in Deutschland,* Reinbek 1980, Rowohlt

DAWIRS, Ralph, und MOLL, Gunther: *Endlich in der Pubertät,* Weinheim und Basel 2008, Beltz

GROSSMANN, Klaus E. und Karin (Hg.): *Bindung und menschliche Entwicklung,* Stuttgart 2003, Klett-Cotta

HENTIG, Hartmut von: *Bewährung – von der nützlichen Erfahrung, nützlich zu sein,* Weinheim und Basel 2007, Beltz

HILSBERG, Regina: *Meine Suppe ess ich nicht. Kultur und Chaos am Familientisch,* Reinbek 1995, Rowohlt (rororo)

JUUL, Jesper: *Was gibt's heute? Gemeinsam essen macht Familie stark,* Weinheim und Basel 2005, Beltz

NEUFELD, Gordon, und MATÉ, Gabor: *Unsere Kinder brauchen uns,* Bremen 2006, Genius

WAHLGREN, Anna: *Das KinderBuch,* Weinheim und Basel 2004, Beltz